융합과 통섭의 지식 콘서트 01
경제학, 인문의 경계를 넘나들다

경제학, 인문의 경계를 넘나들다

융합과
통섭의 지식 01
콘서트

오형규 지음

한국문학사

차례

들어가며

요즘 기업 CEO(최고경영자)들이 새삼스레 인문학에 열광하는 데는 이유가 있다. 기업들이 오랫동안 법상계열(법대, 상경대)과 이공계 출신만 채용했던 탓이다. 획일적인 전공을 가진 사람들이 모인 조직이라면 1+1은 그냥 2일 뿐이다. 그 이상이 되기 어렵다. CEO들이 가장 힘겨워하는 것은 전공 지식이나 업무 능력이 아니다. 바로 사람에 대한 이해다. 스스로를 객관적으로 파악하고, 타인을 이해하고 공감하며, 자신이 모른다는 사실을 깨닫는 것이야말로 CEO에게 요구되는 덕목이 아닐까 싶다.

창의성의 원천이 인문학이었다는 스티브 잡스의 고백까지 더해지면서 인문학 열풍은 들불처럼 번져가고 있다. 서점 진열대에서부터 대입 논술, 입사·승진 시험, 문화강좌, TV 교양 프로그램에 이르기까지 어디서나 인문학이 넘쳐난다. 자동차회사 입사시험에 역사 문제가 나오고, 은행 승진시험에서는 철학 에세이를 요구할 정도다. 대통령도 창조경제를 위해서는 인문학적 상상력이 필수라고 수시로 강조한다.

인문학이 지금보다 호황인 적은 없었을 것 같다. 그런데 정작 인문학 연구자들은 여전히 인문학의 위기를 걱정한다. 교양과목이 축소되고, 인문대 신입생이 줄고, 졸업생은 취업난을 면치 못한다. 도대체 인문학이 무엇이기에 한쪽에서는 열광하고, 다른 쪽에서는 위기라고 걱정할 까?

인문학을 뜻하는 영어 'humanities'는 라틴어 'humanitas(후마니타스)'에 서 왔다. 후마니타스는 곧 '인간 본성'을 뜻한다. 따라서 철학·역사·문 학과 예술을 포괄하는 인문학은 인간과 세상에 대한 이해와 성찰을 위한 종합 교양이라고 할 수 있다. 사람 사는 곳에는 반드시 인문학이 존재한 다. 인류의 진보와 혁신도 그 뿌리는 인문학적 사고에 두고 있다. 그렇기 에 인문학의 위기는 과거에도 없었고, 지금도 없으며, 미래에도 없을 것 이다. 인문학의 위기란 '인문학자의 위기'요, '상상력의 빈곤'일 뿐이다.

경제학은 예나 지금이나 '사회과학의 꽃'이란 지위를 누리고 있다. 경 제학 원리들은 단순한 선악 구분이나 흑백논리를 초월해 인간 행동과 사회를 파악하는 데 더없이 유용하다. 현상의 숨은 이면을 들춰내는 수 단인 것이다. 그런 점에서 인간에 대한 탐구 및 성찰로서의 인문학과, 세 상을 움직이는 기본 원리로서의 경제학은 결코 동떨어진 영역일 수 없 다. 인문학이 생각의 마중물이라면, 경제학은 그 마중물로 길어 올리는 펌프와도 같다. 서로 닮았고, 각기 부족한 점을 채워주는 천생배필이다. 잡스의 창의성도 따지고 보면 인간과 기술을 따로 떼놓지 않고 바라본 데 있다.

사실 출판사로부터 경제학에 인문학을 접목한 책의 집필 의뢰를 받았 을 때만 해도 그리 어렵게 여기진 않았다. 인문대 출신이면서 25년간 경 제기자로 일했으니 할 만하다고 생각하기도 했다. 그런데 막상 시작하 고 보니 이토록 힘들 줄은 미처 알지 못했다. 여름 내내 땀띠가 나도록 머리를 싸맸지만 인문학이건, 경제학이건 어느 것 하나 만만한 게 없었 고 더구나 과학은 그야말로 블랙홀이었다. 집필 내내 나 자신의 빈약한 독서량과 편협한 지식, 글 솜씨 부족을 한탄해야 했다.

한편 이런 고통스런 과정은 문과·이과 통합교육이 왜 필요한지 통감하는 계기가 되었다. 21세기는 학문의 구분이 불필요해진 지식의 대통합, 즉 통섭(統攝)의 시대다. 지금도 세계 곳곳에서 왕성하게 학문 간의 이종교배가 이뤄지고 있다. 만약 문과생들이 수학과 과학 원리를 조금만 더 안다면, 이과생들이 역사와 철학을 맛이라도 본다면 좀 더 창의적이고 복합적인 사고를 하는 인재로 크지 않을까 싶다. 교과서부터 그렇게 다시 써야 할 것이다. 학습의 부담은 있겠지만, 적어도 필자의 경험에 비춰볼 때 수학과 과학을 모르고 살아온 아쉬움이 훨씬 더 크다.

이 책을 집필하며 인문학과 경제학의 공통분모를 찾는 것은 무척 흥미로운 작업이었다. 마치 복잡한 퍼즐이 서서히 모양새를 갖춰갈 때의 쾌감과도 같은 느낌이었다. 먼저 신화에서 인간 본성과 경제 행동의 원형을 찾았고, 역사에서 시대가 흘러도 변치 않는 경제원리를 발견했다. 소설은 있을 법한 가상의 세계지만 그 밑바탕에서 경제적 토대를 찾는 재미도 쏠쏠했다. 나아가 물리·화학 법칙과 생물학의 관찰이 오히려 인간 사회에 더 잘 들어맞는다는 사실에 놀랐다. 영화는 문제적 개인의 문제적 현실을 보여준다는 점에서 게임이론 교재로 안성맞춤이었다. 어느 영역도 경제학과 통하지 않는 것이 없다는 확신을 갖게 됐다.

이것이 필자가 감히 인문학과 경제학의 맞선을 주선하게 된 이유다. 중매쟁이는 잘되면 술이 석 잔, 안 되면 뺨이 석 대라고 했는데 얼마나 공감을 얻을 수 있을지 염려도 앞선다. 책 내용에 오류가 있다면 그것은 전적으로 필자의 책임이다. 다만, 이 책을 읽고 한 명의 독자라도 인문학과 경제학에 동시에 관심을 갖게 된다면 더할 나위 없는 기쁨일 것이다.

한 권의 책을 독자들께 들이밀면서 송구스럽게도 드리는 것보다 오히려 더 많이 얻어가게 되었다. 솔직히 고백하면 '내가 모른다는 사실을 알게 됐다'는 것이 최대 성과였다. "공부는 평생 하는 것이다"라는 선인들의 말씀에 200퍼센트 공감하는 바다. 끝으로 집필 과정에서 두루 살피고 졸고를 멋진 책으로 엮어준 배성은 편집자와 한국문학사 관계자들께 깊이 감사드린다.

2013년이 저무는 즈음에

오형규

chapter 1

세상을 움직이는
10가지 경제원리

—— 경제는 정말 어렵다. 복잡하고 잘 이해도 안 되는데 알아야 할 개념도 너무 많다. 게다가 수식과 그래프까지 수두룩해 고개를 절레절레 흔들게 만든다. 경제뉴스도 알아듣기 힘들 때가 많은데, 하물며 경제학자들의 논문은 거의 외계 언어로 쓴 느낌마저 든다. 하지만 경제는 아무리 어렵고 귀찮고 싫더라도 외면할 수 있는 것이 아니다. 우리들 삶의 토대이자 먹고사는 현실이 바로 경제로 귀결되기 때문이다.

세상일은 사람들이 바람직하다고 생각하는 방향(도덕, 규범)으로 가지 않는 경우가 훨씬 많다. 인간은 기본적으로 이기적인 존재이기 때문이다. 누구나 도덕과 규범을 내세우지만 실제 행동은 그렇지 않은 경우가 대부분이다. 그렇기에 개인, 집단, 국가 간에 무수한 이해관계가 충돌한다. 무엇을 어떻게 생산해야 할지, 성과를 어떻게 배분할지, 빈곤을 어떻게 퇴치할지, 누가 더 세금을 내야 할지, 시중에 돈을 더 풀어야 할지, 경제성장률을 어떻게 끌어올릴지 등 무수한 난제가 도사리고 있다.

복잡한 퍼즐과도 같은 경제 현상 속에서 최선의 해답을 찾으려면 경제 현상의 이면을 꿰뚫어보는 눈이 필요하다. 겉으로 드러난 모습은 물론 눈에 보이지 않는 숨은 함의까지 제대로 파악하지 못하면 좋은 해법을 도출해내기 어렵다. 경제학을 전공했든 그렇지 않든, 현대를 살아가는 시민이라면 반드시 경제를 알아야만 하는 이유다.

경제학은 수학이나 과학처럼 뚜렷한 답이 나오는 학문이 아니다. 파고 들수록 당황하게 만든다. 이 말도 맞고 저 말도 맞는 것 같다. 오죽하면 미국 트루먼 대통령은 "외팔이 경제학자(one-armed economist)를 만났으면 좋겠다"고 한탄했다. 경제 현안에 대해 경제학자들에게 조언을 구하면 하나같이 대안(one hand)을 말하고 나서, '다른 한편으로는(on the other hand)'이라며 정반대 대안을 이야기하는 것을 비꼰 말이다. 레이건 대통령은 "경제학자에게 100개의 질문을 던지면 3,000개의 답변이 나올 것"이라고 농담하기도 했다.

경제 현상은 복잡한 퍼즐과도 같고 경제학은 더 어렵게 느껴지지만, 막상 들여다보면 그 나름의 원리가 있다. 인류가 수십만 년 동안 축적한 지식과 경험이 녹아든 것이 바로 경제원리이기 때문이다. 그런 의미에서 경제원리는 곧 세상을 움직이는 이치와도 같다. 경제원리를 안다는 것은 엉킨 실타래 같은 현상의 본질을 꿰뚫어보는 눈을 갖는 것을 의미한다. 이는 힘들게 산에 오르다가 갑자기 사방이 뻥 뚫려 한눈에 보이는 순간과도 같다.

그렇다면 무엇을 알아야 할까? 한없이 복잡한 경제학을 어디서부터 어떻게 공부해야 할까? 미국 하버드대의 그레고리 맨큐(Gregory Mankiw) 교수가 『맨큐의 경제학(*Principles of economics*)』에서 제시한 경제학의 10대

기본 원리가 일단 도움이 될 것이다. 맨큐는 무려 1,000쪽에 달하는 경제학원론을 10가지 기본 원리로 요약했다. 맨큐의 10대 기본 원리는 다음과 같다. ① 모든 선택에는 대가가 있다. ② 선택의 대가는 그것을 얻기 위해 포기한 그 무엇이다. ③ 합리적 판단은 한계적(marginal)으로 이뤄진다. ④ 사람들은 경제적 유인에 반응한다. ⑤ 자유로운 거래는 모든 사람을 이롭게 한다. ⑥ 일반적으로 시장이 경제활동을 조직하는 좋은 수단이다. ⑦ 경우에 따라 정부가 시장성과를 개선할 수 있다. ⑧ 한 나라의 생활수준은 그 나라의 생산 능력에 달려 있다. ⑨ 통화량이 지나치게 늘면 물가가 상승한다. ⑩ 단기적으로 인플레이션과 실업 사이에는 상충 관계가 있다.[1]

> **한계적**
> 이미 하고 있는 행동이나 현재의 계획을 조금씩 바꾸어 적용하는 것. 상품을 한 단위 더 소비하거나 생산할 때 얻는 편익(한계편익)과 비용(한계비용)을 비교해 판단하면 좀 더 합리적인 선택이 가능하다.
>
> **경제활동**
> 재화와 서비스를 생산하여 소비하는 과정에서 일어나는 모든 활동.
>
> **시장성과**
> 생산의 기술적 효율성, 가격비용, 이윤율 등 기업이 선택한 어떤 행동에 따라 달성된 최종 결과.

맨큐의 10대 기본 원리는 충분히 유용하다. 그러나 우리의 관점에서는 쉽게 와 닿지 않거나 잘 이해되지 않는 것들도 있다. 경제용어가 낯설고 경제학적 사고방식에 익숙하지 않은 탓이다. 그런 점에서 현실의 다양한 사례를 통해 경제의 기본 원리를 스스로 찾아보는 훈련이 필요하다. 경제학이 경제 현상 뒤에 감추어진 '보이지 않는 진실'에 접근하는 수단이 되려면 출발부터 현실에 두 발을 단단히 딛고 보아야 할 것이다.

여기서 제시하는 10가지 경제원리는 현실에서 보고 듣고 경험한 사례들 속에서 찾아낸 것들이다. 상식적인 것도 있지만 때로는 상식과 반대되는 것도 있을 것이다. 보이는 현상뿐 아니라 그 이면의 보이지 않는 본질까지 보려면 먼저 대중적인 통념을 넘어서야 한다. 그것이 경제학적 사고의 출발이다. 실제 세상을 움직이는 10가지 경제원리를 차례로 살펴보자. 아울러 각자 '나만의 경제원리'를 찾아보자.

1
사람은 채찍보다
당근에 더 잘 반응한다

사람을 움직이는 방법에는 채찍과 당근(처벌과 보상)이 있다. 채찍은 금지하고 벌하는 것이다. 순응하는 사람이 있지만 반발하는 사람도 나온다. 로미오와 줄리엣처럼 하지 말라면 더 하고 싶고 간절해지는 게 사람 심리다. 이에 반해 당근은 상금·보너스 등을 가리킨다. 당근은 사람들의 행동을 직접 규제하는 것이 아니라 스스로 이해득실을 계산해 행동하게끔 만든다.

나그네의 외투를 벗긴 것은 비바람이 아닌 따사로운 햇살이었다는 『이솝우화』는 당근이 효과적임을 잘 보여준다. 여기서 당근이란 바로 경제학에서 말하는 인센티브(incentive), 즉 경제적 유인(誘因)이다. '사람들은 경제적 유인에 반응한다'는 맨큐의 제4원리는 '사람은 채찍보다 당근에 더 잘 반응한다'로 이해하면 된다.

대중의 시각에서 보면 당근보다는 당장의 채찍이 잘 통할 것 같다. 금지 법규를 만들고 범죄 형량을 높이는 것이 훨씬 효과적으로 여겨진다. 그러나 정부가 정책을 만들면 사람들은 대책을 만든다. 예를 들어 기업의 접대비를 1회에 50만 원 이상 쓰지 못하게 금지하자 접대비가 줄어드는 게 아니라 한 번에 수백만 원을 쓰고도 일일이 49만 원씩 쪼개 신용카드 영수증을 끊는 현상이 나타났다.

도박이 사회에 끼치는 해악이 크다고 전면 금지하면 어떤 일이 벌어질까? 경마·경륜·경정과 같은 합법적인 도박은 막을 수 있어도, 바다이야기·인터넷포커 같은 불법 도박은 막기 어렵다. 한쪽을 누르면 다른 쪽이 부풀어 오르는 풍선효과가 일어나는 것이다. 실제로 나라마다 도박 규모는 합법·불법을 통틀어 GDP(국내총생산) 대비 일정 수준을 유지한다고 한다. 따라서 무작정 단속과 금지보다는 다양한 여가활동을 위한 시설, 놀이문화 등의 대체재를 제공하는 게 훨씬 효과적일 것이다.

당근이 효과적임을 입증한 사례가 1995년 도입된 한국의 쓰레기 종량제다. 그전에는 가정마다 재산세 납부액을 기준으로 쓰레기 처리 수수료를 부과했다. 쓰레기를 줄여도 나가는 비용은 똑같으니 줄이려고 노력할 필요가 없었다. 쓰레기 종량제는 많이 버릴수록 비용(쓰레기봉투 구입비)을 더 부담하게 하는 '오염자 부담 원칙'을 적용한 것으로, 1994년 시범 실시 단계부터 놀라운 일이 벌어졌다. 가정마다 봉투 구입비를 아끼려고 철저히 분리수거를 하자 재활용품 수거는 2배 이상 늘고, 쓰레기 발생량은 30~40퍼센트 급감했다. 주무부처인 환경부는 이듬해 쓰레기 종량제를 자신만만하게 전국으로 확대 실시했다. 쓰레기가 많을수록 비용이 늘고 쓰레기를 줄이면 비용이 줄어 이득이 되는 당근(인센티브)효과를 이용한 것이다.

당근효과로 흔히 인용되는 것이, 영국이 1788년부터 식민지 호주로 죄수를 호송할 때 사망률을 낮췄던 방법이다. 호주까지 무려 2만5,000킬로미터를

1-1 | 영국 뎃퍼드 항의 죄수 호송선, 1789.

호송하는 동안 사망자가 너무 많았다. 심지어 한 호송선은 죄수 424명 중 158명(37.3%)이나 사망해 비난 여론이 들끓었다.(도판 1-1) 영국 정부는 죄수들의 생존율을 높이기 위해 식량과 의약품을 더 공급했다. 그러자 선장들이 중간에 착복해 호송 비용만 더 불어났다. 호송선마다 감시관을 파견해도 나아지는 것이 없었다. 영국 정부는 고민 끝에 묘안을 찾아냈다. 선장에게 지급하는 호송비 계산 방법을 단순히 죄수 숫자가 아니라 '살아서 도착한 죄수' 숫자에 따르는 것으로 살짝 바꾼 것이다. 그러자 선장들은 정부가 시키지 않아도 죄수들 건강에 신경을 썼다. 그 결과 1793년 422명을 호송하는 동안 사망자는 단 1명뿐이었다. 큰 비용이나 규제, 감시 없이도 선장의 욕심을 이용해 원하는 목적을 달성한 것이다.

하지만 당근이 과도할 때는 간혹 독이 되기도 한다. 2008년 글로벌 금융위기 당시 월스트리트의 금융회사들이 임직원들에게 주는 성과급, 스톡옵션 등의 인센티브는 상상을 초월하는 수준이었다. 지나친 인센티브는 회사의 장기적인 이익보다 당장의 개인적 이익에 몰두하게 만들었고 고수익·고위험 투자를 부추겨 금융위기가 닥치자 회사가 무너질 위기를 맞게 된 것이다. 무엇이든 지나치면 모자람만 못하다.

2
내 것은 아껴도
공동소유물은 헤퍼진다

'내 것은 내 것, 네 것은 네 것'이란 명제는 너무도 당연한 것 같지만 현실에서는 그렇지 못한 경우가 많다. 내 것과 네 것이 구분되지 않을 때는 사이좋게 나누기보다는 다투게 마련이다. 아이

들에게 과자를 한꺼번에 주
면 서로 덤벼들어 허겁지겁
하나라도 더 먹으려고 한
다. 그러나 각자에게 과자
를 나눠주면 자기 몫을 서
둘러 먹지 않고, 심지어 남
겨두는 아이도 있다. 이처
럼 내 것은 아끼지만 소유

1-2 | 2011년 상아 밀거래 근절을 위해 대대적인 소탕 작전이 벌어지는 가
운데 케냐의 키바키 전 대통령이 5톤 분량의 상아를 불태우고 있다.

권이 구분되지 않을 때는 먼저 차지하는 사람이 임자인 공유지의 비극
이 일어난다.

소유권(사유재산권)은 별것 아닌 것 같지만, 오늘날 경제를 움직이는 가
장 강력한 동기다. 멸종동물 보호에도, 해당 동물에 소유권을 부여하는
것이 정부의 엄격한 밀렵 단속보다 훨씬 효과적인 것으로 입증되었다.
케냐 정부는 1970년대 초부터 관광 이외에 코끼리의 상업적 이용을 금
지하고, 밀렵은 물론 코끼리 가죽과 상아 거래 또한 일체 불법으로 간주
해 단속했다.(도판 1-2) 반면 짐바브웨는 밀렵 단속에 힘쓰기보다는 주민
들로 하여금 코끼리를 소유하고 관리하게 했다. 두 나라의 코끼리는 어
떻게 되었을까?

밀렵을 금지한 케냐에서는 코끼리 숫자가 1979년 6만5,000마리에서
1989년 1만9,000마리로 급감했다. 정부의 단속으로 상아와 가죽 가격
이 급등하자 밀렵이 더욱 기승을 부린 탓이다. 그러나 코끼리를 주민이
소유하게 한 짐바브웨는 코끼리 개체수가 11만 마리로 오히려 더 불어
났다. 코끼리가 급증하면서 상아와 코끼리를 매매할 수 있게 했고, 연간
5,000마리의 사냥 쿼터를 허용해도 될 정도가 되었다. 케냐의 코끼리는

공유재산이어서 밀렵꾼들 입장에서는 먼저 잡는 사람이 임자였지만, 주민이 소유권을 가진 짐바브웨의 코끼리는 오히려 잘 사육되고 보호받으면서 주민들의 주요 소득원이 된 것이다.[2]

찰스 윌런(Charles Wheelan)의 『벌거벗은 경제학(*Naked Economics*)』에 소개된 멸종 위기의 검정코뿔소를 보호하는 방법도 짐바브웨의 코끼리 보호법과 대동소이하다. 가난한 주민들에게 소유권을 넘겨서 '죽은 코뿔소'보다 '살아 있는 코뿔소'가 더 돈이 되게 만든 것이다. 주민들은 코뿔소가 관광 수입의 원천이 되자 '돈 되는 코뿔소'를 지키기 위해 스스로 밀렵꾼을 막는 데 앞장섰다.

이처럼 인간 본성에 부합하는 제도는 강력한 효과를 발휘한다. 세계사에서도 개인이 스스로 움직이게 만드는 제도를 가진 나라들은 하나같이 융성했다. 영국의 사상가 존 로크(John Locke)는 근대 영국과 네덜란드가 번영할 수 있었던 조건을 '소유적 개인주의(possessive individualism)'라고 결론 내리고 "소유가 없는 곳에는 정의도 존재하지 않는다"고 했다.[3]

사람의 권리 가운데 소유권보다 더 뚜렷하고 확실한 것도 없을 것이다. 사람은 내 것을 소유하고 지킬 수 있을 때에야 비로소 타인의 것도 존중할 생각을 갖게 된다. 철학자 데이비드 흄(David Hume)이 '개인의 소유가 문화의 시작'이라고 갈파한 이유도 여기에 있다.

3
사람은 수준보다
비교에 민감하다

히말라야 산맥 아래 인구 75만 명의 작은 나라인 부

탄은 한때 행복한 나라의 대명사로 여겨졌다. 1972년 당시 부탄 국왕은 '국내총생산(GDP, Gross Domestic Product)' 대신 '국민총행복(GNH, Gross National Happiness)'이라는 신개념을 도입해 국제사회의 이목을 끌었다. 1인당 국민소득이 2,000달러에도 못 미치는 가난한 나라임에도 국민의 97퍼센트가 행복하다고 답할 정도여서 '행복은 GDP순이 아니다'라는 주장의 근거로 흔히 인용되었다.

하지만 최근 들어 부탄에도 큰 변화가 일어나고 있다고 한다. 먼저 행복지수 순위가 예전 같지 않다. 2006년 영국 레스터 대학교 조사에서는 8위, 2009년 영국 신경제재단 조사에서는 17위에 그쳤다. 그 이면에는 컬러텔레비전의 보급과 2005년 세계 최초의 담배 판매 전면 금지 조치가 작용했다고 한다. 가난하지만 행복하다는 부탄 국민들도 컬러텔레비전에 비치는 화려함과 자신의 곤궁함을 비교하게 된 것이다. 2010년 부탄 정부의 설문조사에서는 행복하다는 국민의 수가 41퍼센트까지 내려갔다고 한다.

이렇듯 사람은 변화와 비교에 예민하다. 자신이 지금 얼마를 가졌는지보다는 예전 상태에 비해 어떤지, 또한 남들과 견주었을 때 어떤지에 따라 느끼는 만족도가 달라진다. 내가 1만 원을 벌었어도 남이 2만 원을 벌면 만족스럽지 못한 느낌이 든다. 지갑 속의 돈이 1만 원에서 7,000원으로 줄어든 사람은 3,000원에서 6,000원으로 늘어난 사람보다 분명히 더 갖고 있어도 불행하다고 여긴다. 3-4위전에서 이긴 동메달리스트가 결승전에서 진 은메달리스트보다 행복한 표정을 짓는 것도 같은 이유다. 행동경제학(behavior economics)에서 말하는 비교 프레임과 기준점 효과가 작용하기 때문이다.

한국은 소득 2만 달러 시대에 접어들었지만 사회적 갈등과 불만은 예전 1만 달러 시절보다 더욱 커지는 모습이다. 텔레비전·신문·인터넷 등에서 쏟아지는 온갖 정보들이 끊임없이 자신의 처지를 남과 비교하게 만든다. 욕망의 쳇바퀴는 웬만해서는 멈추는 법이 없다. 아무리 소득수준이 향상되더라도 사람들 눈에는 자신의 높아진 소득이 아니라 타인과의 격차만 눈에 띈다. 서로 비교할 게 별로 없는 가난한 나라라면 행복지수가 부유한 나라보다 높을 수 있다. 하지만 아무리 행복해도 주위에 비교 대상이 생기면 만족도는 금세 떨어지게 되는 것이다.

절대적 빈곤도 문제지만 더 큰 문제는 상대적 빈곤에서 비롯된다. 상대적 빈곤은 물의 깊이와 관계없이 항상 일정하게 유지되는 배의 흘수(吃水, 물에 잠기는 부분)와도 같다. 아무리 부유한 나라여도 상대적으로 가난한 사람들이 늘 존재하는 것이다. 진정 국민이 행복해지려면 소득을 높일 뿐만 아니라 사회적 격차도 줄여야 한다.

4
무료는
공짜가 아니다

맨큐가 제시한 경제학의 10대 기본 원리 중 첫 번째는 '모든 선택에는 대가가 있다'는 것이다. '공짜 점심은 없다'는 서양 속담과 같은 의미다. 우리가 무엇을 얻으려면 대개 그 대가로 무엇인가를 포기해야 한다고 맨큐는 설명한다. 이는 가상의 기회비용을 지불하는 것과 같다. 공짜 점심(free lunch)이라는 말은 19세기 미국 서부 개척기에 주점에서 손님을 끌기 위해 점심을 무료로 제공한 데서 유래했다. 사람들은 공짜라서 즐겁게 먹었지만 실은 공짜가 아니었다. 저녁 술값에 공짜로 먹은 점심값까지 없어진 것이다.

맨큐의 첫 번째 원리를 현실에 맞게 변형하면 '무료는 공짜가 아니다'라고 할 수 있다. 휴대폰 요금에 무료 통화 몇 분, 무료 문자 몇 통 등을 제시하지만 이는 전혀 공짜가 아니다. 이용자가 이미 34요금제(월 3만 4,000원), 44요금제(4만4,000원) 등 정액 요금을 내고 산 권리일 뿐이다. 진짜 무료 통화가 되려면 요금이 0원이 되어야 맞다. 무료라고 부른다고 해서 공짜 아닌 것이 공짜가 되는 것은 아니다.

경품행사도 마찬가지다. 백화점이나 마트에서 물건을 사고 받은 응모권으로 경품에 당첨된다면 물론 즐거운 일이다. 하지만 경품 비용은 이미 상품 가격에 전가되어 누군가가 상품을 살 때마다 지불된다. 라디오의 청취자 퀴즈도 건당 50~100원의 유료 문자메시지로 응모해야 한다. 50원, 100원이 모여 당첨자들에게 선물을 주는 재원이 되는 것이다. 결국 경품행사는 무수한 탈락자들이 십시일반으로 비용을 보태준 이벤트 이상도 이하도 아니며, 로또복권처럼 수많은 구매자가 당첨자에게 몰아주는 구조다. 백화점이 일정 금액 이상 구매 고객에게 주는 사은품이라는 것도 따지고 보면 이미 다른 상품 가격에 조금씩 전가돼 있는 공짜 점심이나 마찬가지다. 온라인 쇼핑몰의 할인·공짜 쿠폰이나 각종 보너스 카드는 겉보기에는 공짜인 것 같다. 하지만 고작 10~20퍼센트의 할인 혜택을 누리려면 나머지 80~90퍼센트에 해당하는 돈을 써야만 한다.

경제원리를 안다면 할인·공짜·무료·덤 등의 단어를 볼 때마다 일단 의심부터 해야 마땅하다. 하지만 현실에서는 그렇지 못한 경우가 많다. 공짜라면 양잿물도 마신다는 속담이 괜히 나온 게 아니다.

5
의도가 좋다고
결과도 좋은 것은 아니다

미국의 한 초등학교 교사가 어린 학생들이 연필을 자꾸 잃어버리자 연필을 소중히 여기도록 유도하기 위해 아이디어를 생각해냈다. 다 쓴 몽당연필을 가져오면 10센트씩 주겠다고 제안한 것이다. 그러자 곧 경악할 일이 벌어졌다. 아이들이 공부하는 데 연필을 쓰는 게 아니라 연필깎이를 마구 돌려대 몽당연필로 만드는 데 몰두하더라는 것이다.[4]

흔히 착각하는 것이, 의도가 좋으면 결과도 좋다고 여기는 것이다. 물론 그럴 수 있다. 단, 그 의도가 인간의 이기심과 경제원리에 부합하는 경우에 한해서다. 현실에서는 오히려 의도는 좋은데 결과가 나쁜 경우가 허다하다. 결과가 나쁘다면 아무리 선의에서 출발했다 해도 책임이 없다고 할 수 없다.

정부 산하 동반성장위원회가 중소기업 보호를 명분으로 중소기업 적합업종을 지정한 것이 그런 사례다. 중소기업 적합업종으로 지정하면 대기업이 배제되므로 중소기업의 경영이 개선될 것이라는 좋은 의도로 출발했다. 먼저 두부를 중소기업 적합업종으로 지정했다. 대기업이 손을 뗐으니 중소기업이 호황을 누릴 줄 알았다. 하지만 2년이 지나도록 중소기업 점유율은 오르지 않고 국산 콩 수요가 줄어 콩 생산 농가들이 어려움을 겪고 있다. 해외 본사가 아무리 커도 외국 기업의 한국 법인은 중소기업으로 간주된다. 기업·관공서 등의 구내식당 운영 사업도 정부가 대기업의 참여를 금지하면서, 대기업이 빠진 자리를 외국 기업들이 빠르게 차지하고 있다. 정부 세종시청사 구내식당은 연간 매출 15조 원에 달하는 글로벌 급식업체의 한국 법인과 한 중견 기업이 차지했다. 소규모 업체들은 정부가 제시한 '하루 평균 1,500명 이상 급식 운영 경험'이란 조건을 맞출 방법이 없어 아예 입찰을 포기했다.

최저임금제는 시간당 5,000원도 못 받는 열악한 처지의 근로자들을 돕기 위해 도입된 제도다. 저임금 근로자들은 최저임금 이상을 받게 돼 덕을 보았지만, 최저임금제로 오히려 더 어려워진 사례도 있다. 월 70-80만 원을 받던 아파트 경비원들의 처지를 개선하기 위해 정부가 그들에게도 최저임금제를 적용하자, 아파트단지마다 관리비 부담을 이유로 무인경비장치를 설치하거나 나이가 한 살이라도 더 젊은 경비원을 선호하게 되었다. 나이 많은 노인들부터 경비원 일자리를 잃었고, 심지어 생활고를 비관해 자살하는 사람도 생겼다.

요즘도 일부 노동단체들은 최저임금을 현재의 2배인 시간당 1만 원까지 올려야 한다고 주장한다. 만약 최저임금을 1만 원으로 올리면 어떻게 될까? 하루 8시간 일하면 8만 원을 받으므로 한 달 20일을 일하면 160만 원을 벌 수 있다. 그렇게만 된다면 정말 좋은 의도에 좋은 결과일 것이다. 하지만 임금을 올리기 어려운 중소기업, 아파트단지, 편의점, 음식점 등에서는 세 사람의 일을 두 사람에게 전가하거나 아예 고용하지 않는 식으로 대응할 게 뻔하다. 이들이 부도덕해서가 아니라 고용주가 부담할 수 있는 인건비에 한계가 있기 때문이다. 그 결과 먼저 일자리를 잃는 것은 고령자, 청소년, 비숙련 노동자 등 다른 대안이 없는 사람들이다. 이들을 돕자는 의도와 달리 더 나쁜 결과를 초래하는 것이다. 따라서 사회적으로 감내할 수준에서 최저임금을 점진적으로 인상하되, 그로 인해 다른 부작용은 없는지 세심히 살펴야 할 것이다.

좋은 의도와 착한 명분을 강조해도 현실에서는 더 나쁜 결과가 초래되는 경우가 많다. 좋고 착하다는 것은 도덕 차원의 문제이지 효율과 비효율을 따지는 경제원리와는 거리가 멀기 때문이다. 영국 속담에 '지옥으로 가는 길은 선의로 포장돼 있다'고 했다. 공산주의 또한 처음에는 함께 잘살아보자는 좋은 의도에서 출발했다. 그러나 좋은 의도가 선의로 인정받으려면 결과도 좋아야 한다. 그로 인해 벌어질 보이지 않는 역효과(부작용)에 대해서도 사전에 철저히 검토해야만 한다. 그렇게 했는데도 결과가 나쁘다면, 좋은 의도였더라도 경제원리를 거스르는 착각이라고 볼 수밖에 없다.

6
시장은 누가 만들지 않아도
저절로 생겨난다

베트남 속담에 '시장을 가로막는 것은 흐르는 강물을 가로막는 것이나 마찬가지'라고 했다. 1994년 아프리카 르완다 사람들은 피비린내 나는 내전을 피해 인접한 자이르(현 콩고민주공화국)의 난민촌으로 대거 흘러 들어갔다.(도판 1-3) 수십만 명이 수용된 난민촌은 곧바로 시끌벅적한 상거래의 중심지로 탈바꿈했다. 급조된 식료품 시장, 잡화점, 바, 음식점, 이발소, 정육점, 약국 등이 생겨났다. 유엔난민고등판무관실(UNHCR)에 따르면 1995년 난민촌에 형성된 직종만도 8만2,000가지에 달했다.

2차 세계대전 당시 나치의 포로수용소에서도 시장이 생겨났다. 포로들은 적십자사가 제공한 식량·담배·옷 등을 거래했는데, 교환 수단은 돈이 아닌 담배였다. 굶주린 포로들이 들어올 때는 식료품 가격이 올랐고, 매주 식량이 배급되면 내려갔다. 노동 시장도 형성돼, 빨래를 해주거나 초상화를 그려주는 서비스도 등장했다.[5]

시장은 누가 만들어주지 않아도 수요가 있으면 저절로 생겨난다. 난민촌에서도, 포로수용소에서도, 심지어 포탄이 난무하는 곳에서도

1-3 | 자이르(현 콩고민주공화국)에 있는 르완다 난민촌.

시장은 열린다. 시장을 금지한 북한에도 '장마당'이라는 생필품 암시장이 버젓이 존재한다. 북한 당국이 수시로 단속하지만 어느 틈엔가 장마당이 다시 형성되는 것은 바로 물건을 사려는 사람과 팔려는 사람이 있기 때문이다. 즉 이윤을 추구하는 사람들이 시장을 만드는 것이다.

시장의 기원은 인류의 역사와 궤를 같이한다. 자급자족 상태를 벗어나 분업과 교환이 일어나면서 시장은 자연발생적으로 탄생했다. 사람들은 시행착오를 겪으면서도 서로에게 득이 되는 교환 방식을 귀신같이 찾아냈다. 이런 과정이 마치 동물의 진화처럼 적응과 도태를 거듭해 오늘날의 시장으로 진화했다. 시장에서 벌어지는 활발한 거래는 문명도 만들어냈다. 고대사회의 약탈이 상거래로 바뀐 것은 약탈에 따른 비용(체포·처벌·은신 등)이 상거래 비용보다 커졌기 때문이다. 프랑스 사상가 몽테스키외(Charles De Montesquieu)는 "북유럽의 야만인들에게 문명과 친절한 예절을 전파한 것은 통상(通商)이었다"고 했다.

시장은 가장 자연스러운 거래 형태이기에 금지한다고 없어지거나, 인위적으로 만든다고 커지는 게 아니다. 맨큐가 제시한 제5원리도 '자유로

운 거래는 모든 사람을 이롭게 한다'는 것이다. 제3자가 불필요하게 개입하지 않는 한 자유의사에 의한 거래는 서로에게 이득이 되는 교환을 가능케 한다. 손해 본다 싶을 때는 거래를 거부할 수 있는 것이 시장이다. 시장은 재산권이 보장돼야 존재할 수 있다. 사람이 스스로를 위해 일할 때 가장 생산성이 높아진다. 뒤집어보면 시장을 파괴하는 가장 확실한 방법은 재산권에 대한 사람들의 믿음을 무너뜨리는 것이다.

맨큐는 제6원리로 '일반적으로 시장이 경제활동을 조직하는 좋은 수단이다'라고 했다. 프랑스의 샤를 드 골 대통령은 "치즈만 246가지에 달하는 나라를 어떻게 통치할 수 있을까"라고 대통령으로서의 고충을 토로한 적이 있다.[6] 하지만 시장은 246가지 치즈뿐 아니라 수백만 개의 상품을 필요한 사람에게 언제든지 공급할 수 있다. 가격이라는 단 하나의 기준을 통해서.

7
경쟁보다 나은
독점은 없다

"맛없는 김치는 못 참는 한국인들이 왜 따분한 (boring) 맥주는 꿀꺽꿀꺽 잘도 마실까?"

2012년 11월 영국의 경제 주간지 『이코노미스트(*The Economist*)』가 '한국의 맥주 맛이 북한 대동강 맥주보다도 못하다'는 기사를 게재해 논란을 빚었다. 『이코노미스트』가 내린 결론은 "한국 맥주 시장이 과점체제이기 때문"이라는 것이었다. 오비맥주와 하이트진로 양대 업체가 시장을 장악하고 규제가 심해 군소 맥주업체들의 진입이 어려워졌고, 이 때문에 맥주의 다양성이 줄어들었다는 것이다.

정부가 맥주 과점체제를 용인한 것은 맥주에 붙는 주세(酒稅)의 징수 편의를 위해서라는 게 전문가들의 지적이다. 두 회사가 시장을 나누어 먹고 경쟁다운 경쟁이 없기에 맥주의 맛과 향의 다양성도 함께 사라져버린 것이다. 독과점시장에서 나타나는 전형적인 부작용이다.

『이코노미스트』
1843년 영국에서 은행가, 정치가 등으로 활동한 제임스 윌슨이 창간한 잡지. 마르크스는 『자본(Das Kapital)』(1867)을 집필하면서 이 잡지를 자료로 삼았다고 한다.

독점기업은 시장의 가격을 좌우하므로 독점이윤을 챙길 수 있다. 이것이 각국 정부가 시장에서 경쟁을 장려하고 독점기업을 규제하는 이유다. 다만 국민 편익을 위해 꼭 필요하지만 막대한 투자비가 드는 경우에는 국가가 법률로 정해 독점 공기업에게 맡기는 경우가 많다. 전기·통신·가스·철도 등 국가적인 네트워크가 필요한 인프라 산업이 대체로 그렇다. 하지만 이런 분야에서조차 독점보다는 경쟁이 소비자 편익의 증대를 가져다주는 경우가 많다.

지금의 KT가 '한국통신공사'이던 1990년대 국제전화 요금은 1분에 1,500원(미국 기준)에 달했다. 10분 통화하면 1만5,000원이 나올 정도였다. 그러던 중 국제전화에 경쟁이 도입돼 데이콤의 002 국제전화 서비스가 시작됐다. 이어 온세통신 008이 나왔고, 이동통신업체들의 00700, 00365 등이 쏟아졌다. 지금은 인터넷 전화를 많이 이용하고 무료 통화 어플리케이션(앱)만도 200개에 육박할 정도다. 그 결과 001 국제전화를 사용하여 미국에 걸었을 때 통화 요금은 분당 100원까지 내려갔다. 그럼에도 이용자는 감소세다. 001 같은 유선전화의 국제통화 품질은 우수하지만 거의 비용이 들지 않는 대체재가 널려 있기 때문이다.

통신사업은 기술의 발전으로 유선통신·무선통신·인터넷·위성통신·데이터통신 등으로 다양화되었다. 한국통신공사의 독점이 더 이상 유지할 수 없는 시대가 되었고, 경쟁이 도입되면서 통신 요금은 드라마틱하게 내려갔다. 이와는 반대로 민영화할 경우 거꾸로 요금이 올라가는 경우도 있다. 서울 신분당선이나 민자 고속도로 등이 그런 경우다. 서울 강남역과 분당 정자역을 잇는 신분당선은 기본요금이 1,750원(2014년에는 1,950원으로 인상)으로 서울 지하철보다 700원이나 비싸다. 민자로 건설한 서울외곽순환고속도로 북쪽의 구리-일산 구간은, 정부 예산으로 건설한 남쪽의 구리-판교 구간이나 일산-판교 구간에 비해 거리는 같은데도 요금이 2배나 비싸다. 그렇다면 공기업이 운영하면 좋은 것이고 민간 기업이 운영하면 나쁜 걸까?

이는 조삼모사(朝三暮四) 또는 오십보백보(五十步百步)와 같은 문제다. 공기업이 독점할 경우 건설비나 적자는 세금으로 메워야 한다. 공기업의 비능률·비효율도 무시할 수 없다. 그러나 세금 부담은 다수에게 분산되므로 당장은 잘 눈에 띄지 않는다. 이용하지 않는 사람들까지 자신도 모르게 나눠 부담하는 것이다. 반면 민자 사업은 민간 기업이 자본을 투자해 건설하고 비용은 이용자들이 직접 부담하는 방식이다. 다수의 세금은 늘어나지 않지만 공기업이 운영할 때보다 요금이 오를 수 있다.

결국 공기업 독점이냐, 민영화냐의 문제는 국민 전체에 부담을 지울 것인가, 수익자에게 부담시킬 것인가의 문제가 된다. 세계 어느 나라든 공영 방식으로 운영되는 대중교통은 하나같이 적자다. 그리고 그 적자는 세금으로 메운다. 정부는 늘 서비스 향상과 요금 억제를 이야기하지만 둘 다 제대로 지켜지지 않는 게 보통이다. 하지만 대중교통이 흑자로 운영되는 유일한 예외는 민간 기업이 운영할 때다.

8

좋은 기업은
내 지갑을 노린다

기부를 많이 하는 기업을 대개 '좋은 기업'이라고 여긴다. 진작부터 사회공헌사업에 눈을 떠 오랫동안 '착한 기업'의 대명사로 불리는 제약회사가 있다. 제약회사가 '좋은 기업'이 되려면 질병을 치료할 획기적인 신약을 개발하든가, 아니면 저렴한 약을 만들어 누구나 쉽게 사 먹을 수 있게 공급하는 본업에 충실해야 한다. 하지만 이 회사가 신약을 개발한 건 먼 과거의 이야기고, 특별히 싼값에 약을 공급한다는 소리도 들어보지 못했다면 어떨까? 그래도 이 회사를 '좋은 기업' 또는 '위대한 기업'이라고 부를 수 있을까? 이는 기업의 본질이 무엇인가를 생각하게 만드는 질문이다.

그렇다면 '좋은 기업'이란 어떤 기업일까? 시장경제의 핵심은 기업이고, 기업의 목적은 무엇보다 이윤 추구에 있다. 기업이 이윤을 내야 계속 존속하면서 고용을 하고 세금을 내고 투자를 통해 신제품을 개발할 수 있다. 기부를 통한 사회공헌도 이윤이 나야 가능하다. 기업의 이윤은 곧 일자리를 창출하고 국부를 만드는 원동력이다. 아무리 '착한 기업'이라도 이윤을 내지 못하면 일자리 창출, 세금 납부는커녕 기부도 할 수 없게 될 것이다.

기업이 이윤을 내기 위해 벌이는 혁신적인 노력이야말로 최선의 사회공헌이라 할 수 있다. 소비자들은 더 많이 팔기 위해 밤낮으로 연구하고, 품질을 개선하고, 서비스를 철저히 하는 기업을 신뢰하고 기꺼이 지갑을 연다. 좋은 기업이라도 출발부터 그런 평가를 받는 것은 아니다. 끊임없는 경쟁 속에서 가장 효율적으로 상품을 공급할 수 있는 기업들이 살아남아 '좋은 기업'이 되는 것이다.

1990년대까지 휴대폰 시장에서 '좋은 기업'은 모토로라였다. 모토로라는 '스타텍'이란 휴대폰 모델로 세계적인 선풍을 일으켰다. 스타텍은 워키토키 수준이던 휴대폰을 와이셔츠 주머니에 쏙 들어가는 크기로 줄인 최초의 제품이다. 그러나 2000년대 들어 모토로라는 스마트폰 경쟁에서 뒤처지면서 도태하고 말았다. 그리고 그 자리를 삼성전자와 애플이 차지했다.

현대 경제 발전사는 기업들의 첨예한 경쟁 속에서 소비자의 후생을 높여온 과정이라고 할 수 있다. 이 과정에서 탄생하는 좋은 기업은 합법적으로 소비자들의 지갑을 열면서 지속적으로 이윤을 내는 기업이다. 그러려면 소비자들이 원하는 물건을 경쟁 기업들보다 품질은 높고 가격은 싸게 제공할 수 있어야 한다. 소비자 보호를 위한 가장 확실한 방법은 정부 규제가 아니라 브랜드와 평판을 지키려는 기업 스스로의 노력이다.

기업은 자선단체가 아니다. 아무리 기부를 많이 하더라도 가격이 비싸면서 품질이 엉망이라면 결코 좋은 기업이 될 수 없다. 기업이 혁신적인 제품과 기술을 개발하고 그 제품을 놀라울 만큼 싼값에 공급해 인류의 삶을 획기적으로 바꾸는 계기가 된다면, '좋은 기업'을 넘어 '위대한 기업'이라고 불릴 것이다.

9
정부가 커질수록
개인은 위축된다

2010년 유럽 재정위기의 진앙지였던 그리스는 인

구 1,100만 명 중 공무원이 85만 명에 달했다. 취업자 4명 중 1명꼴이다. 그리스 정부가 긴축에 나서자 맨 먼저 시위에 나선 사람들이 경찰관·소 방관·교사 등 공무원이었다. 인구 5,000만 명에 공무원이 100만 명으로 취업자 25명당 1명꼴인 한국에 비해 그리스의 공무원 비중이 얼마나 높 은지 알 수 있다.

　그리스 위기의 근본 원인은 돈 벌어 세금을 낼 사람에 비해 정부에서 월급을 받는 사람의 비중이 너무 높았던 데 있다. 국민은 소득의 원천에 따라 시장소득형 국민과 조세소득형 국민으로 나눌 수 있다. 전자는 기 업가·근로자·자영업자처럼 시장경쟁을 통해 부가가치(이윤·임금)를 버는 사람이다. 후자는 정부가 고용한 공무원 ·교사·군인 등으로, 국민의 세금에서 월급을 받는 사람들이다. 파킨슨 법칙(Parkinson's law)이 보여주듯이 공무원 조직은 업무량에 관계없이 늘어나는 속성이 있다. 그렇게 되면 정부는 점 점 더 많은 세금을 걷어야 한다.

> **파킨슨 법칙**
> 업무의 경중이나 유무에 관계 없이 공무원의 수가 일정 비율 로 늘어난다는 법칙. 특정 공무 원이 업무 과다로 허덕일 때 동 료의 도움을 받아 일을 나누기 보다 부하를 보충받기를 원하 며, 그렇게 인원이 충원될 경우 지시·감독 등의 새로운 권한이 생겨나기 때문이다.

　청년실업을 해소하기 위해 공무원을 대폭 늘 리면 어떻게 될까? 당장은 실업률을 낮출 수 있 을 것이다. 그러나 공무원의 인건비도 그만큼

늘어나 세금 부담이 증가하면 머지않아 민간의 경제활동이 위축되어 중 장기적으로는 일자리가 줄어드는 결과를 낳는다.

　정부는 선수가 아니라 심판이다. 경기가 재미있으려면 물 흐르듯 흘러 가야 한다. 실력이 안 되는 심판이 선수로 뛰거나 불공정하게 오심을 하 면 관중은 떠난다. 맨큐의 제7원리는 '경우에 따라 정부가 시장성과를 개선할 수 있다'는 것이다. 여기에서 방점은 '경우에 따라'에 찍힌다. 정

부가 시장성과를 개선하는 경우는 매우 드물고, 그것도 반드시 시장원리를 거스르지 않는다는 전제에서만 타당하다는 의미다.

그런 점에서 정부가 해야 할 일과 하지 말아야 할 일이 있다. 정부가 해야 할 일은 첫째, 사유재산권을 철저히 보호하는 것이다. 경제 주체들은 자기 것을 지킬 수 있다고 확신할 때 더 열심히 일하며, 미래를 위해서라도 더 효율적인 생산과 개발, 보존 방법을 강구할 것이다. 둘째, 경제 주체 간에 계약이 잘 이행되도록 간결하고 공정한 제도와 법률을 갖춰야 한다. 제도와 법률이 특정 집단에 특혜를 주고 경쟁자의 진입을 막는다면 국민 다수는 손해를 볼 수밖에 없다. 셋째, 통화가치를 안정시켜야 한다. 물가가 수시로 폭등·폭락하는 경제 상황이라면 앞으로 무슨 일이 벌어질지 모르기에 생산 능력이 위축될 수밖에 없다.

반면 정부가 하지 말아야 할 일도 있다. 첫째, 상거래나 국제무역을 가로막는 지나친 규제를 금해야 한다. 시장 진입이 활발하고 수출입이 활성화할수록 나라 전체의 이익이 커진다. 이는 진입 규제를 이용해 독과점 이익을 누리는 이익집단이 정부와 정치권을 부추겨 특혜를 유지하려는 시도를 막아야 가능하다. 둘째, 세금을 과도하게 올리지 말아야 한다. 기업이나 개인이나 자신이 번 돈을 지킬 수 있을 때 더 많이 생산한다. 높은 세율은 창업의욕이나 근로의욕을 꺾는다. 셋째, 특별한 경우가 아니면 재정적자를 내지 말아야 한다. 유권자의 표를 의식하는 정치인은 틈만 나면 과도한 재정지출을 가져올 법안을 만들려 한다. 재정적자로 국가부채를 늘리는 것은 미래 세대에게 부담을 지우는 일이다.

10
최상의 자원은
성취욕 강한 국민이다

　　　　　　최신 통계를 들여다보면 가끔 놀랄 때가 있다. 산유국인 사우디아라비아는 20세기만 해도 엄청난 오일머니 덕에 잘사는 나라의 표본처럼 여겨졌다. 하지만 2012년 기준 1인당 소득을 비교해보면, 사우디아라비아는 2만2,635달러로 세계 36위에 그친 반면, 한국은 2만3,679달러로 사우디아라비아보다 두 계단 높은 34위다. 산유국 가운데 한국보다 1인당 소득이 높은 나라는 카타르·아랍에미리트·쿠웨이트·브루나이·오만·바레인 등 6개국뿐이다. 모두 인구 1,000만 명 미만의 소국으로, 그중에서도 오만(2만4,803달러, 30위)과 바레인(2만4,141달러, 33위)은 한국과 큰 차이도 없다.

　자원부국이거나 서구 혈통이 아닌 나라 중에 소득 2만 달러 이상인 나라는 싱가포르(5만323달러, 11위), 일본(4만6,972달러, 16위), 홍콩(3만6,217달러, 25위), 한국, 타이완(2만502달러, 38위) 등 5개국이다. 이 중 인구 5,000만 명 이상인 나라는 일본과 한국뿐이다. 사실 1인당 소득 2만 달러 이상, 인구 5,000만 명 이상인 이른바 '20-50클럽'에 속하는 나라는 세계적으로 7개국밖에 없다. 미국·일본·독일·영국·프랑스·이탈리아 등 6개국이 이에 해당하며, 이들은 캐나다와 함께 G7 국가다. 그런데 일곱 번째로 20-50클럽에 오른 국가가 있다. 바로 한국이다.

　20세기 전반 한국은 식민지, 분단, 전쟁 등 온갖 역사의 비극으로 점철된 그야말로 '가망 없는 나라'의 대명사였다. 변변한 자원도 없고, 인구밀도는 도시국가를 제외하면 세계 3위에다. 보릿고개를 겪을 만큼 식량이 부족한 나라였다. 그런 한국이 어떻게 반세기 만에 선진국 반열에 오

국가별 1인당 GDP(International Monetary Fund, 2012)

순위	국가명	GDP(달러)	순위	국가명	GDP(달러)
1	룩셈부르크	10만 6,958	51	크로아티아	1만 3,999
2	카타르	10만 6,393	52	리투아니아	1만 3,068
3	노르웨이	9만 9,664	53	헝가리	1만 3,045
4	스위스	7만 8,754	54	세인트키츠네비스	1만 2,879
5	아랍에미리트	6만 9,798	55	브라질	1만 2,465
6	오스트레일리아	6만 8,915	56	라트비아	1만 2,368
7	스웨덴	5만 7,948	57	리비아	1만 2,058
8	덴마크	5만 7,572	58	카자흐스탄	1만 1,917
9	쿠웨이트	5만 3,418	59	가봉	1만 1,662
10	캐나다	5만 1,688	60	아르헨티나	1만 1,453
11	싱가포르	5만 323	61	베네수엘라	1만 1,113
12	미국	4만 9,601	62	터키	1만 914
13	오스트리아	4만 8,479	63	멕시코	1만 514
14	네덜란드	4만 7,841	64	말레이시아	1만 466
15	핀란드	4만 7,495	65	레바논	1만 425
16	일본	4만 6,972	66	세이셸	1만 309
17	아일랜드	4만 5,853	67	코스타리카	9,500
18	벨기에	4만 5,089	68	파나마	9,443
19	프랑스	4만 2,793	69	보츠와나	8,888
20	독일	4만 2,625	70	루마니아	8,720
21	아이슬란드	4만 1,410	71	모리셔스	8,654
22	뉴질랜드	4만 453	72	그레나다	8,211
23	브루나이	3만 9,355	73	남아프리카공화국	8,201
24	영국	3만 8,891	74	콜롬비아	8,127
25	홍콩	3만 6,217	75	수리남	7,927
26	이탈리아	3만 3,942	76	아제르바이잔	7,850
27	이스라엘	3만 1,691	77	세인트루시아	7,769
28	스페인	3만 150	78	도미니카연방	7,151
29	키프로스	2만 8,961	79	불가리아	6,903
30	오만	2만 4,803	80	몬테네그로	6,877
31	바하마	2만 4,278	81	세인트빈센트그레나딘	6,640
32	그리스	2만 4,197	82	이란	6,444
33	바레인	2만 4,141	83	몰디브	6,230
34	한국	2만 3,679	84	벨라루스	6,186
35	슬로베니아	2만 3,184	85	페루	6,069
36	사우디아라비아	2만 2,635	86	앙골라	6,009
37	포르투갈	2만 661	87	나미비아	5,900
38	타이완	2만 502	88	중국	5,898
39	몰타	2만 437	89	태국	5,850
40	체코	1만 9,515	90	세르비아	5,816
41	트리니다드토바고	1만 8,527	91	도미니카공화국	5,805
42	슬로바키아	1만 7,343	92	알제리	5,658
43	바베이도스	1만 6,929	93	자메이카	5,657
44	에스토니아	1만 6,636	94	투르크메니스탄	5,330
45	적도기니	1만 6,026	95	요르단	4,916
46	우루과이	1만 5,485	96	마케도니아	4,875
47	칠레	1만 5,453	97	에콰도르	4,759
48	앤티가바부다	1만 4,284	98	통가	4,561
49	러시아	1만 4,246	99	보스니아헤르체고비나	4,488
50	폴란드	1만 4,039	100	벨리즈	4,480

를 수 있었을까? 원조받던 나라에서 원조하는 나라로 변신한 세계 유일의 국가가 된 비결은 무엇일까? 서구의 경제학자들도 늘 궁금해하는 대목이다.

한국이 경제 발전에 성공한 것은 한마디로 '기적'에 가깝다. 그런 기적을 만든 것은 풍족함이 아니라 '부족함의 역설'이다. 자원이 없었기에 '자원의 저주(resource curse)'도 없었고, 국토가 드넓고 비옥한 것도 아니어서 누구나 땀 흘려 일하지 않으면 먹고살 수 없는 환경이었다. 지하자원도, 농업자원도, 관광자원도 없는 철저한 부족함이 오히려 한국 경제 발전의 비결이 되었다는 점에서 역설이라는 뜻이다. 대신 넘쳐나는 것은 사람(인적자원)이었다.

일본·싱가포르·홍콩이 부유해진 이유도 한국과 다를 바 없다. 성공하겠다는 의지를 가진 국민들이 있었기 때문이다. 네덜란드는 국토가 척박하고 바다보다도 얕은 데다 인구밀도는 한국 못지않게 높다. 이런 열악한 조건 탓에 하나둘 바다로 나간 결과 세계의 상업을 주름잡고, 지금은 소득 5만 달러에 육박하는 부국이 되었다. 가진 게 없는 나라일수록 국민들은 부지런하고 무언가 해보려는 의욕이 강하다. 그러지 않고서는 생존이 어렵기 때문이다. 성취욕으로 똘똘 뭉친 국민보다 더 나은 자원은 세상 어디에도 없다.

chapter 2

경제의 밑바탕에는
신화가 있다

—— 세계 어느 민족에게나 고유의 신화가 있다. 신화는 이야기(story) 구조를 가지면서 주제와 소재가 고도의 상징성을 띤다. 물론 오늘날 신화 속 사건들을 곧이곧대로 믿을 사람은 없겠지만, 그렇다고 신화가 전혀 얼토당토않은 이야기라고 보면 오산이다. 아주 먼 옛날 있었던(또는 있었을 듯한) 이야기의 원형(原型, archetype)에, 오랜 기간에 걸쳐 각 민족마다 제각기 살을 붙인 것이 신화다. 따라서 천지창조, 절대자(神), 불, 천재지변, 인류 탄생, 파괴, 죽음 등이 신화의 공통된 주제가 된 것이다. 세월이 흐르면서 인간의 본성, 관계, 희로애락, 전쟁, 탐욕, 갈등 등 다양한 사람들 간의 이야기가 첨가되었을 것이다.

신화는 인류 이야기의 원형이기에 전혀 다른 민족의 신화들 사이에서 유사점이 발견되기도 한다. 신화의 유사성은 사람이면 누구나 인식하고 공감하는 영역이자 공통된 경험이라고 할 수 있다. 그렇기에 신화 속 이야기와 경제원리에는 일맥상통하는 '그 무엇'이 있다. 경제학이 등장한 것은 250년도 채 안 됐지만, 신화 속에는 이미 수천 년 전부터 인간 본성과 사회에 대한 깊이 있는 통찰, 즉 경제학의 지혜가 숨어 있는 것이다. 그런 의미에서 경제학과 인문학의 첫 만남을 신화를 찾아가는 여정으로 시작하는 것은 당연한 일이다.

500가지 신화에 등장하는 대홍수

교류와 교환

『구약성서』에 등장하는 바벨탑은 인류 사회의 미스터리 중 하나인, '어떻게 그토록 수많은 언어가 존재하는가'에 대한 신화적 설명이다. 그렇다면 『구약성서』「창세기」의 '노아의 방주'는 무엇을 의미할까? 교만하고 죄 많은 인간 세상에 대한 경고인가, 신이 내린 재앙의 기록인가?

신화학자들의 설명에 따르면, 세계에는 대홍수가 등장하는 신화가 동서양을 통틀어 500여 개에 달한다. 우리나라에도 나무도령

> **나무도령 이야기**
> 선녀와 계수나무 사이에서 태어난 나무도령이 홍수 후 산꼭대기에 생존한 처녀와 혼인하여 인간이 번창하게 되었다는 내용의 설화.

이야기 같은 홍수신화나 설화가 있다. 홍수신화는 특히 큰 강이나 바다와 접해 살았던 민족에게는 거의 예외 없이 등장한다. 지리적 특성상 큰비로 홍수가 나거나 태풍으로 바닷물이 범람했던 경험이 신화나 설화에 녹아들어 전해진 것이다. 대개는 신

2-1 │ 바사노(Jacopo Bassano), 〈노아의 방주 건설〉, 16세기 전반, 마르세유 미술관 소장.

이 인간을 창조했지만 인간이 타락하자 물로 징벌하고 선택된 소수에 의해 새로운 인간 세상을 만들어가게 한다는 내용이다.

신기한 것은, 전혀 다른 민족의 신화인데도 내용은 닮은꼴이란 점이다. 대표적인 것이 기원전 3000년경 수메르의 지우수드라 신화와 『구약성서』의 노아, 그리스 신화의 데우칼리온 이야기다. 『성서』를 통해 널리 알려진 노아의 홍수 이야기에 따르면, 창조주인 야훼가 인

2-2 │ 「길가메시 서사시」의 일부가 기록되어 있는 점토판. 대홍수와 방주 건조에 관한 내용이 들어 있다.

간이 교만해지자 이를 징벌하기 위해 40일 동안 큰비를 내렸다. 죄 없는 노아만 미리 야훼의 계시를 받고 방주를 만들어 암수 한 쌍의 동물들을 싣고 표류하다 아라라트 산에 닿아 살아남았다.(도판 2-1)

지우수드라의 홍수 이야기도 노아의 홍수와 거의 유사하다. 지상낙원을 만들어줬는데도 인간들이 불평불만을 일삼자 신들은 큰비를 내려 징벌한다. 지혜의 신 엔키가 지우수드라에게 꿈을 통해 홍수에 대해 알려

주고 방주를 만들게 한다. 지우수드라는 동물과 씨앗을 방주에 실은 채 7일간 홍수를 버티고 살아남아 태양신에게 제물을 바친다. 이 이야기는 바빌로니아의 「길가메시 서사시」에 길가메시가 우트나피시팀(=지우수드라)에게서 전해 듣는 이야기로도 기록돼 있다.[1] (도판 2-2)

그리스 신화의 데우칼리온은 인간에게 불을 가져다준 프로메테우스의 아들이자 데살리아 지방을 다스리던 왕이었다. 최고신 제우스가 타락한 인간을 멸망시키려고 대홍수를 일으켰을 때, 미리 프로메테우스의 경고를 들은 데우칼리온은 준비해둔 방주를 타고 파르나소스 산에 닿아 죽음을 면했다. 이어 데우칼리온과 아내 피라 사이에서 그리스 인의 선조인 헬렌이 탄생했고, 그들이 어깨 너머로 던진 돌은 각각 남자와 여자가 되어 사람이 다시 번창하게 되었다. 그리스인들이 스스로를 헬레네스, 국토를 헬라스라고 부르게 된 유래다.

3가지 홍수 이야기는 ▷인간의 타락, ▷신의 진노, ▷선택된 인물에 미리 경고, ▷방주 준비, ▷물로 징벌, ▷인류 재탄생의 모티프가 공통적이다. 3편의 신화를 연대순으로 배열하면 수메르-노아-그리스의 순서가 된다. 따라서 가장 앞선 수메르의 홍수신화가 바빌론을 거쳐 유대인의 『성서』와 그리스 신화로 전해졌다고 보는 게 타당할 것이다. 신화의 유사성은 대홍수라는 인류의 공통된 경험과, 민족들 간의 교류가 활발했음을 보여주는 증거다.

집단·민족끼리의 교류는 필연적으로 물자의 교환을 수반한다. 여기서 교환이란 자신이 필요 이상으로 소유한 물건을 타인(자신과 직접 관계가 없는 사람)의 잉여생산물과 바꿈으로써 스스로 생산할 수 없는 물건을 획득하는 과정이다. 사람마다 능력이 다르고 주특기가 다르기에 잉여생산물이 생기는 동시에 부족한 부분이 있게 된다. 교환이 단순한 물자 이동을 넘어 신화·설화·풍습 등 문화까지 주고받는 것은 어찌 보면 자연스러운 일이다.

　교류와 교환은 경제의 출발점이자 인류가 생존하고 번영해온 비결이다. 교환은 동물에게서는 볼 수 없는 행동이다. 즉 사람만이 할 수 있다. 애덤 스미스(Adam Smith)는 "개가 다른 개와 공평하고도 의도적으로 뼈다귀를 교환하는 것을 본 사람은 아무도 없다"고 했다.[2]

　사람이 거주하는 각 지역의 환경, 각자 가진 능력이 같았다면 교환은 필요 없었을 것이다. 그러나 부족마다 사는 환경, 기후, 주변 여건이 달랐고, 구할 수 있는 재료도 달랐다. 어떤 물건은 과잉 생산되는가 하면 어떤 물건은 생산이 아예 불가능했다. 이렇듯 개인 간, 소수집단인 씨족 간에 시작된 교환이 부족·민족·국가 등 다수 집단으로 확장되어온 과정이 곧 인류의 경제 발달사다. 교환을 하면 할수록 더 많은 교환이 일어나고, 기술 발달과 혁신을 낳아 더욱 전문화한다. 전문화된 집단이 늘어나면 사회적 분업, 국가 간 교역으로 확대된다. 전쟁과 영토 확장, 실크로드, 지리상의 대발견 등도 궁극적으로는 교환(교역)의 극대화를 목표로 했다는 공통점이 있다.

　교환은 특정 민족, 특정 지역에서만 일어난 것이 아니다. 모든 시대, 모든 지역에서 끊이지 않고 이어졌다. 심지어 콜럼버스나 쿡 선장 같은 유럽 탐험가들이 만난 아메리카·오세아니아 대륙의 고립된 부족들도 예외 없이 물건을 교환했다. 그에 부합하는 증거가 호주 북부에 살았던 원주민 이르 요론트(Yir Yoront)족이다. 구석기시대의 생활을 영위했던 이 부족은 가족마다 1개 이상의 돌도끼를 갖고 있었는데, 그것은 모두 요론트 섬에서 남쪽으로 640킬로미터 떨어진 산의 채석장에서 만든 것이었다. 원주민은 1년에 한 번씩 가오리 뼈로 만든 미늘(창의 촉) 12개를

주고 돌도끼 하나를 얻어 왔다. 역사상 교환을 하지 않는 것으로 확인된
인간 부족은 없다.[3]

벽란도
황해도 예성강 하류에 있던 고
려시대의 국제무역항. '코리아
(Korea)'라는 이름이 알려진 것
도 이때부터다.

고려시대의 국제 교역은 오늘날의 관점에서
도 놀라운 수준이었다. 예성강 벽란도(碧瀾渡)
는 아라비아 상인 등 서역인들로 북적였고, 이
들을 접대하는 '벽란정(碧瀾亭)'이라는 일종의
유흥주점이 성업하기도 했다. 벽란도라는 이름
도 벽란정에서 유래했다. 서역인들은 고려의 특산품인 인삼·비단 등
을 사기 위해 머나먼 실크로드나 바닷길을 통해 고려로 찾아왔다. 벽란
도는 당시 동북아 교역의 중심지였다. 고려시대의 개방적인 교역이 조
선시대로 넘어오면서 중국과의 폐쇄적인 조공무역 수준으로 축소된 것
은 안타까운 일이 아닐 수 없다.

교역은 낯선 이들과의 교환이다. 이런 교환이 성립되려면 서로 믿을
수 있어야 한다. 사람들은 교환을 통해 낯선 외부인과 협력하는 것이 더
이득이란 점을 알게 됐고, 교환 과정에서 속이는 배신자들을 응징하며,
공정함에 신경 쓰게 되었다. 즉 교환에는 신뢰가 필요하고, 신뢰는 다시
교환을 낳는다. 신뢰가 확장되고 사회적 분업이 확대될수록 자생적으로
시장이 형성되는 것이다. 시장을 통해 한낱 쇳조각인 동전이나 종이쪼
가리에 불과한 지폐·어음을 받고도 물건을 내주는 교환이 가능해졌다.
경제사학자 니얼 퍼거슨(Niall Ferguson)은 "화폐는 금속이 아니라 그 속에
새겨 넣은 신뢰다"라고 말했다.

교환과 시장이 신뢰와 협력의 문화를 더욱 활성화한다는 사실은 최
후통첩게임을 통해서도 확인됐다. 미국 경제학자 허버트 긴티스(Herbert
Gintis)는 소규모 부족사회 15곳을 대상으로 최후통첩게임을 관찰했다.

최후통첩게임이란 A에게 돈을 주고 B와 나눠 가지라고 할 때, A가 과연 몇 퍼센트의 금액을 제안하는지를 지켜보는 것이다. A가 제안한 금액을 B가 수락하면 그대로 나눠 갖고, B가 거부하면 둘 다 한 푼도 못 받는 조건이며, 중간에 협상은 할 수 없다.

경제학자들의 무수한 실험 결과 최후통첩게임에서 A는 평균 40-50퍼센트를 제안했고, B는 제안 금액이 30퍼센트 미만일 때는 대개 거부했다. 합리적인 인간이라면 B는 단 1퍼센트라도 받는 게 한 푼도 안 받는 것보다는 이득이다. 그럼에도 불공평하다고 느꼈을 때는 손해를 감수하면서까지 이기적인 A를 응징하는 쪽을 택했다. A도 그런 점을 의식해 절반 가까이를 상대방에게 주는 것이다.

그러나 긴티스의 연구 결과 소수 부족들은 살아가는 환경에 따라 반응의 차이가 컸다. 즉 외부와 단절된 부족들은 고작 15퍼센트의 금액을 제안했고, 상대는 대부분 이를 수락했다. 낯선 외부인과 거래 경험이 적은 폐쇄된 사회일수록 오히려 몰인정하고 인색하며, 좁은 의미에서 '이성적(이기적)'이었다는 의미다. 반면 시장에 편입돼 교환을 자주 해본 부족은 전혀 달랐다. 대개 절반의 금액을 제시해 서구인의 실험 결과와 다를 바 없었다. 특히 고래를 잡을 때 다수의 외부인과 협력해야 하는 인도네시아의 한 부족은 평균 58퍼센트를 제안했다. 이처럼 '과도하게 공평한' 제안을 하는 것은, 뜻밖에 얻은 횡재를 상대방에게 부담(나중에 협력해야 한다는 의무)을 지우는 기회로 삼았기 때문이다. 긴티스는 "시장을 널리 이용하는 사회는 그 구성원들로 하여금 협동·공정함·배려의 문화를 발전시키게 만든다"고 지적했다.[4]

1974년 노벨 경제학상 수상자인 프리드리히 하이에크(Friedrich A. Hayek)는 서로 다른 목적과 가치를 가진 사람들이 교환과 전문화를 통해 이루어낸 자연발생적인 시장경제 질서를 '카탈락시(catallaxy)'라고 명명했다. 카탈락시는 그리스어 'katallasso'에서 왔는데, 이 말은 '교환하다'라는 의미와 더불어 '서로 이롭게 만들다', '적을 친구로 만들다'라는 의미도 담고 있다.

하지만 교환이 인간을 선하게 만든다고 생각하면 조급한 결론이다. 인간이 교환을 하는 것은 자신의 필요에 의해, 즉 이기적인 욕구를 충족하기 위해서이기 때문이다. 인류는 서로 협력하는 것이 더 이득이 된다는 것을, 교환을 통해 체득했다. 그런 점에서 애덤 스미스가 "교환이 개개인의 기본적인 이기주의를 일반적인 이타주의로 변화시킬 수 있다"고 본 것은 탁월한 혜안이었다.

TIP

신데렐라와 콩쥐팥쥐

교류와 교환의 흔적은 각 민족의 전래설화에서도 발견된다. 「신데렐라」와 「콩쥐팥쥐」를 보면 놀랍게도 이야기 구조가 흡사하다. 계모의 핍박, 신데렐라와 콩쥐, 언니들과 팥쥐, 유리구두와 꽃신 등이 거의 1대 1로 대응한다. 그렇다면 어떤 이야기가 원본일까?

우리가 흔히 보는 신데렐라 이야기의 원형은 1697년 프랑스의 샤를 페로(Charles Perrault)가 구전돼온 옛이야기를 기록한 「상드리용, 혹은 작은 유리신(Cendrillon Ou La Petite Pantoufle De Verre)」이다. '상드리용'은 신데렐라의 프랑스식 발음으로 '재투성이 아이'라는 뜻이다. 하지만 이 역시 페로가 원저자는 아니다. 오늘날 「신데렐라」가 환상적인 동화가 된 것은 디즈니 만화영화의 영향이 크다.

학자들의 연구에 따르면, 유라시아(유럽과 아시아) 대륙에는 민족마다 조금씩 다른 신데렐라 이야기가 퍼져 있다. 유럽에만 해도 500여 종이 있고, 세계적으로 1,000여 종이 넘는 신데렐라 이야기가 있다고 한다. 반면 아프리카와 아메리카, 오세아니아에는 이 같은 이야기가 없다. 현재까지 발견된 가장 오래된 신데렐라 이야기는 9세기 중국 당(唐)나라 때의 수필집 『유양잡조(酉陽雜俎)』에 기록된 '섭한(葉限)' 이야기라고 한다.[5] 계모에게 구박받으며 살던 섭한이 물고기 신령의 도움으로 무도회장에 갔다가 황금 신발을 잃어버리고 결국 왕과 결혼하게 된다는 이야기다.

이러한 스토리가 실크로드를 통해 중국에서 서아시아와 유럽으로 전파되고 한국과 일본, 베트남 등 아시아에도 전해진 것으로 추정된다. 하나의 이야기가 그토록 광범위하게 퍼질 수 있었던 것은, 사람이라면 보편적으로 흥미를 느끼고 공감할 만한 서사구조를 지녔기 때문이다.

또한 당나귀 귀를 가진 왕의 이야기도 세계 곳곳에 널리 퍼져 있다. 일연(一然)의 『삼국유사』에 등장하는 '임금님 귀는 당나귀 귀' 이야기는 신라 경문왕의 설화다. 그와 유사한 이야기가 고대 그리스의 작가 오비디우스(Publius Ovidius Naso)가 쓴 『변신 이야기』에도 실려 있다. 그리스의 이야기가 어떻게 신라까지 흘러 들어왔는지가 궁금하다.

미다스의 손을 가지면 굶어 죽는다

비교우위

　그리스 신화의 미다스(Midas)는 만지는 것은 무엇이든 황금으로 변하게 만드는 손을 가졌다. 풍요와 술의 신 디오니소스의 스승이자 양아버지인 실레노스가 술에 취해 헤매는 것을 보호하고 환대해준 보답으로 디오니소스가 미다스의 '황금손' 소원을 들어준 것이다. 미다스가 손으로 조약돌을 들면 황금으로 변했고, 사과를 만지면 황금 사과가 됐다.

　하지만 미다스는 무엇이든 황금으로 변하게 하는 손 때문에 아무것도 먹을 수 없게 됐다. 손대는 음식마다 금으로 변해버린 탓이다. 급기야 굶어 죽을 지경이 된 미다스는 디오니소스에게 간청해 간신히 그 '능력'을

2-3 | 푸생(Nichola Poussin), 〈파크톨루스 강의 미다스〉, 17세기, 페슈 미술관 소장.

없앨 수 있었다. 미다스가 자신의 잘못을 씻기 위해 파크톨루스 강에 손을 담그자 금을 만들어내는 힘이 강물로 옮아가 그곳의 모래가 사금으로 변했다.(도판 2-3) 오늘날에도 이 강의 모래는 황금빛이라고 한다.[6]

그리스 신화의 '미다스의 손' 이야기다. 신화 속 미다스의 손은 지나친 욕심이 오히려 재앙이 된다는 것의 비유다. 또한 손대는 일마다 성공해서 큰 이익을 얻는 사람을 가리키는 뜻으로도 쓰인다. '스티브 잡스는 IT업계의 미다스의 손'이라는 식이다.

미다스는 프리기아(지금의 터키 지역)의 왕이자, 해결하기 어려운 문제에 대한 결단력을 상징하는 '고르디우스의 매듭'으로 유명한 고르디우스의 아들이다.

미다스는 무엇이든 황금으로 변하게 만드는 손을 가졌을 때 매우 행복했겠지만, 결국 세상에서 가장 불행한 사나이가 되고 말았다. 손대는 것은 황금으로 만드는 것 외에는 아무런 능력이 없었기 때문이다. 바로 그런 능력을 갖게 됐기에 굶어 죽을 뻔했던 것이다.

이렇듯 능력의 차이는 경제학에서도 중요한 주제다. 바람이 불려면 기압의 차이가 있어야 하고

고르디우스의 매듭
고르디우스 왕은 자기가 몰던 수레를 신에게 바치고 매우 복잡한 매듭으로 묶은 뒤 '이 매듭을 푸는 자가 아시아의 지배자가 될 것'이라고 예언했다. 여러 사람이 풀려고 시도했지만 모두 실패했고, 오랜 시간이 흐른 뒤 아시아 원정길에 프리기아에 들른 알렉산드로스 대왕이 칼로 끊어버리고 아시아의 지배자가 되었다.

물이 흐르려면 높이와 온도의 차이가 있어야 하듯이, 국가 간에 능력 차이가 있기에 서로 교환이 일어난다. 선진국이든 후진국이든, 생산력의 격차가 엄청나도 공평하게 똑같이 가진 것이 있다. 바로 시간이다. 누구에게나 하루는 똑같이 24시간이다. 한 나라가 모든 것을 잘하더라도 시간 제약 때문에 한계가 있다. 그래서 집단 간 교환, 국가 간 교역이 필요한 것이다.

미다스의 손은 애덤 스미스가 말한 절대우위(absolute advantage)에 해당한다. 누구도 갖지 못한 탁월한 능력이 아닐 수 없다. 절대우위란 한 재화의 생산 비용이 다른 나라보다 낮을 때 국제분업에서 그 나라가 갖는 위치를 가리킨다. 특정 상품을 다른 나라(또는 다른 생산자)보다 더 적은 비용으로 만들 수 있을 때 절대우위에 있다고 한다. 그 반대는 절대열위다. 물론 개인 간, 기업 간에도 절대우위와 절대열위가 있을 수 있다.

애덤 스미스는 절대우위로 인해 국제적으로 교환과 거래가 일어나고 시장이 생긴다고 생각했다. 미다스는 황금을 만들어내는 데 절대우위를 가졌으므로, 당시 국제교역이 활발했다면 황금을 주고 다른 나라의 상품을 사올 수 있을 것이다. 예컨대 한국과 사우디아라비아를 비교한다면 스마트폰에서는 한국이 절대우위에 있지만 석유는 한 방울도 안 나므로 사우디가 절대우위가 된다. 이런 경우에 한국의 스마트폰과 사우디의 석유를 무역을 통해 교환하는 것은 자연스런 귀결이다.

절대우위는 경영학 용어인 핵심역량(core competence)과 통한다. 핵심역량이란 경쟁 기업들이 도저히 따라올 수 없는 그 기업만의 경쟁력을 말한다. 하지만 신화 속 핵심역량은 오히려 핵심급소가 되기도 한다. 트로이아 전쟁에서 아킬레우스는 누구도 이길 수 없는 용사였지만, 발뒤꿈치의 아킬레스건이라는 치명적인 약점 탓에 죽음을 면치 못했다. 그런 점에서 인간 사회에 대한 우화적 성격을 갖는 그리스 신화에서는 완벽한 절대우위를 인정하지 않는다. 예컨대 예언자 테이레시아스는 신들도 찾아와 미래를 점쳐달라고 할 만큼 미래를 보는 능력이 탁월했지만 정작 앞을 보지 못했다. 대장장이의 신 헤파이스토스는 정말 못생긴 신이지만 누구도 따라올 수 없는 손재주를 가졌고, 올림포스 신 가운데 최고 미인이라는 아프로디테를 아내로 삼았다. 하나를 잘하면 다른 하나는 못하게 마련이다.

하지만 애덤 스미스의 절대우위론으로는 국가 간 무역이 일어나는 이유를 설명할 수 없다. 이를 보완한 것이 데이비드 리카도(David Ricardo)가 주창한 비교우위(comparative advantage)다. 비교우위론은 A국이 생산능력과 기술에서 절대우위에 있고 B국은 절대열위라 해도, 서로 무역을 하면 두 나라 모두에게 이로워진다는 것이다. 비교우위는 절묘하지만 이해하기는 쉽지 않은 경제학 개념이다. 얼핏 틀린 것처럼 보이기도 한다. 미국의 경제학자 토드 부크홀츠는 "예나 지금이나 비교우위론을 이해하는 정치가들이 많지 않아 각종 무역전쟁, 관세, 무역장벽 등이 세계 경제사를 흐려놓았다"고 지적했다.[7] 그러나 한쪽이 이득을 보면 다른 쪽은 그만큼 손해를 본다는 제로섬(zero sum) 게임(이 책 7장 참조)에 얽매인 사고로는 비교우위를 이해하기 어렵다.

절대우위는 주로 특정 산업에 대한 국가 간 비교의 개념이지만, 비교우위는 한 국가 안에서 이루어지는 산업들을 비교한 개념이다. 따라서 절대우위 산업이 하나도 없는 나라라도 여러 산업들 가운데 비교우위 산업은 있게 마련이다. 아무리 열등한 학교라도 그 안에서 1등을 하는 학생이 있는 것과 마찬가지다. 따라서 각국이 자국 내에서 상대적으로 생산비가 덜 드는(기회비용이 적은) 비교우위 분야에 주력해 세계가 분업

화해야 한다는 것이 리카도의 생각이다.[8]

리카도는 영국과 포르투갈 간에 섬유와 포도주를 각기 1단위씩 생산해 교환하는 사례를 들어 비교우위론을 설명했다. 영국에서 섬유 1단위를 생산하는 데 연간 100명, 포도주 1단위에는 120명의 노동력이 필요하다고 가정해보자. 한편 포르투갈에서는 섬유 1단위에 90명, 포도주 1단위에 80명이 필요하다. 포르투갈은 섬유와 포도주 모두 영국보다 싸게 생산할 수 있어 절대우위를 갖는다. 여기에는 기술이나 기후, 풍토의 차이가 작용할 수 있다. 그런데 이런 조건에서도 양국이 무역을 하면 둘 다 이익을 얻을 수 있다. 생산비 비율이 같으면 교역이 일어나기 어렵지만 차이가 있기 때문이다. 양국의 생산비 비율을 비교하면 섬유는 90(포르투갈) 대 100(영국)이고, 포도주는 80(포르투갈) 대 120(영국)이 된다. 포르투갈은 포도주 1단위로 영국의 섬유 1단위를 사오면 10명의 노동력을 절약할 수 있고, 영국은 섬유 1단위로 포르투갈의 포도주 1단위를 사오면 20명을 절약해 다른 곳에 투입할 수 있다. 이때 포르투갈은 포도주에 비교우위, 섬유에 비교열위가 있고 영국은 그 반대가 된다. 따라서 포르투갈은 비교우위 품목인 포도주를 특화하고, 영국은 섬유를 특화해서 각자 더 많이 생산하여 교환하면 서로 이득을 보게 되는 것이다.

경제학자들은 수입 규제와 무역장벽 같은 보호무역주의가 국가경제의 번영을 막는다고 본다. 1929년 대공황 당시 미국은, 전 세계가 자유무역을 절실히 필요로 하는 시기에 가장 높은 관세를 매겨 세계 경제를 더욱 위축시켰다. 경제는 내부로만 움츠러들 경우 반드시 하향하게 돼 있다. 외부 접촉, 즉 교역 없는 경제 번영이란 있을 수 없다.[9]

물론 비교우위론에 입각한 자유무역으로 어려워지는 사람들도 있다. 영국의 포도주업자, 포르투갈의 섬유업자처럼 비교열위에 있는 산업 종

사자들이다. 우리나라의 경우 FTA(자유무역협정)를 체결할 때마다 거론되는 농업 분야가 바로 비교열위 산업에 해당된다. 농업 생산비가 높아 다른 나라의 값싼 농산물이 들어오면 버티기 힘들기 때문이다.

하지만 공산품 수출을 주로 하는 한국에서 농업 등의 취약 산업을 의식해 마냥 시장을 닫을 수만은 없다. 한·중 FTA가 체결되면 중국산 저가 농산물이 쏟아져 들어와 위협이 되겠지만, 반대로 한국의 위생적이고 질 좋은 농산물과 가공식품이 중국의 중산층 식탁을 장악하는 기회가 될 수도 있다. 발상의 전환이 필요한 것이다.

2004년 한·칠레 FTA가 발효된 이후 포도농가의 피해에 대한 걱정이 많았다. 그러나 포도 산지인 충북 영동군에서는 현재 포도주를 만들고 와인 축제를 열어 연간 100만 명의 관광객을 끌어들이고 있다. 단순 포도 재배라는 1차 산업(농업)을 와인 가공이라는 2차 산업(제조업)으로 바꾸고, 다시 와인 체험장, 토굴을 이용한 와인 숙성고, 펜션 등을 갖춘 관광상품을 만들어 3차 산업(서비스업)으로 진화한 것이다.

이렇듯 1차 산업인 농업을 2차, 3차 산업화하는 것을 6차 산업이라고 부른다. 1+2+3이나 1×2×3이나 모두 6이 된다는 데서 나온 개념이다. 경제에서도 생각을 바꾸면 세상이 달라진다.

신화에서 '절대 No'는 '반드시 Yes'

그리스 신화의 다양한 이야기를 보면 흥미로운 현상을 발견할 수 있다. "절대로 하지 마라"라는 말이 "반드시 할 것이다"라는 예언처럼 작용한다는 것이다. 인간의 불완전성에 대한 신화적인 비유라 할 수 있다.

먼저 '절대 열어봐서는 안 된다'는 상자가 종종 등장한다. 이런 상자를 받은 3명의 여성이 있다. 첫째, '판도라의 상자'로 유명한 최초의 여성 판도라다. 판도라는 남편 에피메테우스(프로메테우스의 동생, '나중에 생각하는 자'라는 뜻)가 절대 열어보지 말라는 상자를 끝내 열었다. 그러자 상자 속에 있던 온갖 재난과 질병, 질투, 원한, 복수심 같은 것들이 튀어나와 사방팔방으로 흩어졌다. 급히 뚜껑을 닫자 상자 안에는 하나만 남았는데, 그것은 바로 희망이었다.

두 번째는 하데스(저승의 신)에게 납치되어 저승의 왕비가 된 페르세포네다. 그녀의 미모를 시기한 미의 여신 아프로디테가 상자 하나를 페르세포네에게 건네며 정해진 날까지 절대 열어선 안 된다고 당부한다. 그러나 사실 그것은 열어보라는 유혹이었다. 호기심을 참지 못한 페르세포네가 끝내 상자를 열자, 금기를 어기고 태어난 미소년 아도니스가 들어 있었다. 그에게 반한 페르세포네는 아도니스를 돌려달라는 아프로디테의 요구를 거절한다.

세 번째는 아프로디테의 아들 에로스가 사랑한 프시케다. 프시케는 아프로디테의 심부름으로 여신의 단장 재료를 얻기 위해 저승에 있는 페르세포네를 찾아간다. 인간이 열어보면 안 되는 상자를 받아 가

2-4 | 반 다이크(Anthony van Dyck), 〈에로스와 프시케〉, 1639-1640, 런던 로열 컬렉션 소장.

지고 나온 프시케는 여신의 단장 재료로 치장해 에로스의 관심을 끌기 위해 상자를 열어본다. 그러자 잠의 씨앗들이 튀어나와 프시케를 죽은 듯 잠들게 만들었다.(도판 2-4)

결국 '절대로 하지 말라'는 것은 '반드시 하라'는 말이 되고 만다. 신화 속의 금기는 깨지기 위해서 존재한다고 해도 과언이 아니다.

결코 열어봐선 안 된다는 경고를 어기는 게 여성이라면, 절대 돌아봐선 안 된다는 경고를 어기고 돌아보는 것은 남성이다. 오르페우스가 억울하게 죽은 아내 에우리디케를 구하러 저승으로 내려갔을 때 그의 애끓는 노래에 탄복한 하데스는 에우리디케를 내주며 "지상으로 나갈 때까지 절대 아내를 돌아봐서는 안 된다"고 당부한다. 하지만 이 말은 '인간이라면 반드시 돌아볼 것이다'라는 예언이자 주문이 되었다. 오르페우스가 궁금해 돌아본 순간 에우리디케는 다시 저승으로 추락하고 만다.

카산드라의 예언은 왜
아무도 믿지 않을까

경제 전망

　신과 인간을 막론하고 그리스 신화의 3대 예언자를 꼽으라면 프로메테우스와 테이레시아스, 그리고 카산드라가 될 것이다. 프로메테우스는 이름부터가 '먼저 생각하는 자'라는 뜻을 가진 신이다. 제우스를 비롯한 올림포스의 신들도 미래가 궁금하면 프로메테우스를 찾았다. 그의 동생인 에피메테우스는 '나중에 생각하는 자'라는 이름답게 일이 틀어진 뒤에야 손을 쓰는 신이었다. 그래서 아내 판도라가 상자를 열어볼 줄 몰랐던 것이다.

　프로메테우스는 제우스의 강력한 무기인 번개에서 불씨를 훔쳐 인간

2-5 | 루벤스(Peter Paul Rubens), 〈사슬에 묶인 프로메테우스〉, 1611–1612, 필라델피아 미술관 소장.

에게 가져다주었다. 인간들은 그 불로 고기를 익혀 먹고, 짐승을 사냥할 수 있는 무기를 만들고, 농사를 지을 농기구를 만들었다. 불을 얻고 나서는 겨울도 두려워하지 않게 되었다. 제우스는 불을 훔친 벌로 프로메테우스를 코카서스 산 암벽에 묶어놓고 매일 독수리로 하여금 간을 조금씩 쪼아 먹게 했다.(도판 2-5)

테이레시아스는 '조짐을 읽는 자'라는 별명을 가진 그리스 최고의 예언자다. 스스로의 미모에 넋이 나가 요절한 나르키소스에 대해 일찍이 "자기 자신의 모습을 보지 않으면 천수를 누릴 것"이라고 예언한 장본인이다. 라이오스 왕의 살해범으로 아들 오이디푸스를 지목한 것도 그였다. 테이레시아스는 육신의 눈(肉眼)을 잃은 대신 마음의 눈(心眼)을 얻어 예언 능력을 갖게 되었다. 원래 남성인 테이레시아스는 7년 동안 여성으로 살아본 경험도 있는데, 어느 날 제우스와 헤라는 사랑으로 득을 보는 것이 남자냐 여자냐를 놓고 실랑이를 하다가, 양성(兩性)을 모두 경험한 테이레시아스에게 물어보았다. 테이레시아스가 여자가 더 이득이라면서 제우스 편을 들자 헤라는 몹시 화를 내며 그를 맹인으로 만들었다. 공연히 눈을 잃게 된 테이레시아스에게 미안해진 제우스는 대신 그에게 미래를 보는 눈을 주었다.

세 번째는 트로이아의 왕녀 카산드라다. 카산드라를 사랑한 예언의 신

아폴론이 소원을 묻자 그녀는 예언하는 능력을 원했다. 소원을 들어줬음에도 카산드라가 자신의 사랑을 거부하자 화가 난 아폴론은 한 번의 입맞춤으로 카산드라의 예언술에서 설득력을 빼앗아버렸다. 카산드라가 아무리 미래를 정확히 예언해도 아무도 설득할 수 없게 된 것이다. 그런 탓에 카산드라는 조국 트로이아가 잿더미가 될 것을 알았지만 아무도 그녀의 말을 믿지 않았다. 카산드라는 트로이아 전쟁으로 온갖 고초를 겪다가 그리스 연합군 아가멤논의 애인이 되어 함께 그의 나라로 간다. 카산드라는 아가멤논의 바람난 아내가 애인과 짜고 남편을 죽이려모의하는 것을 알았지만 어떤 사람도 설득하지 못했고, 결국 같이 살해당한다.

먼 옛날이나 지금이나 미래를 안다는 것은 무엇에도 비길 수 없는 능력이다. 인간은 당장 내일이 궁금하기에 오늘의 운세나 점쟁이의 한마디에도 솔깃한다. 이른바 운명철학관에 사람들이 몰리고, 주가 전망이 그럴싸하게 들리고, 일기예보를 반드시 챙겨보는 이유다. 만약 내일 주가가 어떻게 될지 미리 알 수만 있다면 부자가 되는 것은 시간문제다. 실제로 국내 텔레비전에서 방영되었던 한 미국 드라마에서는 신문을 하루먼저 받아 보는 '시간 훼방꾼'이 주식에 투자해 억만장자가 되는 장면이 나온 적도 있다.

당장 하루 뒤에 무슨 일이 벌어질지 정확히 예측할 수 있는 사람은 없다. 그러나 그 예측이 맞든 틀리든, 정부·기업·개인 등 경제 주체들에게는 미래에 대한 계획을 세우기 위해서라도 경제 전망이 필요하다. 한국은행을 비롯해 한국개발연구원(KDI), 한국금융연구원, 삼성경제연구소 등 내로라하는 연구기관들은 매년 경제 전망을 내놓으며, '내년 경제 성장률 3.9퍼센트, 물가상승률 2.5퍼센트, 경상수지 흑자 300억 달러' 등의 구체적인 수치를 제시한다. 국제통화기금(IMF), 경제협력개발기구 (OECD) 같은 국제기구들은 세계 경제 전망을 발표한다.

이 같은 경제 전망은 경제 주체들에게 일종의 내비게이션이 되어준다. 정부가 새해 예산을 짤 때나 기업이 투자 계획을 수립할 때 이러한 전망을 판단 기준으로 삼는다. 개인이 장사를 하려 할 때도 어떤 분야가 좋은지 경기와 사업 전망을 두루 살필 것이다.

문제는 이런 경제 전망이 대개 정확하지 않다는 것이다. 국정감사에서 제기된 문제점을 보면, 한국은행의 경제성장률 전망치는 해마다 2-3퍼센트포인트씩 어긋난다(경제성장률에 관해서는 이 책 6장 참조). 경제 전문가 (이코노미스트)만 500여 명에 달하는 한국 최대 경제 연구기관인 한국은행이 이 정도니 다른 전망기관들도 별반 다를 게 없다.

경제 전망이 수시로 틀리는 것은, 그 어떤 탁월한 경제 전망 모형을 수립한다 해도 경제에 영향을 미치는 변수가 워낙 다양하고 복잡하기 때문이다. 물론 경제 전망 모형에 결함이 있을 수 있고, 수치화할 수 없는 불확실한 부분에 대한 추측이 잘못됐을 수도 있다. 동일본 대지진이나 유럽 재정위기 같은 예기치 않은 변수가 생길 때도 종종 있다.

특히 2008년 글로벌 금융위기의 경우, 불과 몇 달 전까지 그런 충격이 올 것이라 예상한 전문가는 아무도 없었다. 하지만 뒤늦게 자신이 금융위기를 예견했다고 주장한 사람이 적지 않았다. 이는 이전에 어렴풋이 '위기론'을 언급한 것을 마치 자신이 금융위기를 예언한 것처럼 믿는 사후확증편향(hindsight bias)이 작용했기 때문이다. 'hindsight'는 'foresight' (선견, 예지)의 반대말이다. 즉 지나고 나서 "내 그럴 줄 알았다"고 착각하는 '후견지명'인 셈이다.

또 경제 전망이 나오면 합리적인 경제 주체들이 그에 맞춰 자신의 행동을 적절히 수정하는 것도 전망이 자주 빗나가는 요인 중 하나다. 사람들은 가능한 한 모든 정보를 동원해 합리적으로 현상을 판단하고 미래를 예상해 대응한다. 따라서 정부가 어떤 정책을 펴더라도 경제 주체들이 미리 판단하고 행동을 변경하는 바람에, 기존의 행동에 따라 수립한 정책은 쓸모없게 돼버린다. 이것이 1961년 경제학자 존 무스가 주창하고 로버트 루카스, 토머스 사전트 등이 발전시킨 '합리적 기대(rational expectations) 이론'이다. 예측 가능한 정책은 효과가 없고, 국민들이 전혀 예기치 못한 갑작스런 전략만이 성공할 수 있다는 것이다.[10]

이 이론이 맞다면, 단기적인 재정 및 통화 정책으로 경제성장률, 실업률 등을 어느 정도 통제할 수 있다는 케인스주의자들의 주장은 틀린 것이 된다. 그러나 현실 경제에서 재정 확대 정책, 금리 정책, 감세 정책 등이 성장률·실업률 등에 영향을 미치는 것도 사실이다. 또한 이미 맺어진 계약으로 인해 행동을 바꾸는 데 제약이 따르기도 하고, 경제 주체들의 정보 흡수 능력이 완전하지 못하다는 점에서 합리적 기대 가설에도 한계가 있다.

> **케인스주의**
> 영국의 경제학자 존 메이너드 케인스(John Maynard Keynes)의 이론에 입각하여, 경기를 안정시키고 완전 고용을 실현하려면 국가의 적극적인 개입이 필요하다는 주장이다.

경제 전망은 참고할 수준은 될 수 있어도 맹신할 대상은 결코 아니다. 그럼에도 경제 전망이 나올 때마다 대대적으로 보도되고 사람들이 관심을 기울이는 것은, 현재 여건에서 효율적인 정책이나 사업 계획을 수립하는 데 최소한의 근거가 되기 때문이다. 여기에는 별다른 대체재도 없다. 다만 자주 빗나간다는 점을 염두에 두고, 중도에 경제 전망이 수정되면 정책이나 사업 계획도 그에 맞춰 유연하게 조정해야 한다.

카산드라는 정확한 예언을 하고도 사람들을 설득하지 못해 끝내 비극

을 맞았다. 반면 경제 전망은 부정확하지만 그래도 경제 정책 및 계획 수
립에 나침반 노릇을 한다. 이마저도 없다면 경제 주체들은 가로등은커
녕 달빛조차 없는 칠흑 같은 밤길을 걷는 것이나 마찬가지일 것이다.

쓰레기를 보고 경제를 점친다?

공식 발표되는 경제지표만 보고 경기를 예측하는 것은 아니다. 경제 정책 분야의 고위 당국자들도 자기 나름의 경기를 읽는 잣대를 가지고 있다. 물론 감으로 대충 어림짐작하는 것은 아니며, 나름대로 일리가 있다.

대표적인 인물이 미국 오바마 대통령의 1기 행정부 재무장관을 지낸 티모시 가이트너다. 가이트너는 매일 아침 60가지 지표를 통해 경기를 점검했다고 한다. 가이트너의 체크리스트에는 주가 · 금리 · 환율 같은 통상적인 경제지표는 물론, 구리 가격과 스타인웨이 피아노(그랜드 피아노) 매출 동향도 들어 있다.

구리는 건설업체들이 건물이나 주택을 지을 때 들어가고, 휴대폰 · 컴퓨터를 만들 때도 쓰인다. 값비싼 그랜드 피아노가 잘 팔리면 당연히 경기가 좋다는 신호가 된다. 특이한 것은, 쓰레기도 경기 진단 지표로 삼는다는 점이다. 미국 주요 소각장에 들어오는 쓰레기 양이 줄면 경기가 침체 국면에 접어드는 신호로 보았다.[11]

사실 쓰레기를 경기 판단의 잣대로 삼은 원조는 앨런 그린스펀 전 미국 연방준비제도이사회(FRB) 의장이다. 그린스펀은 기준금리를 결정하는 회의에 들어가기 전에 늘 뉴욕 시내의 쓰레기 양을 체크했다.

우리나라 기획재정부나 한국은행도 경기를 진단할 때 챙겨 보는 것들이 있다. 통계청에서 발표하는 산업활동 동향, 고용 동향 등 공식 통계는 대개 1-2개월 늦게 나온다. 반면 고속도로 통행량, 화물 물동량(物動量), 놀이공원 입장객 수, 전기 사용량, 백화점 및 대형마트 매출액은 곧바로 알 수 있어서 신속한 경기 판단에 도움이 된다.

이 밖에 상류층이 많이 찾는 고급 식당과 호텔 예약 건수, 인터넷 경매 사이트의 중고 물품이 올라오는 건수가 줄어들면 불황 징후다. 반면 오후 2-5시 패밀리 레스토랑에 주부들이 북적이거나, 명절 때 기업들이 주문하는 선물세트 단가와 물량이 늘면 경기가 좋아지는 신호로 본다.

신화 속의 영웅들은
왜 끊임없이 고난을 겪을까
경제위기

　그리스 신화의 3대 영웅을 꼽는다면 천하장사 헤라클레스, 메두사의 목을 벤 페르세우스, 그리고 미노스 왕의 미궁에서 미노타우로스를 죽인 테세우스를 들 수 있다. 이들은 탄생부터 고난의 연속이다. 헤라클레스는 제우스의 혼외자식이고, 페르세우스는 외조부인 아르고스 왕의 명령에 의해 갓난아기 때 나무궤짝에 넣어 바다에 버려졌으며, 테세우스는 출생 전에 아버지가 떠났다.

　영웅으로 추앙받기까지도 목숨을 건 통과의례를 거쳐야 했다. 헤라클레스는 질투의 여신 헤라의 모진 핍박을 받으며 아내와 세 아이를 죽이

2-6 | 수르바란(Francisco de Zurbarán), 〈네메아의 사자와 싸우는 헤라클레스〉, 1634, 프라도 미술관 소장.

고 속죄를 위해 인간으로선 불가능한 12가지 과업을 완수하라는 신탁을 받는다. 12가지 과업은 네메아 계곡의 사자 퇴치부터 히드라 퇴치, 케르베로스 생포, 괴물 게리온의 소 잡아오기 같은 것들이다.(도판 2-6)

페르세우스도 다를 바 없다. 누구든지 얼굴을 보는 순간 돌로 변하게 만드는 메두사의 머리를 가져오라는 명령을 이행해야 했다. 아테나 신의 도움으로 방패와 메두사의 머리를 담을 마법 자루, 모습을 감춰줄 하데스의 투구, 하늘을 날 수 있는 헤르메스의 신발을 얻어 메두사의 목을 벤다.

아테네의 왕 아이게우스의 아들인 테세우스는 아버지를 찾아가는 도중 침대 길이에 맞춰 사람의 키를 늘리거나 줄여서 죽이는 프로크루스테스를 응징하고, 아테네에 도착해서는 왕비 메데이아의 독배를 마실 뻔한다. 크레타의 왕녀 아리아드네의 도움으로 미궁 속에서 황소의 몸과 인간의 머리를 가진 괴물 미노타우로스를 간신히 죽이지만 귀국길에 아리아드네를 버리는 배은망덕을 저질렀고, 무사하면 흰 돛을 올리라는 약속을 잊어 늙은 아버지가 자살하게 만들었다.(도판 2-7)

이들은 온갖 역경을 딛고 영웅으로 칭송받지만, 허망한 최후를 맞는다. 헤라클레스는 그에게 앙심을 품은 켄타우로스족(반인반마 종족) 네소스에 의해 히드라의 독이 묻은 옷을 입고 숨을 거두고, 테세우스는 잠시 들렀던 스키로스 섬 낭떠러지에서 떠밀려 최후를 맞는다. 다만 페르세

2-7 | 작자 미상, 〈테세우스와 미노타우로스〉, 16세기, 아비뇽 프티팔레 미술관 소장.

우스 신화는 영웅담으로 일관하고 죽음이 묘사돼 있지 않다.

이 같은 영웅 신화는 후대에 무수한 스토리의 원형이 되었다. 출생의 비밀, 갖은 고난과 고초, 은인의 도움, 그리고 성공과 최후 등의 과정은 마치 한 편의 드라마를 보는 듯하다. 어쩌면 인간이 겪는 성공과 실패, 사랑과 증오, 복수와 응징 등 파란만장한 삶을 은유하는지도 모른다. 세상의 어느 누구도 평생 낙원에서와 같은 삶을 보낼 수는 없다.

이렇듯 인간의 삶이 새옹지마인 것처럼 경제에도 부침이 있다. 호황과 불황이 교차하고, 상승기가 있으면 하강기가 있게 마련이다. 문제는 정상적인 경기 사이클을 벗어나는 경제위기다. 1997년 국가부도의 위기에 몰렸던 외환위기 때는 국민 모두가 메두사의 머리를 보는 듯한 느낌이었을 것이다. 더구나 화불단행(禍不單行)이라는 말처럼 불행은 한꺼번에 닥치게 마련이다. 경제위기는 왜 오는 것일까? 그것도 주기적으로 반복되고, 현대에 들어와서 더 잦아지는 이유는 무엇일까?

사실 경제위기는 금융위기에서 비롯된다. 미국의 경제학자 밀턴 프리드먼(Milton Friedman)이 "모든 인플레이션은 화폐적 현상"이라고 지적했듯이, 경제위기의 원인도 거슬러 올라가다 보면 결국 돈(금융)의 문제로 귀결된다. 1973-1997년의 24년 동안 세계 56개국에서 총 139회(선진국 44회, 개도국 95회)의 금융위기가 발생했다. 1880-1971년 사이 119회였던 데 비해 훨씬 잦아진 것이다.[12] 1998년 이후에도 글로벌 금융위기, 유럽 재정위기, 엔론 사태, 신흥국 불안 등 위기는 끊이지 않고 있다. 한국도 외환위기 쓰나미와 글로벌 금융위기를 겪었고, 그 사이사이에 대우그룹 사태, 벤처 거품 붕괴, 신용카드 사태, SK글로벌 사태 등 크고 작은 위기가 연속되었다.

위기의 원인은 무엇보다 쏠림에 있다. 부채 쏠림, 벤처 쏠림, 카드 쏠림 같은 것들이 원인이라 할 수 있으며, 이러한 쏠림 현상은 과도한 낙관론에서 비롯된다. 특정 부문의 경기가 좋아지면 돈이 몰리고, 몰린 돈이 거품을 만들어내고, 거품이 한껏 부풀어 오른 뒤에는 파국으로 이어지는 것이다. 풍선에 바람을 넣으면 장력이 허용하는 범위까지 불어나지만 언젠가는 터지는 것과 같다. 금융과 실물(산업)이 따로 노는 상황이 되면, 생산적인 투자가 아니라 투기적인 머니 게임이 벌어진다. 돈이 특정 부문으로 쏠릴 경우 필연적으로 거품이 생기고, 오래지 않아 거품 붕괴에 따른 후유증을 겪게 마련이다. 2000년대 들어 우리나라에서도 부동산, 벤처주식, 해외 펀드, 골프 회원권 등에 자금이 몰릴 때마다 가격이 폭등과 폭락을 겪으면서 많은 사람들이 손해를 보았다.

애덤 스미스가 "밀물이 되면 모든 배가 똑같이 떠오른다"고 한 것은 낙수효과를 설명한 것이지만 투기의 거품이 끼면 우량 자산, 비우량 자산 할 것 없이 덩달아 들썩인다는 비유로도 적절하다. 이런 상황에서는 자신의 능력을 과신하는 교만, 대박을 꿈꾸는 망상에 사로잡혀 위험에 대한 경계심이 느슨해지게 된다.

그 같은 사례를 호메로스(Homeros)의 『오디세이아(*Odysseia*)』에서도 발견할 수 있다. 트로이아 전쟁의 영웅 오디세우스는 고향 이타카로 돌아가던 도중 외눈박이 거인족 키클롭스가 사는 섬에 들렀다가 동굴에 갇힌다. 꾀를 내어 키클롭스의 눈을 찌르고 도망치는 데 성공한 오디세우스는 배가 해안에서 멀어지자 외눈박이 거인을 놀려대기 시작한다. 그러자 키클롭스가 바위를 뽑아 소리 나는 쪽으로 던졌고, 오디세우스의 배는 거의 침몰할 뻔한다. 물살에 배가 다시 섬으로 밀려가자, 오디세우스는 또다시 거인에게 욕을 하려다 부하들의 만류로 멈춘다.

오디세우스의 일화는 위기를 벗어나면 누구든 교만해질 수 있음을 암시한다. 한 번 겪은 경제위기가 되풀이되는 것도 어쩌면 교만과 망각의 산물이다. 위기가 닥치면 정신 바짝 차리고 해결책을 모색하거나 효과적인 예방책을 강구하지만, 정상화한 뒤에는 이런 경각심이 오래가지 못하는 것이다.

세계는 단일시장이 되었고, 무역거래의 수백 배에 달하는 자금이 국경을 넘나드는 시대다. 한 나라가 위기에 빠지면 그 파장이 지구를 한 바퀴 도는 데 그리 오랜 시간이 걸리지 않는다. 금융위기의 파도는 모든 것을 휩쓸어갈 수도 있다. 더구나 한국은 외환위기를 겪은 나라라는 낙인이 아직 사라지지 않았다. 당장의 경제위기·금융위기를 이겨냈다고 해도 돈의 쏠림이나 투기 거품을 경계하지 않는다면 언제든지 오디세우스와 같은 교만에 빠질 수 있다. 가장 잘 나갈 때가 가장 위험할 때다.

오디세우스가 겪은
세이렌의 치명적 유혹

군집행동과 포퓰리즘

커피전문점 스타벅스는 허먼 멜빌(Herman Melville)의 소설 『백경(*Moby Dick*)』(1851)에 나오는 포경선의 일등항해사 스타벅의 이름을 따온 것이다. 그런데 스타벅스의 초록색 원형 로고는 영 딴판이다. 긴 머리에 왕관을 쓰고 다리인지 꼬리인지 모를 무언가가 주위를 감싼 묘한 모습의 여자가 보이는데, 이것이 바로 세이렌(Seiren)이다.

세이렌은 호메로스의 『오디세이아』에 등장하는 바다의 요정(마녀)이다. 노래를 부르고, 피리를 불고, 하프를 연주하는 셋으로 구성돼 있으며 복수형으로 세이레네스(Seirenes)라고 부른다. 세이렌의 주거지는 이탈리

2-8 | 모로(Gustave Moreau), 〈세이렌〉, 19세기경, 귀스타브 모로 미술관 소장.

아 남부 시칠리아 섬 근처 플랑크타이(떠도는 바위)에서 가까운 작은 섬으로 알려져 있다. 세이렌의 노래에는 사람을 매혹시키는 힘이 있어서, 근처를 지나가는 배의 선원들을 노래와 연주로 홀려 유인한 뒤 암초에 난파시켜 뱃사람들에게는 공포의 대상이었다.(도판 2-8) 오디세우스는 고향 이타카로 돌아가는 길에 세이렌의 섬 부근을 지나가야 했다.

사실 이 이야기는 독일 라인 강 로렐라이 언덕에 얽힌 전설과 빼닮았다. 아리따운 처녀 로렐라이가 연인의 배신에 절망해 투신한 이 언덕 부근을 배로 지날 때면 아름다운 노래가 들려와 선원들을 유인한 뒤 암초에 좌초시켜 죽게 했다는 전설이다. 실제로 시칠리아 부근 해역이나 로렐라이 언덕 부근 라인 강은 급류가 흘러 항해할 때 매우 위험한 지역이다. 그런 위험이 세이렌과 로렐라이 전설의 모티프가 되었는지도 모른다.

그리스 신화에는 황금 양털을 찾아 떠난 이아손의 아르고 원정대가 2개의 바위가 맞부딪치는 섬 심플레가데스(Symplegades)를 간신히 빠져나가는 이야기가 있다. 실제로 아르고 호가 통과한 것으로 추정되는 보스포루스 해협 30킬로미터 안쪽에는 흑해에서 밀려 내려오는 해류가 만과 곶을 따라 흐르며 소용돌이와 만나 급류를 이룬다.[13]

세이렌의 유혹을 견디며 위험한 급류를 항해한다는 것은 위험천만한 일임이 분명하다. 그런 의미에서 세이렌은 인간이 살면서 겪게 되는 피할 수 없는 유혹과 거기에 넘어간 대가(파멸)에 대한 경고로 오랫동안 회자되어왔다. 영어 '사이렌(siren)'이란 단어는 세이렌에서 나왔다. 경보음을 뜻하는 동시에 아름답지만 위험한 요부(팜 파탈)를 가리킨다. 사람들은 세이렌의 노랫소리에 넘어가는 순간 파멸에 이를 것을 염려하면서도 웬만해서는 그 유혹에서 벗어나지 못한다. 영화 〈원초적 본능(Basic Instinct)〉에서처럼 팜 파탈의 치명적인 매력은 무수한 남성들의 파멸을 초래한다. 또한 카지노의 도박중독자들, 고수익에 현혹되어 서슴없이 투자하는 사람들, 호기심으로 시작했다가 좀처럼 헤어나지 못하는 마약중독자들은 모두 세이렌의 유혹에 넘어간 사람들이라 할 수 있다.

신화나 영웅전설은 대개 인간 세상에 대한 상징적 우화다. 그런 의미에서 세이렌의 유혹은 거부하기 어렵고, 쉽게 휩쓸리는 군중심리를 상징한다고 할 수 있다. 군중이 한 방향으로 뛰기 시작할 때 혼자 반대 방향으로 달리기는 여간 어려운 일이 아니다. 대개는 다수가 움직이는 방향으로 덩달아 달려간다. 이 같은 행태를 경영학에서는 군집행동(herd behavior)이라고 부른다. 현상과 문제에 대한 객관적인 분석 없이 무작정 남들을 따라 하고 보는 것이다.

사회경제학자 로버트 프렉터는 "불확실한 상황에서 무리를 이루려는 인간의 충동으로 인해 사회적 분위기가 생겨나고, 이런 분위기가 경제적 · 정치적 · 문화적 행동을 포함한 사회적 행동의 특징을 결정 짓는다"고 지적했다. 즉 분위기가 사건을 지배한다는 것이다.[14] 쉬운 사례로, 잘 모르는 음식점은 손님이 많아야 안심이 되고, 베스트셀러 목록과 영화 박스오피스를 살펴보는 것 같은 심리다. 타인의 행동이 선택에 영향을 미치는 것이다.

경제 현장에서 군집행동이 가장 빈번하게 나타나는 곳이 증권시장이다. 갑작스런 악재가 출현해서 누군가가 주식을 투매(投賣)하면 너도나도 주식을 싼값에라도 팔겠다고 나선다. 결국 모두가 공포에 사로잡혀 투매에 가세함으로써 주가는 실제 악재의 영향보다 훨씬 심각한 수준으로 폭락한다. '떨어지는 칼날을 잡지 말라'는 주식 격언은 그런 군집행동을 경계한 말이다. 반대로 주가가 폭등할 때는 너도나도 덤벼든다. 그래서 주가 그래프를 보면 보통 경기 사이클보다 상하 진폭이 훨씬 큰 것을 알 수 있다. 그래서 "증권시장은 정보와 오보, 그리고 변덕에 반응하는 수천 명의 행동을 합쳐놓은 것"이라고 한다.[15]

세이렌의 유혹은 개개인에게 공포와 탐욕의 군집행동을 유발하지만, 사회가 그런 유혹에 빠지면 대중의 인기에 영합하는 포퓰리즘(populism)으로 치닫게 된다. 히틀러의 나치 정권은 결코 총으로 권력을 잡지 않았다. 히틀러는 1차 세계대전 패전에 따른 천문학적인 배상금에 민족적 자존심이 추락한 국민의 심리를 교묘히 파고들어 대중의 압도적인 지지로 정권을 잡았다. 이는 마치 세이렌의 유혹과도 같았고, 그로 인해 광기에 사로잡힌 사회는 히틀러가 몰락하고서야 깨어날 수 있었다.

정치가 포퓰리즘에 빠지면 정치인들은 유권자들의 귀에 지상낙원을 만들어주겠다 속삭이고, 유권자들은 그런 정치인들에게 더 많은 혜택을 요구한다. 서로가 서로에게 세이렌의 노래를 불러대는 것이다. 정치인과 국민이 세이렌의 유혹에 빠지는 순간, 국가라는 배는 파멸의 암초를 향해 돌진하는 꼴이 되고 만다. 2010년 이래 재정위기를 겪은 그리스·이탈리아·스페인·포르투갈 등 남유럽의 이른바 'PIGS' 국가들이 그러했다.

그렇다면 오디세우스는 어떻게 세이렌의 유혹을 이겨냈을까? 오디세우스는 한때 사랑했던 키르케(태양의 신 헬리오스의 딸)가 미리 일러준 대로, 배가 세이렌의 섬 근처에 다가가자 부하들의 귀를 밀랍으로 막고 자신의 몸은 배 기둥에 밧줄로 꽁꽁 묶었다. 그리고 자신이 결박에서 빠져나가려고 몸부림칠수록 더 세게 묶으라고 미리 부하들에게 지시했다. 세이렌의 노랫소리가 들리자 오디세우스는 풀어달라고 소리 지르고 애원했지만 부하들은 결박을 더 세게 조였다. 이윽고 세이렌의 노래가 더 이상 들리지 않게 되자 부하들의 귀에서 밀랍을 빼고 결박을 풀게 했다.

세이렌의 유혹은 감미로운 말일수록 위험하다는 우화로도 해석된다. 『공자가어(孔子家語)』에서도 "좋은 약은 입에 쓰지만 병에 이롭고, 충언은 귀에 거슬리지만 행실에 이롭다"고 했다. 하지만 세상에는 세이렌의 유혹이 넘쳐난다. 스스로 유혹을 이겨낼 자신이 없다면 밧줄로 몸을 묶든지, 귀를 막아야 할 것이다. 이를테면 금연 결심을 할 때 주위에 그 사실을 널리 알리고 담배를 피우면 벌금을 내겠다고 약속한다면, 혼자만의 의지로 끊는 것보다 성공 확률이 한결 높아진다.

카지노에서는 도박중독 위험군으로 추정되는 사람들에 대해 본인이

『공자가어』
공자의 언행 및 문인들과의 문답에 관한 기록으로 원래는 27권이었지만, 지금은 삼국시대 위(魏)나라 왕숙이 베껴 쓴 10권만 남아 있다.

나 가족이 요청할 경우 출입을 제한하는 제도를 시행한다. 정치인들의 포퓰리즘 공약 남발을 억제하는 수단으로, 막대한 재원이 필요한 법안을 제출할 때는 반드시 재정 확보 계획을 첨부하게 하는 방안도 검토되고 있다. 누구나 의지만으로 이겨낼 수 없는 경우에는 오디세우스와 같이 스스로의 몸을 묶는 밧줄이 필요하다.

골룸의 반지,
니벨룽겐의 반지
탐욕과 투기

    톨킨(John R. R. Tolkien)의 걸작을 스크린에 옮긴 영화 〈반지의 제왕(The Lord of the Rings)〉의 주인공으로는 프로도와 더불어 골룸을 빼놓을 수 없다. 악의 제왕인 사우론의 절대반지를 파괴하는 임무를 맡은 키 작은 호빗족 프로도와, 반지에 대한 집착과 탐욕으로 똘똘 뭉친 골룸. 이 둘은 인간의 양면성을 상징하는 존재들이다. 절대반지를 손에 들고 "내 보물 (My precious)!" 하고 경탄하는 골룸과, 마지막 순간에 손에 낀 반지를 용암 속에 던지지 못하고 주저하는 프로도는 마치 동전의 앞뒷면처럼 묘하게 대비된다. 누구도 절대반지를 파괴하지 못했고, 결국은 다툼 끝에 얼떨결에 용암에 떨어졌을 뿐이다. 반지 앞에서는 프로도가 골룸이 되고, 반지가 없을 때는 골룸이 프로도가 된 셈이다.

톨킨은 『반지의 제왕』의 모티프를 북유럽의 전설에서 가져왔다고 했다. 그 전설이란 북유럽에 전해 내려오는 대서사시 「니벨룽겐의 노래(Das Niebelungslied)」를 가리킨다. 이 서사시를 바그너(Richard Wagner)가 오페라로 각색한 것이 〈니벨룽겐의 반지(Der Ring des Nibelungen)〉다. 소인족 알베리히는 라인 강 밑바닥에 있는 황금으로 반지를 만들면 세계를 지배하는 힘을 얻게 된다는 사실을 알고 황금반지를 만들어내지만, 그것을 불의 신에게 빼앗기자 반지를 가진 자는 파멸하리라는 저주를 내린다. 영웅 지크프리트는 반지를 지키던 용을 죽이고 황금반지를 손에 넣은 뒤 마음에 둔 여인과 결혼하지만, 한때 결혼을 맹세했던 브룬힐트의 복수심과 그의 힘을 질투한 하겐의 음모로 결국 죽음에 이른다.

니벨룽겐의 황금반지에 얽힌 이야기는, 〈반지의 제왕〉에서 절대반지를 끼면 탐욕에 눈이 멀고 마는 등장인물들을 연상시킨다. 반지의 소유자는 무소불위의 권력을 얻는 대신 스스로를 제어할 수 없게 되는 것이다. 그러나 골룸의 반지나 니벨룽겐의 반지보다 앞서 인간의 양면성을 상징하는 반지가 플라톤의 『국가론(The Republic)』에 등장한다. 소크라테스와 대화하던 글라우콘이 "정의란 불의와 불의 사이의 타협일 뿐"이라고 말하며, 옛날 리디아(소아시아 서부의 고대 국가) 사람 기게스의 전설을 들려준다.

기게스는 리디아의 왕 칸다울레스를 섬기는 양치기였다. 어느 날 지진이 지나간 뒤 정신을 차려보니 땅이 갈라져 있어 그 속으로 들어간 기게스는 거기에서 발견한 거인의 시신에 금반지가 끼워져 있는 것을 보고 빼 들고 나온다. 이후 기게스가 손에 끼 반지를 무심코 돌리자 놀라운 일이 벌어진다. 그의 모습이 눈에 보이지 않는 것이다. 다시 원래 방향으로 돌리자 모습이 나타났고 여러 번 시험해도 결과는 마찬가지였다. 이런 능력을 알게 된 기게스는 몰래 왕궁으로 들어가 왕비와 정을 통한 뒤 왕을 죽이고 왕국을 차지한다.[16]

'기게스의 반지'라고 불리는 전설의 한 토막이다. 글라우콘은 이 전설을 통해 정의는 일종의 타협책일 뿐이며, 무엇이든 할 수 있는 무한의 자유가 주어지면 누구나 욕심과 이익에 따라 행동한다고 주장했다. 즉 자신이 한 일을 남들이 모른다면(보지 못하거나 아예 존재 자체를 모를 경우) 악행을 저지를 수 있다는 것이다. 이는 착한가, 악한가의 문제가 아니라 인간 본성에 관련된 문제다. 플라톤이 소크라테스의 입을 빌려 주장한 정의의 절대성에 대한 글라우콘의 반박이다.

오늘날의 현실에서는 글라우콘의 주장이 더 사실에 가깝게 느껴진다. 당장 우리 자신부터 그렇게 행동하고 있지 않은가? 〈반지의 제왕〉의 절대반지는 기게스의 반지처럼 그것을 낀 사람이 보이지 않고, 동시에 니벨룽겐의 황금반지처럼 세계를 지배할 절대권력을 지닌다. 영화 〈할로우맨(Hollow Man)〉에서 주인공이 투명인간이 되어 저지르는 일탈과 범죄도 절대반지를 낀 것과 유사한 사례다. 링컨은 "사람의 본성을 알고 싶다면 그에게 권력을 주어보라"고 했다.

경제학에서 상정한 경제적 인간(homo economicus)은 감정에 휘둘리지 않고 늘 냉철하게 합리적으로 선택하고 의사결정을 내린다. 그러나 유감스럽게도 현실에는 그런 사람이 거의 존재하지 않는다. 오히려 감정과 분위기에 따라 행동하고 떼 지어 몰려다니는 군집행동을 하는 사람들이 대부분이며, 편향과 착각에 빠져 끊임없이 합리적이지 못한 선택을 한다. 이런 탓에, '비이성적 과열'로 표현되는 탐욕과 투기가 잊을 만

2-9 | 지금의 요르단 제라시(고대 그리스명 게라사)에 있는 타원형 포룸. © Berthold Werner

하면 일어난다. 다수의 대중이 마치 절대반지를 끼고 있는 것 같은 착각
에 빠지는 것이다.

　실제로 지난 2,000여 년의 역사에서는 인간의 탐욕이 낳은 투기의 거
품과 그로 인한 파국이 수시로 벌어졌다. 최초의 투기는 기원전 2세기
로마시대까지 거슬러 올라간다. 모든 길이 로마로 통하듯, 당시 로마는
모든 자본이 집중되는 금융의 중심지였다. 시장이 번성하고 신용이란
개념이 출현했으며, 도박도 일상화되었다.

　투기꾼은 당시 뭔가를 쫓는 사람들을 뜻하는 '퀘스터(quester)'라고 불
렸다. 퀘스터들은 신전 옆 포룸(forum, 도판 2-9)에 모여, 조세 징수 청부업
자들의 조직인 퍼블리카니(Publicani)가 소유한 주
식 '파르테스(partes)'와 채권을 사고팔았고, 현금
이나 신용을 이용해 각종 재화를 교환했다. 심지
어 해외 식민지의 영지나 농장, 노예, 말까지 거래
했다. 이 과정에서 비정상적으로 가격이 뛴 파르

> 포룸
> 고대 로마의 공공광장. 일반
> 적으로 신전이나 도서관, 목
> 욕탕 등에 둘러싸여 집회장
> 이나 시장으로 사용되었다.

테스가 적지 않았던 모양이다. 키케로(Marcus Tulliut Cicero)는 "부실한 퍼블리카니의 파르테스를 사는 것은 보수적인 사람이면 피하는 도박과 같다"고 기록했다.[17]

중세에는 고리대금업을 금기시하고 이윤 추구를 부도덕한 것으로 간주했다. 그러나 13세기 중반부터 지중해 무역을 장악한 이탈리아 도시국가들이 채권을 발행해 유통시키면서 중세의 금기는 무너지고 말았다. 투기가 부활한 것이다. 베네치아에서는 정부 채권 가격을 떨어뜨리는 루머를 단속하는 법안이 만들어지기도 했다. 채권 값을 떨어뜨린 다음 싸게 사서 이익을 보려는 세력이 존재했다는 이야기다.

근대의 가장 극적인 투기 사건은 17세기 네덜란드의 튤립 투기(Tulip mania)일 것이다. 당시 직물산업 호황으로 1인당 소득이 유럽 최고였던 네덜란드인들은 앞다퉈 교외에 대저택을 지었다. 늘어난 부에 취한 그들은 칼뱅주의의 검약정신을 망각하고 더 큰 부를 안겨줄 대상을 찾기 시작했다. 그것은 바로 튤립이었다. 터키에서 전해진 튤립은 초기에는 귀족의 전유물이자 고상한 취미의 하나였다. 최상급인 황제튤립은 당시 암스테르담 시내의 집 한 채 값과 맞먹을 정도였다. 그러자 서민들도 쉽게 재배할 수 있는 튤립 한 뿌리에 모든 것을 걸었다. 튤립 값이 치솟으면서 이웃 프랑스인들까지 투기에 가세했다. 황제튤립을 피워 한몫 잡은 이들이 생기면서 더 많은 사람들이 몰려들었다. 1636년 겨울에는 튤립 뿌리가 땅속에 묻혀 있어도 미리 거래가 성사돼, '바람거래(windhandel)'라고 불린 튤립 선물거래(先物去來)까지 등장했다. 급기야 평범한 튤립 한 뿌리가 노동자의 한 달 봉급 수준에서 5년분 연봉 수준으로 치솟았다.

그러던 1637년 2월 3일, 튤립 시장은 갑자기 무너졌다. 원인도 모른

채 튤립이 전혀 팔리지 않았고, 튤립 대금으로 결제한 어음은 줄줄이 부도가 났다. 더 이상 튤립을 살 사람이 없다는 흉흉한 소문이 돌았다. 집을 저당 잡혀가며 일확천금을 노렸던 수많은 사람들이 회복할 수 없는 손실을 입었다. 튤립 시장 불안은 1년간 이어졌으며, 네덜란드 정부가 매매가격(원금)의 3.5퍼센트만 지급하는 것으로 모든 채권 채무를 정리하도록 명령하는 극단적인 조치를 취하고서야 진정됐다. 1,000길더를 주고 튤립을 산 사람은 고작 35길더만 건질 수 있었다.[18]

튤립 투기는 투기의 원조 격으로 인용되지만, 사실 '투기(speculation)'와 '투자(investment)'의 차이가 무엇이냐고 물으면 경제학자들도 선뜻 답하지 못한다. 통상적으로 투자는 생산활동과 관련된 이익 추구를, 투기는 생산활동과 관계없는 이익 추구를 가리킨다고 본다. 예컨대 부동산을 구입하는 이유가 공장을 지어 제품을 생산할 목적이라면 투자지만, 부동산 가격이 오르는 순간 이익을 남기고 되팔려는 목적이라면 투기인 것이다. 투자는 과실(이자·수익)을 얻는 것이고, 투기는 시세차익을 얻는 것이라고 정의하기도 한다. 또 투자는 대상의 실체나 위험성 등을 알고 하는 것이고 투기는 모르고 하는 것이라는 사람들도 있으며, 투기를 '실패한 투자'로 보기도 한다. 하지만 이익을 추구한다는 점은 동일하기에, 현실에서 투자와 투기를 구분하기란 무척 어렵다. 차라리 '내가 하면 투자, 남이 하면 투기'라는 우스갯소리가 더 적절한지도 모른다.

미시시피 버블
1717년 북미 식민지를 건설한 프랑스가 세운 미시시피 강 주변 개발 계획을 둘러싼 투기 사건. 프랑스 왕실은 스코틀랜드 사업가 존 로에게 무역 독점권 등 여러 가지 권한을 부여했지만, 결국 무리한 투자로 인해 파산했다.

사우스시 버블
1711년 영국이 국가 부채에 시달리던 상황에서 기업 사우스시 컴퍼니가 정부 채권을 주식으로 전환하겠다고 나섰다. 영국 정부는 그 대가로 사우스시 제도와 남아메리카 무역독점권을 부여했지만 무역에서는 실적을 올리지 못했고, 대신 주식 발행으로 나라 전체를 투기장으로 만들었다.

튤립 투기와 같은 비정상적인 투기와 거품 붕괴는 이후에도 수시로 일어났다. 1720년 프랑스의 미시시피 버블(Mississippi Bubble)과, 영국의 사우스시 버블(South Sea Bubble)은 쌍둥이 투기 사건으로 초기 자본주의 체제를 뒤흔들었다. 큰 사건만 꼽아도 1790년 수에즈 운하 건설에 따른 영국의 운하 투기, 1820년대 영국의 채권 투기와 남미 광산 붐, 1845년 미국의 철도 투기, 1929년 대공황 등 과열된 투기가 끝내 경제를 초토화한 사건이 수십 년마다 되풀이됐다.

세계적인 투자가인 워런 버핏은 "시장이라는 존재가 안락감을 느낄 때는 호재만을 보게 된다. 반대로 의기소침해 있을 때는 오직 악재만을 보게 된다"고 충고했다.[19] 그런 점에서 탐욕과 공포는 동전의 앞뒷면과도 같다. 고수익은 곧 고위험을 뜻하고, 호황은 불황의 시작이며, 불황은 호황의 출발점이기 때문이다. 요즘에도 가끔 눈에 띄는 피라미드 사기처럼, 몇 번의 작은 이익에 현혹돼 점점 더 큰 이익을 노리다 보면 합리적 이성은 눈을 감게 마련이다. 『반지의 제왕』의 프로도가 보여준 것은, 건전한 정신일지라도 언제든 탐욕이 깃들 수 있다는 사실이다. 「니벨룽겐의 노래」 또한 마찬가지로 탐욕의 유혹에는 누구도 예외가 없다는 사실을 말하고 싶었을 것이다.

주식투자로 쪽박 찬 천재 물리학자

천재 물리학자 아이작 뉴턴(Isaac Newton)은 1720년 남미 지역의 무역독점권을 가진 사우스시 주식에 큰돈을 투자했다. 사우스시의 주식은 투기 바람이 불면서 주가가 폭등해 뉴턴은 불과 석 달 만에 투자액의 4배를 벌어들였다. 가히 '주식투자의 천재'라 할 만했다.

주식을 판 뒤에도 주가가 계속 오르자 뉴턴은 다시 사우스시 주식을 대거 사들였다. 하지만 주가에 낀 거품은 한순간에 터져버렸다. 주가 폭락으로 그간 번 돈은 물론 원금까지 다 날리고 말았다. 당시 뉴턴은 주식시장 전망을 묻는 한 투기꾼에게 이렇게 답했다. "나는 천체의 무게를 측정할 수는 있어도 사람들의 광기는 계산할 수 없다."

투자 격언에 '주식을 사는 것은 기술(skill), 파는 것은 예술(art)'이라는 말이 있다. 주식은 하루에도 15퍼센트 오르거나 15퍼센트 떨어질 수 있다. 은행 정기예금의 1년 이자가 고작 3퍼센트인 점을 감안하면, 하루만 투자를 잘해도 그 5배의 수익을 올릴 수 있다. 그렇게만 된다면 누구나 주식투자로 부자가 될 것이다. 하지만 고수익에는 반드시 위험이 따른다. 뉴턴은 고수익에 취해 고위험을 보지 못한 것이다.

오르면 더 오를 것 같고, 내리면 더 내릴 것 같은 게 주가다. 자신이 보유한 주식은 더더욱 냉정하게 판단하기 어렵다. 행동경제학에서 말하는 보유효과(자신이 가진 것에 더 큰 가치를 부여하는 심리 현상), 손실효과(같은 크기의 이익보다 손실을 과대평가하는 심리)에 심리적인 흥분, 패닉(공황), 군중심리 등이 복합적으로 작용하기 때문이다. 천재 물리학자도 평범한 일반인과 다를 바 없는 불완전한 '사람'이었다.

중동에서는왜
돼지고기를금기시할까
터부의 경제원리

    유대인과 이슬람교도는 종교적인 이유로 돼지고기를 먹지 않는다. 『구약성서』에는 돼지가 부정한 동물이기 때문에 이를 먹거나 손대면 부정하게 된다고 기록해놓고 있다. 「레위기」에는 먹을 수 있는 동물로 '발굽이 완전히 갈라져 그 틈이 벌어져 있고 되새김질을 하는 것'이라고 쓰여 있다. 이슬람교도들 역시 돼지를 불결하고 부정한 동물로 여긴다. 예언자 무함마드가 그같이 선언했기 때문이다. 그런데 돼지고기는 다른 어떤 동물의 고기보다 효과적으로 곡식의 알곡이나 쭉정이들을 고농도 지방과 단백질로 바꾸어준다.[20]

유대인과 이슬람교도들은 왜 돼지고기를 먹지 않는 것일까? 돼지가 불결하고 부정한 동물이기 때문일까?

첫 번째 가설은 돼지의 더러운 습성과 불결한 식습관 때문에 돼지고기 터부(taboo), 즉 금기가 생겨났다는 것이다. 12세기 중세의 랍비이자 의학자인 마이모니데스(Moses Maimonides)는 "돼지고기를 금하는 이유는 돼지의 습성과 먹이가 매우 더럽고 혐오스럽다는 데 있다"고 주장했다. 하지만 돼지가 불결하다는 통념은 사람들의 오해에서 비롯된 것이다. 돼지는 사실 깨끗한 것을 좋아하고, 배설도 일정한 장소에서 처리한다. 인분을 먹는 것은 사람들이 먹이를 제대로 주지 않아 달리 먹을 게 없어서다. 또한 땀샘이 없어 체온 조절을 위해서는 진흙탕에 뒹굴면서 피부에서 기화열을 발산해야 하는데, 자기 배설물 위를 뒹구는 것은 깨끗한 진흙이 없어서일 뿐이다. 다른 짐승들도 좁은 우리에서는 자기 배설물 위를 뒹굴기도 하고, 굶주리면 인분을 먹기도 한다. 돼지만 그런 것이 아니다.

두 번째 가설은 돼지가 갖고 있는 선모충에 감염될 위험 때문이라는 것이다. 19세기에 돼지를 날로 먹었을 때 선모충 병에 걸린다는 사실이 발견되었다. 돼지가 인간에 전염되는 질병의 보균 동물인 것도 사실이다. 하지만 날것으로 먹었을 때 위험한 것은 다른 동물도 마찬가지다. 보균 동물이므로 접촉하지 말라고 했다면 모두 금지해야 마땅하다. 유독 돼지만 불명예를 쓸 이유가 없다.

두 가설 모두 사람들의 오해와 편견에서 비롯되었다고 볼 수 있다. 그렇다면 돼지 혐오는 무엇을 의미하는지 경제적으로 살펴볼 필요가 있다. 이에 대해 문화인류학자 마빈 해리스(Marvin Harris)는 경제학의 비용-편익 분석(cost-benefit analysis)을 이용해 돼지 혐오 문화를 설득력 있게 설명했다. 해리스의 설명을 들어보자.

무엇보다 중동 지방의 기후와 자연 생태계는 돼지 사육에 적합하지 않다. 돼지는 37도 이상의 직사광선 아래서는 살 수가 없다. 그런데 중동의 한낮 기온은 40도가 넘는다. 또 숲이 없는 평원과 구릉지로 이루어진 중동 지방의 지형은 강우를 이용한 농업을 영위하기에는 비가 너무 적고, 관개농업도 쉽지 않다. 이런 조건에서는 소·양·염소처럼 섬유질이 많은 풀을 먹고 되새김질을 하는 반추동물을 기르는 것이 가장 효율적이다.

반면에 돼지는 숲이나 그늘진 강둑에 살며 주로 나무열매, 과일, 식물 뿌리, 곡식 등 섬유질이 적은 식물을 먹는, 인간과 먹이가 겹치는 경쟁자였다. 또한 돼지는 먼 거리를 몰고 다니기도 어렵고, 젖을 이용할 수도 없었다. 따라서 돼지고기가 맛이 좋다고 해도, 식용으로 사용할 만큼 사육하기에는 생태학적으로 부적합했던 것이다. 즉 돼지고기를 먹을 때의 '편익'보다 돼지 사육에 드는 '비용'이 훨씬 컸다. 산업화 이전 사회에서는 인간이 먹을 고기를 얻기 위해 사육하는 동물은 일종의 사치품이었다. 그런 점에서 돼지고기를 먹고 싶은 유혹이 크면 클수록 종교를 통해 강력히 금지할 필요성도 커진 것이라 할 수 있다.[21]

이에 반해 한국, 중국 등 동양권이나 유럽 일부 지역에서는 온건한 형태의 돼지 선호 문화가 발견되기도 한다. 고사를 지낼 때 돼지머리를 올려놓는 것은 중동의 돼지 혐오와는 정반대 관습이다.

그렇다면 인도의 힌두교도들은 왜 소고기를 먹지 않을까? 힌두교도들에게 암소는 삶의 모체이기에, 암소를 죽이는 것보다 더 큰 신성모독은 없다. 힌두교도들은 이슬람교도들을 '소 살해자'라고 증오했고, 파키스탄이 인도에서 분리되기 전에는 유혈폭동이 연례행사처럼 일어났다.

힌두교에서 암소를 신성시하는 것은 주로 윤회설과 관련이 있다고 설명된다. 힌두교도들은 암소를 자신의 어머니 같은 존재로 여긴다. 악마에서부터 소에 이르려면 86번의 윤회를 거쳐야 하는데, 한 번 더 윤회하면 인간이 된다는 것이다. 따라서 암소를 죽인 사람의 영혼은 가장 낮은 단계로 미끄러져 이 모든 과정을 다시 시작해야 한다.[22]

하지만 암소를 숭배하게 된 것이 오직 종교 때문일까? 인류 역사에서 소는 가장 중요한 단백질원이자 동력원이었다. 유독 인도에서만 종교로 인해 소고기 터부가 생겼다는 설명은 뭔가 부족하게 느껴진다.

인도에서 길거리를 어슬렁거리는 암소들은 거룩한 존재로 여겨지지만 그리 잘 먹여 키우지는 않는다. 대개는 비쩍 말라 뼈만 앙상하고, 우유도 연간 500파운드(미국 소는 5,000파운드)밖에 나오지 않는다. 그럼에도 암소 숭배 사상이 유지되어온 것은 인도의 전통 농경문화와 연관이 깊다. 인도 농민들에게 수소는 미국 농업의 주 동력원인 트랙터와도 같다. 트랙터는 공장에서 생산되지만 수소는 암소가 낳는다. 따라서 인도에서 암소를 소유한 농민은 수소를 생산해낼 공장을 가진 셈이 된다. 암소의 주된 경제적 가치가 쟁기를 끌어줄 수소를 낳는 일이라면, 고기나 우유를 활용할 수 없더라도 충분히 보호할 이유가 되는 것이다.[23]

사실 인도뿐 아니라 아시아 농경문화에서 소를 중시하지 않는 민족은 없다. 인간이 동력을 발명하기 전까지 소 없이는 농사가 거의 불가능했기 때문이다. 소는 태어나서 죽을 때까지 무엇 하나 쓸모없는 것이 없었다. 심지어 소똥조차 퇴비나 연료로 요긴하게 쓰였다. 따라서 아무리 흉년이 들어 먹을 것이 귀해도 웬만해서는 소를 잡지 않았다. 그랬다가는 이듬해 사람이 굶어 죽을 수 있기 때문이다.

펄 벅(Pearl S. Buck)의 『대지(*The Good Earth*)』(1931)를 영화화한 1937년 흑

백영화 속에도 그런 장면이 나온다. 중국에 기근이 들어 흙을 끓여 먹어야 했던 상황에서 주인공 왕릉은 비장한 표정으로 애지중지하던 소를 잡기 전에 망설인다. 농민들에게 소는 마지막까지 지켜야 하는 유일무이한 자산이었기 때문이다.(도판 2-10) 마빈 해리스는 "거대 인구의 인도에서 농업 인구가 대규모로 도시에 집결할 경우 상상할 수 없는 대혼란이 일어난다는 점에서 저에너지, 소규모, 가축 위주의 농업 시스템이 유지되지 않을 수 없는 이유를 이해하게 된다"며 "저에너지 사회에서 수소와 암소는 트랙터와 트랙터 생산 공장의 대체물"이라고 지적했다.

하지만 산업화를 거치면서 소를 바라보는 관점도 많이 달라졌다. 우리나라에서도 쟁기를 끌던 소를 경운기와 트랙터가 대신하고, 소는 대개 고기와 우유를 공급하는 가축으로 변모했다. 경제적 요인이 종교적 터부나 사회적 금기의 원천이 되었지만, 경제 환경이 바뀌면 터부도 달라질 수 있다. 문화와 경제를 한 묶음으로 보아야 하는 이유다.

chapter 3

역사를 모르고
경제를 논하지 마라

—— 세상의 그 무엇도 어느 날 갑자기 하늘에서 떨어졌거나 땅에서 솟아난 것은 없다. 우리가 쓰는 물건, 먹는 음식에서부터 관습, 제도, 규칙에 이르기까지 역사적 배경이 없는 것은 없다. 모든 것이 인류 사회가 오랫동안 축적해온 경험의 산물이다.

식용 식물과 독성 식물을 구분하는 것만 해도 그렇다. 식물에 먹을 수 있다는 표시가 되어 있진 않다. 조상들이 일일이 먹어보고 탈도 나면서 겪은 수천, 수만 년의 경험이 차곡차곡 쌓였기에 식용과 독성을 구분할 수 있게 된 것이다. 스마트폰 역시 갑자기 뚝딱하고 나타난 게 결코 아니다. 그 이전에 휴대폰, 카폰이 있었고, 유선전화가 있었고, 우편과 전신이 있었으며, 더 거슬러 올라가 봉화와 파발마가 있었고, 심지어 나팔 소리나 깃발, 손짓, 몸짓이 있었다.

이렇듯 인류 30만 년의 진화 과정과 5,000년의 역사시대는 오늘의 인간 세상을 만든 뿌리다. 그 과정에서 인류는 사회적 관계에 내재된 세상을 움직이는 이치, 즉 경제원리를 깨닫고 이를 집단의 지혜로 전승해왔다. 애덤 스미스 이전에도 인류는 사회적 관계 속에서 작용해온 수많은 경제원리를 알고 있었다. 다만 경제학이라는 이름을 붙이지 않았을 뿐이다.

따라서 역사적 배경을 모르는 경제 지식은 어설픈 반쪽짜리가 될 수밖에 없다. 이 장에서는 역사의 장면들 속에서 경제원리의 뿌리를 찾아본다.

함무라비 법전과 성서의 탈리오 법칙

선택과 대가

"사람이 타인에게 죄를 돌려 살인죄로 그를 고발하고 그에게 확증하지 못하면, 그에게 죄를 돌린 자(고발자)를 죽인다."(『함무라비 법전』 1조)

"평민이 귀족의 눈을 쳐서 빠지게 하였으면, 그의 눈을 뺀다."(『함무라비 법전』 196조)[1]

"눈은 눈으로, 이는 이로, 손은 손으로, 발은 발로, 덴 것은 덴 것으로, 상하게 한 것은 상함으로, 때린 것은 때림으로 갚을지니라."(『출애굽기』 21장 24-25절)

기원전 고대에 형성된 법에는 공통점이 있다. 바로 '눈에는 눈, 이에는 이'라는 탈리오 법칙(Lex Talionis)이 적용된다는 것이다. 피해자가 입은 피해와 같은 정도의 손해를 가해자에게 가하는 보복의 법칙[2]인 탈리오는 '그와 같은, 동등한'이란 의미의 라틴어다. '탈리온(Talion)'이라고도 불리는 탈리오 법칙은 동해보복법(同害報復法)으로 번역된다. 잘못에 대해선 똑같은 대가를 치른다는 인과응보 원칙의 가장 소박한 형태라 할 수 있다.

현대인의 관점에서 보면 잔혹해 보일 것이다. '눈에는 눈'은 오늘날 일부 이슬람 국가에서 여전히 살아 있고 반문명적인 것으로 간주된다. 그러나 근대사회의 인권, 자유 등의 개념이 형성되기 훨씬 오래전에 강자가 모든 것을 지배하던 시대라면 탈리오 법칙을 달리 봐야 마땅하다. 사람이 한번 당하고 나면 더 강하게 복수하고, 다시 더 큰 보복을 불러오는 게 보통이다. 이런 식의 사투가 계속되면 사회가 무질서 상태에 빠질 수밖에 없다.[3] 따라서 탈리오 법칙은 원시 미개사회에서 행해지던 무제한의 복수가 아니라, 개인이 저지른 행위와 동일한 수준의 보복만 허용한다는 점에서 진일보한 것이라고 할 수 있다.

『로마 법전』, 『나폴레옹 법전』과 더불어 세계 3대 성문법전으로 꼽히는 『함무라비 법전』은 기원전 1750년경 바빌로니아의 제1왕조 6대 왕인 함무라비가 제정했다. 1901년 프랑스 탐험가 드 모르강(Jacques de Morgan)이 페르시아의 고대도시 수사(Susa)에서 발굴한 이 법전은 높이 2.23미터, 지름 61센티미터의 검은 돌기둥에 세계 최초의 문자라는 설형(쐐기)문자로 새겨져 있으며, 현재는 프랑스 루브르 박물관에 전시돼 있다. 약 4,000년 전 유물임에도 전문(前文)과 후문(後文), 그리고 282개조에 달하는 법조문이 비교적 잘 보존돼 있다.

함무라비 왕은 메소포타미아 지방을 통일하며 바빌로니아의 영토를 대폭 넓힘에 따라 늘어난 인구를 다스리기 위한 법률을 필요로 했다. 『함무라비 법전』은 이전 수메르시대의 법전을 비롯해 메소포타미아 지역의 여러 법전을 종합해 펴낸 것이다. 주로 재판 · 농업 · 상업 · 건축 · 군인 · 가족 · 간통 등 다양한 분야에 대한 구체적인 권리와 의무, 처벌 내용을 규정하고 있으며, 법전의 내용을 새긴 비석이 각 도시 입구마다 세워져 널리 공표됐다.

물론 계급(귀족 · 평민 · 노예 등)에 따라 처벌 강도가 달랐다. 하위계급인 사람이 상위계급에 위해를 가했을 때 더 엄한 처벌을 받았다. 하지만 전체적으로 보면 강자 위주의 시대에 오히려 사회적 약자들이 더 이 법에 의해 보호를 받았다는 점에서 고대의 '정의 구현'이라고 할 수 있다. 사적인 복수나 약탈혼, 혈족의 집단적 복수를 인정하지 않았을 뿐 아니라, 귀족의 권력 남용을 제한한 내용이 담겨 있기도 하다.[4] 『함무라비 법전』은 이후 로마의 12동판법이나 중근동 지역의 법에 큰 영향을 미쳤다.

> **로마 12동판법**
> 로마에서 가장 오래된 성문법으로 12표법이라고도 한다. 법과 공유지를 독점했던 귀족에 대한 시민들의 불만으로 제정되었으며, 소송법이나 가족법 외에 수확물과 관련한 법률 등이 포함된 고대 농업사회의 법이었다.

앞에서 인용한 『구약성서』의 「출애굽기」 기록도 『함무라비 법전』의 탈리오 원칙을 충실히 따른다. 기원전 587년 유대왕국이 멸망하면서 유대인들이 50년간 바빌로니아의 수도인 바빌론에 포로로 끌려갔던 '바빌론 유수(幽囚)'도 영향을 미쳤을 것이다. 『구약성서』의 「레위기」에도 "사람이 만일 그의 이웃에게 상해를 입혔으면 그가 행한 대로 그에게 행할 것이니 상처에는 상처로, 눈에는 눈으로, 이에는 이로 갚을지라. 남에게 상해를 입힌 그대로 그에게 그렇게 할 것이며"라고 쓰여 있다.

결국 나쁜 짓을 저질렀으면 그에 상응하는 대가를 치르게 하여 징벌과 범죄 예방의 효과를 동시에 거두는 것이 고대사회의 기본 규율이었던 셈이다. 행동에 비해 징벌이 가볍다면 범죄가 되풀이될 가능성이 생길 수 있다. 반대로 사적인 보복에 제한이 없다면 무제한의 보복이 뒤따르게 마련이다. 이래서는 사회가 유지될 수 없을 것이다. 원시에서 고대로 넘어오면서 터득한 인류의 지혜로 보아도 무방하다.

'눈에는 눈'이라는 탈리오 법칙은 그레고리 맨큐가 『맨큐의 경제학』에서 경제학의 제1원리로 꼽은 "모든 선택에는 대가가 따른다"와도 통한다. 인류가 집단을 구성해 살면서 깨달은 가장 기본적인 도덕률이 탈리오 법칙이듯이, 경제학에서도 이를 '선택과 대가(비용)'라는 개념으로 설명할 수 있다.

사실 하루하루 살면서 어떤 선택을 하든지 비용이 발생한다. 예컨대 우리는 약속 장소로 가는 길에 버스나 택시를 탈지, 지하철을 탈지 망설인다. 택시를 타면 빠르지만 돈이 많이 들고, 버스는 걷는 거리를 줄이는 장점이 있지만 교통체증으로 낭패를 볼 수도 있다. 지하철은 도착 시간을 예측하기가 용이하지만 계단을 오르내리며 상당히 발품을 팔아야 한다. 돈, 체증, 발품이 모두 선택의 대가인 셈이다.

사람은 하루 종일 끊임없는 선택의 굴레에서 벗어나지 못한다. 이것이 바로 경제학의 출발점인지도 모른다. 시간도, 돈도 흘러넘친다면 여러 대안 중에서 무엇을 어떻게 선택할까 고민할 필요가 없다. 그냥 다 하면 되니까. 하지만 사람은 누구나 하루 24시간뿐이며, 경제적 여력이나 욕구를 충족할 자원도 한정돼 있다. 그런 의미에서 경제학은 '부족함에서 파생된 학문'이라고 해도 과언이 아니다.

고조선의 탈리오 법칙, 팔조금법

 우리나라의 가장 오래된 왕조인 고조선에도 탈리오 법칙에 따른 팔조금법(八條禁法)이 있었다. '범금팔조(犯禁八條)'라고도 불리는 이 법은 8가지 금지 법률 조항을 가리키는데, 지금은 전체 8조 중 3개 조만이 전한다.

① 사람을 죽인 자는 즉시 사형에 처한다.
② 남의 신체에 해를 입힌 자는 곡물로써 보상한다.
③ 도둑질한 자는 그 집에 잡혀 들어가 남자는 남자 종〔奴〕이 되고 여자는 여자 종〔婢〕이 되어야 하나, 노비에서 벗어나려는 자는 50만 전을 내놓아야 한다.

이러한 법조항들은 위만조선을 거쳐 군현시대까지 이어져 내려오는 동안 내용이 더욱 복잡해져 60여 조로 늘어났다. 팔조금법 역시 철저히 탈리오 법칙을 따르고 있으니, 동서양을 막론하고 고대 세계의 공통적인 법 관념은 '눈에는 눈'임을 알 수 있다.

중국은 '4대 발명품'을 갖고도
왜 근대화에 뒤처졌을까

사유재산

중국에는 세계 역사를 획기적으로 바꾼 4대 발명이 있다. 종이, 활판인쇄술, 화약, 나침반이 그것이다. 종이는 기원후 2세기 후한(後漢)시대에, 나머지는 10-11세기 송(宋)나라 때 발명된 것으로 알려져 있다. 이 4대 발명품은 중국이 중세까지 세계적으로 확고한 우위를 지녔음을 보여주는 증거다.

종이와 인쇄술의 발명은 인류가 지식을 무한 확장할 수 있는 바탕이 됐다. 화약은 보병과 기병의 근접전뿐이던 전쟁의 양상을 송두리째 바꿔놓았다. 나침반은 먼바다로의 항해를 가능케 해 지리상의 발견으로 이어진 원동력이 되었음은 물론이다.

송나라는 4대 발명품을 모두 가진 유일한 나라였다. 당시로서는 첨단 기술인 물레, 물시계 등도 갖고 있었다. 이에 반해 그 시대 유럽은 종교가 지배하던 중세였다. 인구, 과학기술, 경제력 등에서 당대 최대이자 유일무이한 강대국은 단연 송나라였다.

이뿐만이 아니다. 명(明)나라 때의 환관 정화(鄭和)가 이끄는 300척, 2만8,000명 규모의 대함대가 남해로 대원정을 떠났다. 정화의 함대는 1403년부터 27년간 일곱 차례에 걸쳐 동남아, 인도, 페르시아를 항해했다. 함대의 일부는 아프리카 케냐의 항구도시 말린디(Malindi)까지 닿았고,[5] 이곳을 거쳐 아프리카 최남단인 남아프리카공화국의 희망봉까지 항해했다는 설도 있다. 정화의 대원정은 콜럼버스가 아메리카 대륙을 발견한 시기(1492)나, 바스코 다 가마가 포르투갈을 떠나 인도로 항해할

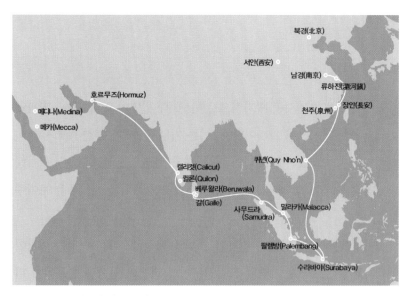

3-1 | 정화의 일곱 번째 대원정(1431~1433) 경로.

때 말린디에 기항한 시점(1498)과 비교하면 거의 100년을 앞선다. 함대 규모 면에서 100-200배 차이가 날 정도니 아예 비교조차 어려울 지경이다.(도판 3-1)

여기서 의문이 생긴다. 인구와 경제, 군사력 면에서 당대 최강대국이었던 중국이 만약 나침반과 화약을 들고 유럽 원정에 나섰다면 오늘날 세계지도가 많이 달라지지 않았을까? 그런 중국이 왜 19세기 들어 아편전쟁과 같은 치욕을 겪으며 서구 열강의 밥이 됐을까?

'왜 중세 중국이 경제적으로 정체했을까'라는 질문은 미국 연방준비제도이사회 의장을 지낸 벤 버냉키가 프린스턴대 교수 시절, 로버트 프랭크 코넬대 교수와 함께 쓴 『버냉키ㆍ프랭크 경제학(*Principles of Economics*)』에서 '경제적 사유'의 하나로 제기한 것이다. 버냉키와 프랭크는 그 해답으로 경제학자인 윌리엄 보멀 프린스턴대 교수의 연구를 인용했다.

> 보멀의 연구에 따르면 송나라 시대 산업화의 주요한 방해물은 기업가 정신을 금지한 사회 시스템이었다. 상업과 산업은 저급한 활동으로 간주됐고, 교육받은 사람에게 맞지 않는 것으로 생각됐다. 이에 더해 황제는 백성의 재산을 압류하고 그들의 사업을 통제할 수 있는 권리를 갖고 있었다. 중세 중국에서 지위와 부에 이르는 가장 직접적인 길은 3년마다 시행되는 과거시험에 합격하는 것이었다. 국가적 시험의 최고득점자는 제국의 관료로서 평생 직위를 보장받았고 많은 권력을 휘두르며, 일부는 부패를 통해 종종 부유하게 되었다. 중세 중국에서 역동적인 기업가 계급이 개발되지 못했으며, 결과적으로 과학적ㆍ기술적 우위가 지속적인 경제 성장으로 전환되지 않았던 것은 놀랄 만한 것이 아니다. 중국의 경험은 왜 과학적 진보만으로는 경제 성장을 보증할 수 없는지를 보여준다.

경제적 이득을 창출하려면 과학적 지식은 사업화되어 새로운 생산물이 생산되거나, 기존의 재화와 서비스를 생산하는 새롭고 더 효율적인 수단으로 적용되어야 한다.[6]

보멀은 송나라 때 산업화의 가장 큰 방해물로, 기업가 정신을 금지한 사회 시스템을 꼽았다. 그렇다고 중국의 상업이 원시적 수준이었다고 생각하면 큰 오산이다. 중국인은 '아시아의 유대인'으로 불릴 만큼 뛰어난 상인이었다. 오죽하면 우리 속담에 "중국 사람과 흥정하지 말라"는 말이 있을 정도다. 이런 모순에 대해 프랜시스 후쿠야마(Francis Fukuyama)가 『트러스트(Trust)』에서 적절히 지적한 내용이 있다. "전통적이고 계층화된 유교 사회에서 상인은 그리 존경받지 못했다. 일단 상인 가족이 부자가 되면 그의 아들은 사업을 하기보다는 과거시험을 보고 관료조직 속에서 한자리를 차지하고자 했다. 상당수의 상인들이 재투자보다는 사업에서 번 돈으로 토지를 샀다. 왜냐하면 그것이 훨씬 더 나은 사회적 신분을 부여해주었기 때문이었다."[7]

옛날 중국 황제들은 백성을 살리고 죽이는 생살여탈권을 가졌다. 또한 유교적 지배이념 아래 사농공상(士農工商)의 신분제도가 사회에 강고하게 자리 잡고 있었다. 과거시험에 합격하는 것이 최고의 가치이자 입신양명이었고, 국가의 부를 키우는 공업과 상업은 농업보다 천시됐다. 관료주의의 부패와 착취의 관행도 수천 년간 이어진 뿌리 깊은 악폐였다. 이런 요인들이 기술 발전을 경제 발전으로 이어가는 데 걸림돌이 되었음은 분명하다.

하지만 이것으로 중국의 높은 기술 수준과 경제적 정체의 연관성을 설명하기에는 뭔가 부족해 보인다. 유럽의 중세도 중국의 '사농공상'과 유사한 중세 봉건시대의 '영주-기사-농노'의 계급사회였다. 왕이 생살여탈권을 갖고 백성을 착취하는 사회구조 또한 중국과 별다르지 않았다. 그럼에도 중국은 멈춰 선 반면 유럽은 발전했다. 그 이유에 대해 좀 더 살펴볼 필요가 있다.

근대로 넘어오는 과정에서 중국과 유럽의 격차가 벌어진 이유로, 첫째 사유재산권이 명확했느냐 아니냐의 차이를 들 수 있다. 유럽의 근대사는 왕이 백성을 제멋대로 다룰 수 없게끔 개개인의 권리가 대폭 신장되는 과정이라고 해도 과언이 아니다. 개인의 권리는 신체의 자유, 거주 이전의 자유, 거래의 자유, 소유의 자유, 정치의 자유 등으로 확장되어갔다. 스스로 노력해서 생산한 것을 소유하는 것보다 더 나은 경제 발전의 인센티브는 없을 것이다. 하지만 중국에서 개인의 권리는 그만한 수준에 이르지 못했다. 황제나 관료들에 의해 사유재산권을 침해당하는 일이 잦았고, 그럴수록 개인이 스스로 무언가를 이루려는 의지는 약화될 수밖에 없었다.

둘째, 기술과 발명의 수혜자가 누구인가도 중요한 차이다. 과거 중국의 기술자들과 발명가들은 그로 인한 경제적 이득을 누릴 수 있었을까? 그 생산물은 누가 사용했을까? 일부는 대중에게 돌아갔겠지만 대개는 황제나 귀족의 몫이었다. 인쇄술을 보면 극명하게 차이가 난다. 중국에선 인쇄술이 지배계급의 전유물이었고, 대다수 백성은 문맹 상태를 면치 못했다. 물론 유럽도 근대 이전에는 대개 문맹이었지만 구텐베르크(Johannes Gutenberg)가 발명한 인쇄술로 『성경』을 찍어내 백성들에게 읽혔고, 이로써 구텐베르크는 큰돈을 벌기도 했다. 왕이나 귀족이 아닌 다수를 위해 무언가를 생산할 때 보상도 극대화될 수 있다. 자신이 생산한 것을 언제 빼앗길지 모르고 그것으로 돈을 벌 수 없다면, 경제적 동기나 혁신하려는 의욕은 위축될 수밖에 없다.

셋째, 국가를 보는 관점의 차이도 유럽과 중국의 격차를 만들어낸 요인이다. 중국의 역사는 정착민과 유목민의 끊임없는 각축이었다. 북방 유목민의 침입을 막기 위한 만리장성도 그래서 등장했다. 하지만 색다른 해석도 있다. 진(秦)나라 시황제가 만리장성을 쌓은 이유는 "나라는 사면이 성곽으로 둘러싸여야 한다"는 고정관념에 얽매여 있었기 때문이라는 주장이다. 한자 '나라 국(國)'에서 볼 수 있듯이 중국인들은 외적의 침입으로부터 방어하는 성곽으로 사면을 둘러싼 것이 나라라는 관념을 갖고 있었다는 것이다.[8]

중국은 스스로를 '중화(中華)'라 부르며, 세상의 중심이자 가장 문명화한 나라로 보았다. 정화의 대원정이 그 뒤 아무런 발전의 계기도 되지 못하고 끝나버린 이유도 여기에 있다. 몽골족의 원(元)나라는 대제국에 걸맞은 개방성을 가진 반면, 뒤이어 들어선 한족(漢族)의 명나라는 철저히 폐쇄적이고 배타적인 중화사상으로 회귀했다.

3-2 | 명나라 해금령하의 해외 무역 선박 검사.

명나라는 민간인이 바다에 나가는 것을 아예 금지하는 해금령(海禁令)을 내렸는데 민간 차원의 무역은 할 수 없었으며 국가 간 조공무역만 가능했다.(도판 3-2) 따라서 역사에 길이 남을 정화의 대원정은 '불모의 위업'[9]이 되고 만 것이다. 엄청난 업적임에는 틀림없지만 정화가 죽은 뒤 아무것도 계승하지 못한 역사 속의 과거 완료형 사건일 뿐이다.

정화의 함대가 대원정 이후에 내린 결론을 보면 명확해진다. "중국은 원래 지대물박(地大物博: 땅이 넓고 물자가 풍부함)하여 없는 것이 없고, 이미 문화적으로도 성현의 가르침을 받았으니 다른 미개한 나라에서 배울 것이 하나도 없다."[10] 그런 데다 뒤이어 청(淸)을 건국한 만주족의 위협으로 명나라는 바다 쪽은 아예 거들떠보지도 않게 된 것이다.

정화의 대원정은 황제의 위세를 널리 떨치기 위한 정치적 목적이었을 뿐 경제적 목적은 아니었다. 위대한 황제가 중화에 있으니 와서 조공을 바치라는 것이 대원정의 의도였다. 모든 게 정부 주도에 의한 것이었다. 반면 유럽의 지리상 발견은 주로 국가가 아니라 경제적 이득을 추구한, 과감하고 끈질긴 개인들에 의해 주도됐다. 위험한 일이지만 성공하면 큰 이득이었기 때문이다. 이를테면 그것은 중세의 벤처사업이었다. 콜럼버스가 인도로 가는 항해 자금을 마련하고자 여러 나라 왕을 찾아다니며 후원을 요청했던 것도 이런 연유에서다. 유럽에서는 상공업이 활성화되자 근대 야경국가론이 등장했을 만큼 개인의 자유가 중시되었다.

> **야경국가론**
> 국가는 시장에 대한 개입을 최소화하고 야경꾼처럼 치안과 국방과 외교 등의 임무만 맡아야 한다는 자유방임주의 국가관.

'기술 발전=경제 발전'이란 등식이 성립하지 않은 것은 한국도 마찬가지였다. 고려 때 현존하는 세계 최고의 금속활자본(직지심경)을 가졌고, 최무선(崔茂宣)이 화약을 개발했으며, 측우기·해시계 등을 발명한 조선 세종 때의 과학기술은 가히 세계적 수준이었다. 그런데도 19세기 후반 서구 열강과 일본에 의한 강제 개항에 이어 20세기 전반기를 식민지로 살아야 했다. 역시 사유재산권 보장이 미흡했고, 기술의 수혜자가 다수의 국민이 되지 못했으며, 대외적으로 폐쇄적이었던 탓일 것이다. 오늘날 개방적인 남한과 폐쇄적인 북한의 경제적 격차가 엄청나게 벌어진 것도 그 증거다. 폐쇄성은 결코 개방성을 이길 수 없다.

몽골이 역사상
최대 제국을 건설한 비결

네트워크 효과

12세기에 등장한 몽골 제국은 인류 역사상 가장 큰 나라였다. 몽골 전성기의 영토는 3,000만 제곱킬로미터에 달했는데, 이는 현재 한국(남한)의 300배, 프랑스의 50배, 미국의 3배에 이르는 규모다. 다른 고대 제국과 비교해보면 몽골 제국의 영토가 얼마나 거대했는지 가늠할 수 있다. 로마 카이사르(Caesar) 때의 영토를 1로 보면 중국 한나라가 1.5배, 7세기 이슬람 제국이 2.5배인 데 반해 몽골 제국은 6.2배에 달했다.[11] 동쪽으로 한반도에서부터 서쪽으로는 유럽 헝가리에 이르기까지 유라시아 대륙의 대부분을 장악하며, 한때는 서유럽까지 위협했다.

하지만 대다수 유목민족이 그렇듯이 몽골족에게도 문자가 없었다. 기록을 남기지 않았기에 유목민의 역사는 이른바 '바람에 새겨진 역사'다.[12] 그 대신 기록은 유목민에 적대적인 정착민의 몫이었기에 그만큼 편향되거나 왜곡된 내용이 많다. 물론 유럽인의 시각에서 몽골인은 말을 탄 약탈 집단이며, 도시 정착지를 침략해 무자비하게 살해하고 강탈하는 야만족이었다. 몽골족은 복종하는 도시에는 관용을 베풀었지만 저항하는 도시는 남녀노소 가리지 않고 씨를 말려 중세 유럽에는 공포의 대명사였다.

하지만 몽골 제국은 200년을 존속했다. 결코 짧다고 보기 어려운 기간이다. 인구가 고작 100만 명에 불과한 몽골족이 그토록 방대한 영토와 수많은 이민족을 약탈과 폭력, 공포만으로 두 세기 동안 다스릴 수는 없었을 것이다. 무언가 다른 통치원리가 있었음을 충분히 짐작할 수 있다. 제국을 통일한 칭기즈칸은 몽골의 관점에서 볼 때 시대를 앞서 간 선각자였다. 정복지의 모든 종교를 용인했고, 이민족도 능력만 있으면 고위직에 중용했으며, 실크로드를 확보해 자유무역을 권장했다. 30~40킬로미터마다 말을 기르는 역참을 두어 신속한 이동과 여행의 편의성을 도모했다.

쉽게 말해 거대 몽골 제국은 사람, 문화, 물자 교류에 제약이 없는 거대한 자유무역지대였던 것이다. 현대인처럼 원하는 종교를 믿을 수 있었고, 소수민족도 우수하면 얼마든지 등용되었다. 아울러 상업에 필수적인 정보가 빠르고 광범위하게 유통됐으니 현대 국가와 다를 바가 없었다. 칭기즈칸은 글을 몰랐지만, 현대에나 볼 수 있는 개방성과 사회 시스템을 통해 새로운 이념과 가치를 거대한 제국 안으로 통합시킨 것이다.[13]

조금 과장하면 몽골족은 지구를 좁혔다. 그들은 속도전, 경량화, 네트워크화의 달인이었다. 21세기에 각광받는 디지털 문화가 이미 13세기 몽골에서 확인된다는 것은 놀라운 일이다. 몽골족이 얼마나 빨랐는지는 최근 인터넷상에서 화제가 된 역사 속 행군 속도를 살펴보면 실감 난다. 보병의 경우 카이사르의 로마군단이 하루 최대 33킬로미터, 나폴레옹의 군대가 40킬로미터를 간 것만 해도 대단한 속도다. 십자군 원정 당시 영국의 사자왕 리처드는 하루에 고작 16킬로미터를 갔다. 병사들의 갑옷과 무기가 1인당 70킬로그램에 달했으니 그럴 만도 했다. 말을 탄 기병은 속도가 훨씬 빠르다. 4-5살부터 말을 타는 몽골족의 군대는 기병이 대부분이다. 이들은 호라즘 제국 정벌 당시 하루 134킬로미터를 이동했다고 한다. 임진왜란 때 조선의 파발마가 전쟁 소식을 전하러 하루 105킬로미터를 달린 것보다도 빠른 속도다. 그러니 파발이 전쟁 소식을 전하기도 전에 몽골의 군대가 들이닥쳤을 것이라는 계산이 나온다. 더 놀라운 것은 유럽 원정 때 몽골 파발마가 하루에 352킬로미터를 이동했다는 사실이다.[14]

이런 속도를 가능케 한 것이 바로 역참제다. 말도 전속력으로 달리면 오래 달리지 못한다. 그러나 30-40킬로미터를 최고속력으로 달려 역참에 도착해 말을 갈아타고 다시 최고속력을 릴레이 하듯 달린다면 이야기가 달라진다. 수천 곳의 역참이 몽골 제국 곳곳에 깔려 있어 어디든 신속한 이동이 가능했던 것이다. 아울러 장비의 경량화에 주력했다. 몽골족이 지닌 갑옷과 무기는 유럽 기사의 10분의 1인 7킬로그램에 불과했다. 소 한 마리를 말려 만든 육포는 양(羊)의 방광에 넣어 병사 1인의 1년분 식량이 됐다. 오늘날의 휴대전화, 노트북 컴퓨터처럼 기기의 경량화·휴대화에다 인스턴트 식품 개발의 원조였던 셈이다.[15]

중국의 만리장성처럼 정착민은 대개 성(城)을 쌓는다. 그러므로 자연히 폐쇄적인 속성을 갖는다. 반면 유목민은 이동하며 필요한 물품을 이

민족과 거래해서(또는 싸워 이겨서) 얻어야 한다. 따라서 개방적이고 호전적이며, 한군데 정착해서 농사를 지을 수 없기에 농업보다는 상업에 주력한다. 몽골은 대제국을 건설한 이후 제국 내에서 상업의 원활화를 위해 처음으로 지폐를 사용했다. 그전까진 금화나 은화 등 교환가치와 동일한 주화를 사용했다. 종이쪼가리에 불과한 지폐가 교환 수단으로 기능했다는 사실은 몽골 제국이 높은 수준의 사회적 신뢰와 거래 안정성을 갖추고 있었음을 증명한다. "돈은 금속에 새겨 넣은 신뢰"라는 니얼 퍼거슨의 말이 몽골 제국 시대 지폐로 입증된 것이다. 오늘날 여권에 해당하는 패(牌)를 만들어 사용한 것도 몽골이 처음이다.

상업과 무역을 권장하면서 상인의 지위는 귀족 바로 다음으로 격상됐다. 유교의 뿌리 깊은 사농공상 신분체제 아래 상인을 가장 천시했던 것과는 정반대였다. 과거제도를 폐지하고, 유생(儒生)은 거지보다는 높지만 창녀보다 낮은 계층으로 떨어뜨렸다.[16]

몽골의 개방성과 역참제, 그리고 빠른 속도는 오늘날 디지털시대 IT(정보기술)와 유사한 점이 많다. 우선 역참 구조가 인터넷망과 흡사하다. 전화는 발신자와 수신자 간의 1대 1 연결에 그치지만, 인터넷은 조건에 따라 스스로 경로를 찾아가는 프로토콜 방식이다. 전화가 대포라면 인터넷은 자동추적 미사일이다. 그렇듯이 몽골의 역참은 일직선이 아니라 거미줄처럼 짜여서 상황에 따라 최적 경로로 자유로이 옮겨갈 수 있는 구조였다.[17]

디지털 기술이나 각종 IT기기들을 흔히 '정보재(information goods)'라고 부른다. IT기기는 얼마나 많은 사람이 이용하느냐가 관건이다. 소수 마니아들이 좋아하는 제품이나 서비스는 존속하기 어렵다. 그래서 인터넷 포털은 이용자에게 대용량 이메일 계정을 무료로 제공하고, 블로그나 미니홈피, 인터넷카페 등을 만들 때도 돈을 받지 않는다. 컴퓨터를 살 때 마이크로소프트의 윈도우와 오피스(워드, 엑셀, 파워포인트), 아래아한글 등의 프로그램을 기본 사양으로 장착해주는 것도 같은 이유다.

애플의 아이폰이 스마트폰 혁명을 일으키고 삼성전자의 갤럭시가 인기를 모을 수 있었던 것도 애플의 앱스토어나 안드로이드 마켓의 개방성 덕분이다. 누구나 애플리케이션(앱, 응용 프로그램)을 앱스토어 또는 마켓에 올려 팔 수 있고, 또한 적은 돈으로 구입해 쓸 수 있다. 무료 앱도 수두룩하다. 앱이 다양할수록 더 많은 사람이 아이폰과 갤럭시를 찾고, 다시 더 다양한 앱이 개발되는 선순환 구조를 이루는 것이다.

이처럼 일단 특정 상품의 수요가 형성되면 다른 사람들의 선택에도 큰 영향을 미쳐 급속히 주류 상품이 되는 현상을 경제학에서는 '네트워크 효과(network effect)'라고 부른다. 네트워크 효과가 일어나는 상품이나 서비스는 품질 자체보다는 이용자 숫자가 또 다른 수요를 창출하는 요인이 된다. 기업 입장에서는 네트워크 효과로 생산 규모가 커질수록 규모의 경제를 누리고 원가를 낮춰 궁극적으로 시장의 승자가 된다. 인터넷 운영 프로그램의 원조 넷스케이프가 마이크로소프트의 윈도우에 밀리기 시작한 순간 빠른 속도로 도태되어, 곧 윈도우가 시장을 장악한 것이 대표적인 사례다.

몽골 제국은 바로 이런 네트워크 효과를 극대화했기에 200년 동안이나 그토록 거대한 제국을 유지할 수 있었다. 게다가 13-14세기 몽골 제국의 인쇄술, 나침반, 화약, 용광로, 선박 건조 등 월등히 앞선 기술이 유럽 등 각지로 전파돼 근대의 씨앗을 뿌렸다고 할 수 있다. 마르크 폴로가 중국을 다녀간 것도 몽골 제국의 원나라 시절이다. 거대 제국 안에 네트워크와 같은 고속도로가 만들어지자 사람들이 낙타나 말을 타고 지나다

3-3 | 마르코 폴로의 『동방견문록』 삽화.

닌 것이다.(도판 3-3)

몽골 제국의 붕괴는 이 네트워크 효과의 상실과 밀접한 연관이 있다. 동서간 무역이 활성화하면서 자유롭게 거래되던 물건들 안에 감춰져 있던 문제가 드러나기 시작했다. 원인을 알 수 없는 병으로 인해 1331년부터 20년간 중국 인구의 3분의 1이 사망했다. 이 병은 실크로드를 따라 1347년 흑해 연안에 퍼졌고, 이듬해에는 터키, 이집트, 제노바를 거쳐 1350년 아이슬란드에까지 이르렀다. 유럽 전체 인구의 최소한 4분의 1이 이 병으로 목숨을 잃었다.[18]

이 병은 페스트(pest)라고 불리는 흑사병(黑死病)이었다. 중국 서남부 운남(云南) 지방의 풍토병이었던 흑사병의 전파로 몽골 제국의 생명선이던 무역 거래는 급감했다. 사람과 물건, 그리고 정보의 끊임없는 이동 없이는 거대 제국의 복잡한 사회체계가 유지될 수 없었다. 폐쇄되고 차단되는 순간 네트워크는 아무런 기능을 하지 못하게 된 것이다.

유럽의 중세가
무너진 진짜 이유
인구와 경제

유럽 역사에서 중세는 서로마 제국이 멸망하고(476) 게르만 민족의 대이동이 있었던 5세기부터, 르네상스(14-16세기)와 더불어 1500년경 근세가 시작되기 전까지를 가리킨다. 즉 대략 5-15세기가 중세다. 중세의 특징은 국왕이 영주에게 봉토를 주면, 영주는 국왕에 복종하면서 기사와 농노를 거느리고 자기 영지를 다스리는 봉건체제였다. 또한 종교가 국가의 우위에 서거나 서로 대립하던 시기다.

중세는 지배계급에게는 축복의 시대였을지 몰라도 대다수 피지배계급의 삶은 고단함 그 자체였다. 중세의 농노(農奴, serf)는 주인의 물건으로 취급됐던 고대의 노예보다는 나았지만 근대의 자영농민과 달리 토지를 갖지 못해 반(半)농민, 반노예 신분이었다. 영주의 토지를 빌려 농사를 지으며 각종 노역과 세금을 감수해야 했다. 이동에 제약이 있었고, 교회에 세금도 내야 했다. 끊임없는 영토 전쟁으로 인한 각종 부담은 고스란히 농노에게 전가되기 일쑤였다.

영주-기사-농노로 유지되던 중세는 14-15세기 들어 균열이 가기 시작하면서 순식간에 무너져 내렸다. 이 시기에는 인본주의(人本主義) 문예부흥 운동인 르네상스가 있었다. 미켈란젤로, 레오나르도 다 빈치 같은 거장들이 등장해 신이 아닌 인간의 얼굴을 그리기 시작했고(도판 3-4, 3-5) 1517년 마르틴 루터의 '95개조 반박문'은 종교개혁의 발단이 되어 교황의 무소불위 권위에 심대한 타격을 안겨줬다. 이는 중세를 붕괴시킨 정신적 요인이라고 할 수 있다.

하지만 역사의 큰 변화는 반드시 물질적 토대의 변화에 의해 이뤄지게 마

3-4, 3-5 | 비잔틴시대의 회화(왼쪽)와 레오나르도 다 빈치의 〈성 안나와 함께 있는 성모자〉(1510년, 루브르 박물관 소장, 오른쪽).

련이다. 즉 경제적 요인이 작용해 역사를 바꾼다는 이야기다. 이와 관련해 그레고리 맨큐는 『맨큐의 경제학』에서 색다른 견해를 제시했다. 생산요소 측면에서 중세 붕괴의 원인을 14세기 유럽에 창궐한 페스트, 즉 흑사병에서 찾은 것이다. 흑사병은 이름 그대로 '검은 죽음의 병(Black Death)'이었다.

흑사병은 1347년 몽골 킵차크 군대가 대치하던 제노바 시를 향해 흑사병 환자의 시신을 보내면서 유럽에 전파되었다는 설과, 그전부터 동방 원정에 나섰던 십자군 병사들이 보석과 동방의 문화를 약탈해 오는 과정에서 한센병(나병) 및 흑사병을 옮겨왔다는 설이 있다. 유럽 대륙에 순식간에 퍼져 나간 흑사병은 고작 3년 만에 이탈리아, 스페인, 영국, 프랑스, 오스트리아, 독일을 거쳐 벨기에와 네덜란드, 그리고 스칸디나비아 국가에까지 이르렀다.[19]

기록에 따르면 당시 유럽 인구의 3, 4명 중 1명이 흑사병으로 사망했다고 한다. 어림잡아 2,500만 명에서 3,500만 명이 사망한 셈이다. 14세기 이탈리아의 작가 보카치오(Giovanni Boccaccio)의 『데카메론(Decameron)』은 흑사병을 피해 시골로 피신한 남녀 10명이 열흘 동안 나눈 100편의 이야기를 담고 있다. 또한 그림 형제(Brüder Grimm)의 『독일 설화집』에 실린 「하멜른의 피리 부는 사나이」는 본래 독일 하멜른에서 130명의 어린이가 사라진 1284년의 실제 사건을 모티프로 삼았다. 사라진 어린이들은 당시 유행했던 십자군 원정에 따라간 것으로 추정되는데, 나중에 쥐잡이 이야기가 더해졌다고 한다. 흑사병은 주로 페스트균에 감염된 쥐에 기생하는 벼룩이 옮기는 것이기 때문이다.[20]

갑작스레 인구가 줄어들면 어떤 일이 벌어질까? 한 나라의 인구가 갑자기 감소하면 당장 사회계층의 급격한 변동으로 이어진다. 인구의 3분의 1이 줄어든 중세 유럽에서는 특히 농노들의 사망률이 높았다. 농사를 지을 노동력의 부족으로 영주(지주)들의 파산이 잇따랐고, 노동자의 몸값은 급격히 오를 수밖에 없었다. 더구나 지리상의 발견이 속속 이어지면서 상업이 발달했고, 도시에서는 상공업에 더 많은 노동력을 필요로 하게 되었다. 영주들이 피지배계층을 예전과 같은 농노의 신분으로 붙잡아

둘 수 없게 된 것이다. 집단생활을 하는 수도원은 흑사병의 피해가 가장 컸다. 이는 성직자 부족 사태를 낳아, 자연히 성직자에게 요구되는 자격 조건도 느슨해질 수밖에 없었다. 그 결과 성직자들의 전반적인 수준이 하락하면서 16세기 종교개혁의 한 원인이 되었다고 볼 수도 있다.

흑사병은 실제로 경제구조를 바꿔놓았다. 흑사병이 유행하는 동안 평균 임금은 2배 상승한 반면 땅값(지대)은 50퍼센트 이상 하락했다. 살아남은 농민들은 경제적 풍요를 누리게 되었고, 지주계급의 소득은 급감했던 것이다.[21]

급작스런 인구 감소나 증가가 인건비에 영향을 미치는 사례는 우리나라의 외환위기 때도 있었다. 1997년 당시 30개였던 은행은 퇴출 · 합병이 이어지면서 그 수가 절반으로 줄었고, 은행원 수도 약 12만 명에서 8만 명으로 급감했다. 그렇다고 업무량이 줄어든 것이 아니었으므로 3명이 하던 일을 2명이 해야 했다. 그만큼 생산성이 높아지고 임금도 올랐다. 그 결과 외환위기 전에는 금융권에서 하위권이었던 은행원의 임금은 현재 가장 높은 수준이 되었다.

사실 인구와 경제의 관계를 이야기할 때 가장 먼저 떠오르는 것이 영국의 경제학자 토머스 맬서스(Thomas R. Malthus)의 『인구론(An Essay on the Principle of Population)』(1798)이다. 식량 생산량은 산술급수로 증가하는데 인구는 기하급수로 늘어 감당할 수 없다는 그 유명한 이론이다. 맬서스는 평생 19세기 유토피아적 환상에 찬물을 끼얹은 공포의 예언자라는 비난을 받았다. 이에 맬서스는 "자신을 비난하는 이들은 결코 깨닫지 못할 것"이라고 개탄했다. "(캄캄한) 터널 끝에 보이는 빛은 광명천지를 뜻하는 빛이 아니라 이쪽으로 질주해오는 기관차의 불빛이라는 것을."[22]

맬서스의 섬뜩한 이론은 2013년 개봉한 봉준호 감독의 화제작 〈설국

열차)에서 색다른 형태로 재현되기도 했다. 열차의 지배자 윌포드(에드 해리스)와 꼬리 칸의 정신적 지주 길리엄(존 허트)이 서로 협의하여 주기적으로 폭동이 일어나게 만들어 강제로 인구를 조절한다는 설정이다. 열차라는 한정된 공간에서 인구는 늘어나는데 식량 공급에는 한계가 있으니 불가피한 일이라는 것이다. 그 대신 살아남은 자들은 더 많은 식량과 더 넓은 공간을 차지하게 된다.

그러나 맬서스는 인구 증가 속도를 과대 계산한 통계적 오류(이민자까지 포함)와, 농업과 공업의 혁명적 발달을 예상치 못한 실수를 범했다. 물론 피임법조차 개발되기 전이라, 맬서스는 도덕적 자제만이 인구 증가를 막는다고 보았다. 도시화와 보건의료 및 교육의 확대로 사망률과 출생률이 동시에 낮아지기 시작하는 단계를 지나, 맞벌이가 일반화되어 많아야 2-3명의 자녀를 낳는 오늘날의 상황을 맬서스는 꿈에도 예상하지 못한 것이다.[23]

지난 200년간 너무 빠른 속도로 물질적 풍요를 누리게 되면서 인류는 계속 현기증을 느끼고 있다. 일각에서는 지구 환경 보호를 위해 산업화 이전의 생활로 돌아가자는 주장도 나온다. 그러나 정말로 환경을 보호하는 방법은 헨리 데이비드 소로(Henry David Thoreau)의 『월든(Walden)』에서처럼 숲 속에 오두막 짓고 자급자족하며 사는 삶이 결코 아니다. 너도 나도 그랬다가는 숲이 남아나지 않을 것이고 산속 개울물도 깨끗할 수 없다. 오히려 더 많은 사람들이 도시에 모여 더 높은 고층빌딩에서 살아야 그나마 더 많은 녹지를 파괴하지 않고 물도 덜 오염시킬 것이다. 이것이 인구와 환경의 역설이다.

『월든』
미국의 사상가 소로가 1845년 여름부터 1847년 초가을까지 월든 호숫가에 오두막을 짓고 홀로 산 체험을 기록한 수상록. 자연을 파괴하는 상업주의를 비판하며 자연과 함께하는 자급자족의 삶을 실천한 저자의 자서전이다.

그 많던 버스 안내양은 어디로 갔을까

우리나라는 지난 60여 년간 산업화, 민주화, 인구 증가, 교육, 고령화 등 모든 것이 초고속으로 진행되었다. 1960년대 이래 도시는 농촌의 잉여 인력을 빨아들이는 블랙홀이었다. 시골에서 갓 상경한 젊은이들의 일자리는 요즘 시각에서 보면 저임금 3D업종이 대부분이었다. 하지만 그중에서도 지금은 사라진 직업이 많다. 급속한 사회 변화 및 기술 발전에 따라 직업의 생성과 소멸이 수시로 일어난 결과다.

지금은 사라진 대표적인 직업이 바로 "오라이!"를 외치던 버스 안내양이다. 1960년대 초 등장한 버스 안내양은 출발하거나 정차할 때 손으로 버스 문을 여닫고, 차비를 받고, 콩나물시루 같은 버스에 승객을 밀어 넣는 역할을 했다. 그만큼 고되고 괄시받는 직업이었지만 한때는 9급 공무원보다 월급이 많았던 적도 있다고 한다. 그러다 1988년 서울올림픽을 계기로 버스 현대화 사업이 추진되면서 버스 안내양도 자취를 감췄다.[24]

식모 또한 지금은 사라진 직업이다. 가난하고 자식이 많은 시골 가정에서는 먹는 입을 하나라도 덜기 위해 딸을 서울의 친척 또는 친지 집에 식모로 보내는 경우가 많았다. 식모는 주인집에서 숙식하며 가사를 돕고 아이도 돌보았다. 요즘으로 치면 가사 도우미와 보모를 겸하는 셈이다. 하지만 식모 또한 여성의 교육, 일자리 확대 등으로 인해 자연스레 사라졌다.

사무 분야에서는 전화교환원이 한 시대를 풍미했다. 1980년대까지는 수동식 교환기가 대부분이어서 전화를 걸면 교환원이 먼저 받아 상대방을 연결해주었다. 그러다 1990년대 자동식 전화기와 전전자 교환기(TDX)가 널리 보급되면서 자연스레 교환원이 사라지게 됐다. 대신 오늘날에는 텔레마케터, 상담원 등의 새로운 직업이 등장했다.

신문 출판 분야에서도 획기적인 변화가 일어났다. 과거에는 납 활자를 만드는 활자주조공, 활자를 골라내는 문선공, 원고를 보며 인쇄용 판을 짜는 식자공이 있었다. 그러나 1990년대 컴퓨터 조판시스템 (CTS)이 등장하면서 이런 직업은 자연스레 자취를 감췄다.

요즘 신입사원들의 업무 능력은 과거 몇 가지 직업을 합쳐놓은 수준이다. 퍼스널 컴퓨터(PC)를 이용한 문서 작성, 파워포인트 제작 등의 업무 처리는 물론 운전, 외국어 등도 거의 기본기에 속한다. 과거에는 모두 따로 고용했던 운전기사나 타이피스트, 차트사, 교환원 등이 필요 없어진 것이다. 그만큼 생산성이 높아지면서 임금도 올랐다. 하지만 그런 변화에 적응하지 못한 사람들에게는 그만큼 기회의 상실을 의미했다.

미국 독립전쟁과
프랑스 혁명의 공통점
세금

    세계 근대사의 흐름을 송두리째 바꾼 미국 독립(1776)과 프랑스 혁명 (1789) 사이에는 13년의 간격이 있지만 이 두 사건은 떼려야 뗄 수 없는 연관성을 가지고 있다. 미국은 프랑스 왕실의 지원에 힘입어 독립을 이뤘는데, 정작 프랑스는 미국 독립의 여파로 절대왕정이 무너지고 말았다. 자유 · 평등 · 인권이라는 계몽주의 사상이 민중들을 일깨운 결과다. 하지만 정신적 각성만이 두 역사적 사건의 전부는 아닐 것이다. 그 이면에는 과중한 세금과 조세저항이라는 생존의 문제가 깔려 있다.

    식민지 미국에서 독립전쟁이 일어난 단초는 영국이 1764년 제정한 설탕법과 1765년 제정한 인지세법이었다. 유럽의 대국들이 둘로 나뉘어 싸운 7년 전쟁(1756-1763)으로 인해 국가채무가 급증한 영국은 여러 가지 세법을 신설해 식민지에 세금을 물렸다. 설탕에 관세를 부과하고, 모든 공문서에 인지를 붙이게 해 인지세를 걷었다. 없던 세금이 늘어나는 데 발끈한 식민지인들은 영국 상품 불매운동을 벌이며 반발했다. 그러자 영국은 인지세법을 폐지하지만, 1767년에 다시 타운센드법을 제정해 식민지에서 수입하는 차(茶) · 유리 · 종이 · 납 · 페인트 등 모든 품목에 관세를 부과했다.

식민지인들의 조세저항과 영국 상품 불매운동이 극에 달하자 영국은 1770년 군대를 파견한다. 보스턴에서는 영국군의 발포로 시민들이 사망한 이른바 '보스턴 학살'이 일어났다. 그럼에도 영국은 1773년 아시아 무역의 독점권을 가진 동인도회사를 살리기 위해 차조례(Tea Acts)를 제정해 미국에 차를 독점 판매할 수 있도록 허가했다. 식민지 상인들은 차 수입을 할 수 없어 큰 손해를 보게 됐으며, 급기야 식민지 급진파가 인디언으로 가장해 보스턴 항구에 정박 중인 배에 올라 쌓여 있던 차 상자를 바다에 던져버리는 사건이 발생했다. 이것이 보스턴 차 사건이다.

이 같은 본국과의 세금 분쟁은 그동안 반목하던 식민지 의회를 연합하게 만들었다. 특히 영국 국왕과 국민 간에 합의된 사실상의 헌법인 권리장전에 명시된 대로 "대표자 없는 곳에 과세할 수 없다"를 원칙으로 삼아 독립전쟁에 돌입한 것이다.[25]

그렇다면 혁명 이전의 프랑스는 어떤 모습이었을까? 18세기 들어 프랑스는 루이 14세의 낭비와 잇단 패전으로 국가 상황이 좋지 못했다. 게다가 미국 독립전쟁을 대가 없이 지원해 재정은 파탄지경에 이르렀으므로, 재무장관들에게 주어진 특명은 세금 수입을 늘리는 것뿐이었다.

　프랑스 혁명 이전의 앙시앙 레짐(ancien régime, 구체제)은 곧 불평등한 세금체제라고 해도 과언이 아니었다. 세금제도는 극도로 복잡했고, 부담은 시민들에게 편중돼 있었다. 직접세로는 인두세와 십일조 세금(훗날 1/20세로 경감) 등이 있었고, 간접세에는 주세(酒稅)와 거래세(국내관세), 담배세, 소금세 등이 있었는데, 이 중 가벨(gabelle)이라고 불리는 소금세가 악명 높았다. 필수재인 소금에 높은 세금을 물리니 하층민들의 생활은 더욱 힘겨워졌다. 1630년 소금 가격은 생산비의 14배였으나 1710년에는 140배로 뛰었다. 따라서 소금세에 항의하는 농민의 봉기가 끊이지 않았고, 프랑스 정부는 봉기 주동자나 소금 밀수업자들을 붙잡아 가혹하게 처벌했다.[26]

　문제는, 세금을 더 걷어야 하는데 특권계층(귀족)과 성직자들은 다양한 면세 혜택으로 인해 세금을 거의 내지 않았다는 사실이다. 당시 프랑스의 귀족과 성직자는 인구 2,700만 명 중 50만 명에 불과했지만 재산과 특권을 독점하다시피 했다. 게다가 수도원은 세금을 내지 않으면서 수확량의 10퍼센트를 징수했고, 필요할 경우 평민들에게 부역을 시킬 특권까지 갖고 있었다. 늘어나는 세금은 고스란히 제3계급인 부르주아(bourgeois, 신흥 상업계층, '성 안의 사람'이란 뜻)와 농민의 부담으로 귀결될 수밖에 없었다.[27]

　이들의 쌓이고 쌓인 불만은 1789년 7월 바스티유 감옥 습격을 도화선으로 프랑스 혁명으로 치달았다. 혁명기에 파리 시민들이 가장 먼저 불을 지른 곳은 세무서와, 성직자들이 살고 있는 곳이었다. 1만4,000여 명이 단두대에서 처형됐다. 자유·평등·박애라는 혁명 이념의 이면에는 불합리한 세금제도가 촉발시킨 분노가 도사리고 있었던 것이다.

동서고금을 막론하고 세금을 기꺼이 내겠다는 사람은 없을 것이다. 세금은 국가가 제공하는 국방, 치안, 도로·항만 등 사회간접자본(SOC)과 행정서비스(공무원 인건비) 등 공공재의 대가로 인식되지만, 징수 방식이 강제적이고 세율이 지나치게 높을 때 불만이 생긴다. 더구나 왕이나 귀족, 관리의 축재를 위한 수탈까지 겹치면 그 부담은 상상을 초월한다. 부역의 의무까지 져야 하는 평민들의 입장에서는 아무리 일을 해도 입에 풀칠하기조차 어려운 지경이 된다. 카르타고의 명장 한니발이 이탈리아 반도에서 3년이나 로마 제국을 괴롭힌 비결은 뜻밖에도 병사들뿐만 아니라 그들의 자식에게까지 세금 면제를 약속했던 덕분이라고 한다.

과중한 세금은 역사를 바꾸거나 국가의 흥망을 좌우하는 중요한 요인이다. 로마 제국이 멸망한 것도, 여러 가지 이유가 있겠지만, '나쁜 세금'과 광범위한 세금 회피가 매우 중요한 원인이었다.

로마는 강력한 군대를 유지하기 위해 세금을 많이 거둘 수 있는 수단들을 강구했다. 탈세 고발자를 포상하는 대신 탈세자를 거리로 끌어내 고문했고, 도망간 농민이 내야 할 세금은 이웃 농민들에게 연대책임을 물리는 식이었다. 반면 대토지를 소유한 귀족들은 이런저런 이유로 세금을 감면받았다. 부패한 로마에서 가장 확실한 절세 방법은 뇌물을 주는 것이었다. 그 결과 도처에서 세금 회피가 일어났고 세금 징수에 군대까지 파견하느라 비용이 더 많이 들게 됐다. 비효율적인 세금제도가 로마를 서서히 멍들게 만든 것이다.[28]

'정관(貞觀)의 치(治)'(태종)와 '개원(開元)의 치'(현종)라는 태평성대를 열었던 중국 당나라가 몰락한 데도 세금 문제가 배경에 깔려 있다. 당나라 말기에 인구가 늘고 토지가 부족해지면서 세금 징수에 문제가 생겼으므로, 부족한 재정을 보충하기 위해 소금을 정부 독점으로 판매하는 전매제도를 도입했다. 원가 10전의 소금에 세금을 붙여 300전 넘게 판매하는 식으로, 한때 전체 세금 수입의 절반이 소금세로 충당됐을 정도다. 정부가 소금을 독점하자 소금 밀매업자들이 늘면서 전국적으로 조직화하기에 이르렀다. 그들은 끝내 반란의 길로 접어들었는데 대표적인 인물이 '황소(黃巢)의 난'을 일으킨 황소다. 반란은 진압됐지만, 백성의 세금 부담 능력은 고려하지 않은 채 생필품인 소금에 과중한 세금을 물린 결과 급속도로 몰락하게 된 것이다.[29] 이 사건을 시작으로 당나라는 멸망의 길로 들어서게 되었다.

오늘날에는 어느 나라나 소득세, 법인세, 소비세(부가가치세), 관세 등으로 세금제도가 정비돼 있다. 하지만 고대와 중세는 물론 근대에 이르기까지, 오늘날의 관점에서 보면 황당하기 짝이 없는 세금들이 적지 않다. 대표적인 것이 프랑스 필리프 4세 때인 1303년에 신설한 창문세였다. 집의 창문 숫자에 따라 세금을 물리는 것으로, 영국도 이를 모방해 1696년 창문세를 도입했다. 창문의 숫자가 많은 것은 그만큼 건물이 크기 때문이라고 본 것이다.[30] 그 때문인지 유럽의 오래된 건물에는 창문이 기형적으로 적다. 이와 같은 맥락에서 일본 에도시대(江戶時代)에는 건물 앞 면적에 비례해 세금을 물렸기 때문에, 일본의 옛 건축물 중에는 정면은 좁고 내부가 깊숙이 들어간 건물이 즐비하다.(도판 3-6, 3-7)

영국과 웨일스에서는 난로 하나당 2실링(10분의 1 파운드)의 난로세를 물렸다. 프랑스 혁명 직전 재무장관 에티엔 드 실루에트(Étienne de Silhouette)는 사람이 마시는 공기에 과세하는 공기세를 제안했다가 강한

3-6, 3-7 | 세금을 적게 내기 위해 창문을 막은 19세기 영국 건물(왼쪽)과 정면 폭이 좁은 에도시대의 상점 건물(오른쪽, 에도도쿄건축박물관).

반대에 부딪혀 넉 달 만에 사임하기도 했다. 로마 제국의 베스파시아누스 황제는 오줌세를 도입했다. 이 세금은 소변을 보는 사람을 대상으로 한 게 아니라 공중화장실의 오줌을 거둬가는 양모가공업자에게 물린 것이다. 양모업자들은 오줌으로 양털에 묻은 기름기를 뺐다.[31]

러시아의 황제 표트르 1세는 수염세로 유명하다. 그는 낙후된 러시아를 유럽 강대국 수준으로 끌어올리기 위해 서구화 정책을 표방하며, 1698년 귀족들에게 후진성의 상징인 수염을 자르도록 명령했다. 하지만 긴 수염은 러시아의 오랜 풍습이자 정교회가 중요하게 여기는 것이었기에 귀족은 물론 교회의 반발이 거셌다. 그러자 표트르 1세는 수염을 기르는 사람에게 해마다 100루블씩 수염세를 내게 하고, 깎지 않을 경우 공직에서의 추방과 특별통행세 징수라는 불이익을 안겼다. 뿐만 아니라 1705년에는 턱수염 금지령을 성직자와 농노를 제외한 모든 계층으로 확대했다. 이 황당한 수염세는 표트르 1세가 사망하고 40년 뒤에야 사라졌다.

그렇다면 '좋은 세금', 바람직한 과세란 무엇일까? 거위가 아프지 않게 가급적 많은 털을 뽑는 것이 현대 국가의 숙제다. 최적과세에 대해 일찍이 애덤 스미스는 『국부론(*The Wealth of Nations*)』(1776)에서 4가지 조세 원칙을 제시했다. 첫째는 공평성(equality)의 원칙이다. 각자의 능력에 비례해, 즉 국가의 보호 아래 누리는 수입에 비례하여 걷어야 한다. 둘째, 확실성(certainty)의 원칙이다. 납세자가 납부해야 할 세금이 확실히 규정돼 있어야 한다는 것이다. 세무 당국이 자의적으로 세금을 늘리고 줄일 여지가 있다면 조세행정이 공정하게 집행된다고 보기 어렵다.

셋째, 편리성(convenience)의 원칙이다. 납세자 입장에서 세금 납부의 편의성을 고려해주어야 한다는 것이다. 현금, 현물 등 편리한 방법으로 적절한 시기(현금 흐름과 수확기 등에 따른)에 납세할 수 있게 해줄 필요가 있다. 넷째, 경제성(economy)의 원칙이다. 이는 세금을 걷는 데 들어가는 비용에 관한 것으로, 납세자들의 부담과 국가가 징수한 세금의 차이가 적으면 적을수록 좋다. 아무리 좋은 세금이라도 걷는 데 비용이 많이 든다면 효율적인 과세라고 할 수 없다.[32]

아울러 조세가 자원 배분을 왜곡하는 것도 바람직하지 않다. 이상적인 과세는 자원 배분에 영향을 주지 않는 중립적 조세(neutral tax)다. 또한 세금이 개인의 근로의욕이나 기업활동을 위축시킨다면 이는 사회적으로 중대한 비용을 유발하는 것이다. 과도한 세금은 늘 탈세와 지하경제를 키우게 마련이다. 세금은 세율이 높거나, 징세원이 많거나, 세무조사를 철저히 한다고 많이 걷히는 게 아

> **중립적 조세**
> 조세의 결과 납세자의 상대적인 경제 상황에 변화를 주지 않고 이루어지는 과세. 세금이 부과되면 조세액만큼 민간 부문에서 정부 부문으로 자원이 이전되는 것 외에 사람들의 의사결정에 영향을 미치는 초과 부담이 없는 과세를 의미한다.

니다. 경제가 꾸준히 성장하고, 납세자들이 감내할 수 있는 수준의 세율일 때 최적과세가 실현되는 것이다. 이는 납세자와 정부 사이의 영원한 딜레마이기도 하다.

두 얼굴을 가진 화학자 라부아지에

'화학의 아버지'로 불리는 앙투안 라부아지에(Antoine Lavoisier)는 과학사에 길이 남을 업적에도 불구하고 단두대에서 죽음을 맞은 불행한 과학자다. 라부아지에는 최초로 물을 산소와 수소로 분리하고 질량보존의 법칙을 발견한 인물로, 프랑스 혁명이 일어난 1789년에 펴낸 『화학의 원리(*Traité élémentaire de chimie*)』는 근대 물리학의 출발이라고 할 수 있는 뉴턴의 『프린키피아(*Principia*)』(1687)에 비견될 만한 책이다.

그렇다면 그토록 위대한 화학자가 왜 단두대의 이슬이 되었을까? 라부아지에는 밤에는 화학자였지만 낮에는 징세청부인(국가에 고용된 세금 징수업자)이었다. 그가 25세 때 징세청부인이 된 것은 연구비를 벌기 위해서였다. 그때는 국가나 기업의 지원 없이 개인이 자기 돈을 들여 연구하던 시절이었다.

당시 프랑스에서는 직접세는 행정조직이 걷고, 간접세는 징세청부인에게 맡겼다. 약 3만 명에 달했던 징세청부인들은 일정액의 세금을 정부에 납부하면 나머지는 자기 수입이 되므로 폭력과 협박도 서슴지 않았다. 그만큼 시민들에게 악명 높은 존재였으며, 성서에서도

3-8 | 카라바조(Caravaggio), 〈성 마태오의 소명〉(1599–1600, 로마 산 루이지 데이 프란체시 성당의 콘타렐리 소성당 소장). 세리들에 둘러싸인 마태오가 계시를 받고 있다.

부패한 세리(税吏), 즉 징세청부인이 대표적인 죄인으로 자주 언급되었다. 「마태복음」을 쓴 마태도 본래 세리였다.(도판 3-8)

프랑스 혁명이 일어나자 징세청부인은 귀족, 성직자와 마찬가지로 타도 대상이 되었다. 라부아지에는 1794년 끝내 사형 판결을 받고 51세의 나이로 단두대에서 처형되었다. 그의 죽음을 지켜본 수학자 라그랑주는 "그의 목을 자르는 것은 일순간이지만 그와 같은 목을 만들려면 100년도 더 걸릴 것"이라고 애통해했다.[33]

독일인들이 돈 수레를
끌고 다닌 사연

초(超)인플레이션

"커피 한 잔을 산 뒤 다 마셨을 즈음에는 가격이 2배가 되어 있었다. 돈의 가치는 지폐를 찍는 종이값도 되지 못했다. 물물교환이 확산되었다고 해서 놀랄 일도 아니었다. 머리를 자르고 달걀로 지불하는가 하면, 석탄을 주고 영화티켓을 받았다. 거리에는 거지들이 우글거렸다."[34] (도판 3-9)

1923년 독일 바이마르 공화국 시절에 실제로 벌어졌던 일이다. 1차 세계대전(1914-1918)의 패전국인 독일은 프랑스, 영국 등 승전국에 천문학적인 전쟁배상금을 갚아야 했다. 배상금의 규모는 당시 독일 국내총생

3-9 | 초인플레이션으로 인해 지폐의 가치는 벽지 수준으로 떨어졌다. 독일 연방 기록보관소 소장 사진, 1923년.

산에 육박하는 120억 달러에 달했다. 독일 중앙은행인 라이히스방크(제국은행)는 배상금 지급을 위해 달러화, 파운드화 등 외국 통화를 확보하고자 마르크화를 시중에 대량으로 유통시켰다. 그 결과 1921년 초 달러당 60마르크였던 환율이 그해 11월에 330마르크, 이듬해 12월에는 9,000마르크로 뛰었다. 1923년에 들어서는 1월에 달러당 4만9,000마르크에서 7월 110만 마르크가 되더니, 11월이 되면 달러당 2조5,000억 마르크, 12월엔 4조2,000억 마르크까지 치솟는다.

돈의 값어치가 종이값도 못 되는 상황이 실제로 벌어진 것이다. 당시 환율 폭등(통화가치 폭락)이 어느 정도였는지 실감나지 않는다면, 마르크화를 한국의 원화로 바꿔서 생각해보면 이해가 빠르다. 1달러의 값어치가 불과 2년 만에 60원에서 4조2,000억 원이 된 셈이다.

통화가치가 이렇게 빠르게 폭락하면 어떤 일이 벌어질까? 이원복 교수의 『먼나라 이웃나라』에는 당시 독일의 상황이 실감 나게 묘사되어 있다. 1920년 단돈 1마르크였던 감자 한 자루가 1921년 1월에 5마르크, 1922년 1월에는 455마르크로 뛰었다. 그해 7월에 9,000마르크, 8월에 11만7,000마르크가 되었고 1923년 11월에는 1,000억 마르크에 이르렀다. 1차 세계대전 전인 1914년에 4마르크였던 구두 한 켤레의 가격이 1923

년 11월에는 무려 4조2,000억 마르크로 치솟았다. 1조 배가 오른 것이다.[35]

1차 세계대전 직후 독일이 겪었던, 상상을 초월하는 물가 폭등을 경제학에서는 하이퍼인플레이션(hyper inflation) 또는 초(超)인플레이션이라고 부른다. 화폐 가치가 폭락하고 물가가 지속적으로 오르는 인플레이션이 통제 불가능한 수준이 된 극단적인 상황을 가리킨다. 보통 한 해 물가상승률이 수백 퍼센트에 달할

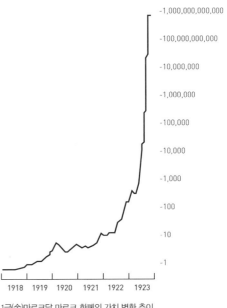

1금(金)마르크당 마르크 화폐의 가치 변화 추이.
Table IV of *The Economics of Inflation* by Costantino Bresciani-Turroni, 1937.

경우 초인플레이션으로 규정한다. 이런 상황에서는 정상적인 삶이 불가능하며, 기존 질서에 대한 극단적인 전복 시도가 나타나게 된다. 사실 수천 년 역사 속 왕조가 전복되고 혁명과 반란이 속출한 이면에는 하나같이 극심한 인플레이션과 민생의 피폐가 있었다고 봐도 틀리지 않다.

1923년 11월 독일에서는 고작 빵 한 조각의 가격이 1,400억 마르크로 폭등했다. 돈을 수레에 가득 실은 채 빵을 사러 가고, 성냥 대신 지폐를 말아 불을 붙이는 기이한 광경이 펼쳐진 것이다. 근로자들은 하루 두 번 급여를 받지 않고선 치솟는 물가를 따라잡기 어려웠을 정도다. 사람들이 지폐를 기피함에 따라 물물교환이 성행했다. 독일 전역에서 식량과 생필품을 구하기 위한 약탈과 폭동이 일어난 것은 당연한 귀결이었다. 또한 금융가를 장악하고 있던 유대인들에 대한 반감이 고조돼, 2차 세계

태환제
지폐를 본위화폐(本位貨幣)와 바
꾸는 것. 본위화폐란 한 나라의
화폐 단위를 규정하는 근거로,
소재인 금속의 가치를 기준으로
다른 재화들의 가치를 재는 척
도가 된다.

대전 때 히틀러의 유대인 학살의 단초가 되기도
했다.

역사상 초인플레이션은 전쟁, 혁명 등으로 인
한 막대한 지출을 충당하기 위해 지폐를 마구
찍어냈을 때 일어났다. 금·은과 같은 자산을
토대로 화폐를 발행하는 금(은)본위제 같은 태환
제(兌換制)라면 문제가 없겠지만 그런 자산이 뒷받침되지 못한 경우에는
국가의 파탄으로 이어질 수밖에 없다. 마구 발행된 지폐는 한낱 종이쪼
가리에 불과할 뿐이다. 시인 김광균이 「추일서정(秋日抒情)」에서 떨어져
수북이 쌓인 낙엽을 "폴란드 망명정부의 지폐"에 비유했듯 아무런 가치
가 없는 것이다.

1923년 독일의 물가상승률은 1억200만 퍼센트였다. 하지만 이것도 2차
세계대전 직후 헝가리에 비하면 새 발의 피다. 역사상 최악의 초인플레
이션으로 기록된 헝가리의 1945년 물가상승률은 최고 3.8×10^{27}퍼센트에
달했으니, 우리가 아는 숫자 단위를 훨씬 넘어선다.[36] 매달 물가가 200배
씩 올라, 1월에 100원이었던 물건이 2월에 2만 원, 3월에 400만 원, 4월에
8억 원, 5월에 1,600억 원, 6월에 32조 원이 된 셈이었다. 국민의 삶이 어
땠을지 도저히 상상하기 어렵다.

하지만 근래에 들어서는 전쟁, 혁명, 재해 상황이 아니어도 초인플레
이션이 나타난다. 브라질은 1965-1989년에 걸쳐 물가가 600만 배 올랐
다. 니카라과의 1988년도 물가상승률은 3만3,000퍼센트에 달했고 이스
라엘도 1985년 400퍼센트가 올랐다. 최근의 초인플레이션 사례는 아프
리카 짐바브웨다. 2008년 5,000만 퍼센트의 물가 폭등을 포함해, 지난
10년간 2억3,100만 퍼센트라는 인플레이션으로 고통을 겪고 있으며, 더

구나 국민 90퍼센트가 실업자 신세다.

통화가치 폭락과 그에 따른 물가 폭등은 역사까지 바꾼다. 케인스는 "기존 사회의 기초를 전복하는 수단 가운데 화폐를 타락시키는 것보다 교묘하고 확실한 것은 없다"고 지적했다. 국민의 삶을 피폐하게 만들어 '못 살겠다 갈아보자'는 기류를 형성하기 때문이다. 1차 세계대전 후 독일과 러시아가 겪은 초인플레이션은 나치의 등장과 볼셰비키의 공산혁명을 불러왔다. 1940년대 중국이 물가를 낮게 잡을 수 있었다면, 오늘날 전혀 다른 형태의 사회가 되었을 가능성이 높다.[37]

물가는 국가경제와 국민 삶의 핵심적인 변수다. 물가 변동에 따라 GDP와 경상수지, 금리와 환율, 세금, 소득, 생활수준이 달라지기 때문이다. 물가가 고정돼 있고 소득이 많아진다면 살기 좋겠지만, 유감스럽게도 그런 나라는 세상 어디에도 없다. 물가는 경제 성장과 인구, 소득, 생산량의 증가 등으로 인해 정상적인 경제 상황에서도 조금은 오르게 마련이다. 오히려 그런 작은 인플레이션은 경제에 활력을 준다는 것이 정설이다. 다만 그 상승폭이 감당할 수 있고 관리 가능한 수준이냐가 관건이다. 1990년대 이래 일본의 '잃어버린 20년'처럼 물가가 지속적으로 하락하는 디플레이션이 이어지면 집단무기력증에 빠져 인플레이션보다 더 나쁜 상황을 초래할 수 있다.

그렇다면 인플레이션이 일어나는 가장 큰 이유는 무엇일까? 세계적인 통화주의 경제학자인 밀턴 프리드먼은 무엇보다 돈의 양이 직접적인 원인이라고 보았다. 그는 "상당한 수준의 인플레이션은 언제 어디서나 화폐적 현상"이라고 지적했다. 즉 화폐량(통화)이 생산량보다 더 빠르게 증가할 때 인플레이션이 발생한다는 것이다.

뻔히 알면서도 이런 현상이 재현되는 것은, 돈을 늘려서 찍어내는 통화증발(通貨增發)을 통해 정부지출 재원을 마련하는 것이 정치인에게는 가장 쉽고 매력적인 수단이기 때문이다. 유권자들에게 달콤한 공약을 제시하여 선거에 이기기 위해 정치인들은 쉽게 그런 유혹에 빠진다. 그렇지 않으면 국민들에게서 세금을 더 많이 걷어 지출 재원을 충당해야 하는데, 이는 조세저항을 유발할 뿐만 아니라 정치적으로도 위험한 도박이 된다. 오늘날 많은 나라에서 한국은행과 같은 중앙은행에 정치로부터의 독립성과 '물가 안정'이란 임무를 맡긴 것은 그런 이유에서다. 통화량에 대한 제어가 없다면 언제 어디서든 감당하기 어려운 초인플레이션이 일어날 수 있다.

그렇다면 독일은 1923년 초인플레이션을 어떻게 극복했을까? 국가 비상사태를 선포한 독일 정부는 그해 11월 15일 휴지 조각보다도 못하게 된 마르크화의 발행을 중단하고 이튿날 새 통화인 렌텐마르크(Rentenmark)를 발행했다. 'rente'는 '임대', '저당'이란 뜻이다. 렌텐마르크는 값어치가 있는 토지저당증권을 담보로 발행한 지폐였기에, 종이쪼가리에 불과했던 마르크화와는 달랐다. 통화 정책을 맡은 샤흐트 통화 담당위원(장관급)은 11월 20일 1렌텐마르크를 1조 마르크와 교환해주며 렌텐마르크의 발행량을 엄격하게 통제했다. 무수한 압력이 가해졌지만 굴하지 않고 이미 발표한 정책을 유지하자, 몇 주 지나 마르크화를 거부했던 농민들이 렌텐마르크를 받고 농작물을 팔기 시작했다. 최악의 식량난이 해소되고 렌텐마르크가 정착하면서 초인플레이션도 잡히기 시작한 것이다. 샤흐트는 훗날 나치 정권의 재무장관과 중앙은행 총재를 지내면서 독일의 재무장에 일조해 변절자라는 비난을 들었다. 그러나 "독일을 위해서라면 악마와도 손을 잡겠다"던 샤흐트는 초인플레이션을 진정시킨 '마법사', '기적을 만드는 사람'으로도 불렸다.[38]

독일의 사례에서 보듯이 화폐의 타락은 오늘날 그 어떤 재앙이나 전쟁보다도 무서운 결과를 초래한다. 예방법은 어떠한 유혹에도 흔들림 없이 화폐가치를 견실하게 유지하는 것뿐이다. 돈을 마구잡이로 찍어 화폐가치를 떨어뜨린다면 국민은 일할 의욕을 잃고 물가 폭등과 투기가 판을 치게 된다. 화폐가치를 유지한다는 것은 마치 살찌지 않기 위해 먹는 것을 줄이고 꾸준히 운동하는 것과 같다.

양적완화
금리 인하 등에 의한 경기부양 효과가 한계에 다다랐을 때, 중앙은행이 국채 매입 등을 통해 통화를 시중에 직접 공급하는 것.

글로벌 금융위기 이후 세계 각국은 양적완화, 제로금리(0%) 등으로 엄청난 액수의 돈을 풀었다. 그 결과 세계 경제는 최악의 고비는 넘겼지만 증권시장의 거품이 눈에 띄기 시작했다. 이대로 가면 언젠가는 글로벌 인플레이션이라는 후폭풍을 만날 수도 있다. 과도하게 풀린 돈을 거둬들이는 출구전략(exit plan)에 관한 논의는 앞으로 수년간 세계 경제의 최대 화두이자 불확실성이 될 수밖에 없다. 인도, 브라질, 인도네시아 등 부채가 많고 경상수지 적자가 심한 신흥국들의 경제가 휘청거리는 이유다.

'악마의 배설물'이라고
불린 지하자원

천연자원과 근본자원

1959년 네덜란드 앞바다에서 대규모 가스전과 유전이 발견됐다. 훗날 북해유전(北海油田)으로 이름 붙여진 세계 4대 유전 가운데 하나다. 네덜란드는 가스와 원유 수출로 엄청난 오일달러가 쏟아져 들어와 호황을 누렸다. 문제는 그때부터 시작됐다. 오일달러가 들어오면서 통화가치가 급등했고, 물가가 뛰자 덩달아 임금이 오르고 다시 물가가 뛰는 악순환이 이어지면서 네덜란드 제조업의 경쟁력은 급격히 하락했다. 국민들은 더 많은 복지를 요구했고 근로의욕은 떨어져 불법파업과 공장폐쇄가 잇따랐다.

이런 와중에 1973년과 1979년 두 차례의 석유위기는 네덜란드 경제를 완전히 나락에 빠뜨렸다. 1981-1983년 당시 국민소득은 8분기 연속 감소했고, 30만 개의 일자리가 사라졌다. 실업자는 매달 1만 명씩 늘어나 1984년에는 80만 명까지 치달았다.[39]

1960-1970년대의 네덜란드처럼 갑작스런 천연자원의 발견으로 엄청난 외화가 유입되면서 잠깐 호황을 누리지만 곧 물가와 임금이 급등하면서 경제 활력이 급격히 저하되는 현상을 '네덜란드병(Dutch disease)'이라고 부른다. 평범하게 잘 지내던 사람이 갑자기 로또에 당첨됐을 때 어떻게 변할지 상상해보면 이해가 쉬울 것이다.

네덜란드병은 자원이 풍부한 국가일수록 경제 성장이 둔화되는 현상을 가리키는 '자원의 저주'와 같은 의미다. 자원부국일수록 지하자원을 채굴해서 파는 데만 의존해 다른 산업이 발전하지 못하고, 근로의욕과 생산성이 떨어져 국가경쟁력이 뒤처지는 현상을 말한다. 특히 이런 나라들은 정치가 불안정하거나 통치자가 장기간 집권한 독재정권인 경우가 많다. 이 때문에 자원을 팔아 벌어들인 부가 제대로 분배되지 못해 빈부격차가 크다는 특징을 갖는다. 물론 모든 자원부국이 그런 것은 아니다. 호주처럼 풍부한 자원을 토대로 산업을 발전시켜 선진국이 된 경우라면 오히려 '자원의 축복(resource blessing)'이라 할 것이다.

네덜란드병이란 용어가 등장하기 전에 이미 석유가 '악마의 배설물(devil's excrement)'이 될 것을 경고한 인물이 있었다. 세계 3위 석유 수출국인 베네수엘라의 석유장관이었던 페레스 알폰소다. 그는 OPEC(석유수출국기구) 설립의 주역이기도 하다.

1970년대 석유위기 당시 베네수엘라는 원유 가격 급등에 힘입어 재정수입이 폭발적으로 증가한 상태였다. 1972-1974년에만 재정수입이 4배로 늘자 정부는 그에 맞춰 지출 또한 대폭 늘렸다. 이때 지나치게 불어난 재정지출은 1980년대 저유가 시대가 도래한 뒤에도 줄이기 어려워졌다.[40] 오일달러로 국민에게 제공해온 복지를 돈이 없다는 이유로 당장 중단했다가는 엄청난 저항에 직면할 것이기 때문이었다.

중남미 좌파 동맹의 맹주를 자처했던 우고 차베스는 1999년 이런 배경 아래서 정권을 잡았다. 그는 몇 년 뒤 쿠데타로 밀려났다가 빈곤층의 전폭적인 지지를 등에 업고 화려하게 복귀할 만큼 인기를 누렸다. 하지만 정부가 오일달러로 베푸는 복지에 길들여진 국민들에게 일할 의욕이 남아 있을 리 없었다. 수시로 산업을 국유화해버리는 바람에 외국인 투자도 사라졌다. 원유를 캐서 수출하는 것 외에는 내세울 만한 산업이 거의 없었다. 그리고 그 결과 남게 된 것은 연 평균 20퍼센트가 넘는 물가 상승률에다 한 해 2만여 명이 목숨을 잃는 높은 범죄율, 그리고 빚더미였다. 100만 명이 넘는 지식인, 자본가, 기술자 등 핵심 인력이 나라를 버리고 미국 등지로 이민을 떠났다. 석유는 차베스에게 화수분이었지만 국민에게는 치명적인 독이 된 것이다.

네덜란드병은 풍부한 지하자원이 반드시 축복만은 아니며, 심한 경우에는 되레 저주가 될 수 있다는 역설을 잘 보여준다. 또 다른 예로 1970-1980년대 한때 1인당 소득이 세계 최고 수준이었던 남태평양의 소국 나우루 공화국의 사례를 들 수 있다. 철새들의 낙원인 나우루 섬은 새똥이 땅과 산호에 스며들어 하층토에 막대한 인산염(비료의

3-10 │ 나우루(Nauru)섬.

필수 성분) 매장층을 형성했다. 그 덕에 1967년 독립한 나우루는 돈방석에 올라앉았다.(도판 3-10) 인산염 수출에 힘입어 1인당 소득은 이미 1970년대에 2만 달러에 이르렀다. 한국의 1인당 소득이 1,000달러도 채 안되던 시절이다.

나우루 정부는 갑작스레 얻은 부를 토대로 국민들에게 모든 것을 제공해주었다. 사람들은 그저 먹고 즐기고 소비하면 되었다. 서구 사회에서도 한 가정에 자동차가 1대뿐이던 시절, 나우루 공화국에는 6-7대의 자동차를 보유한 가정이 있을 정도였다. 축제 기간에 달러 지폐를 화장지로 쓰는 광경까지 목격됐다.

하지만 지금의 나우루 공화국은 가난한 나라로 전락해 있다. 인구 7,000명 중 50퍼센트 이상이 비만이고, 당뇨병과 그 합병증으로 하루에 2명씩 죽어간다. 독립 후 40여 년간 나우루에서는 도대체 무슨 일이 벌어진 것일까? 먼저 인산염이 고갈 지경에 이르러 더 이상 돈 나올 곳이 없어졌다. 또 40년간 스물일곱 차례나 정부가 바뀔 만큼 정치적 불안이 끊이지 않았고, 위정자들의 무능력과 부패는 극에 달했다. 지금은 검은 돈을 세탁하거나 여권 판매로 연명하는 수준이다.[41]

그렇다면 석유 한 방울 안 나는 한국은 어떤가? 이렇다 할 지하자원이 없는 자원빈국 중의 빈국이다. 기댈 곳이 없으니 한국인은 스스로 부지런하지 않고서는 먹고살 수가 없었다. 하지만 그런 절대부족 상태가 거꾸로 세계 최빈국에서 두 세대 만에 경제적 선진국 문턱에 이르는 원동력이 되었다. 한국만 그런 것이 아니다. 한국과 함께 아시아의 4마리 용으로 불리는 대만 · 홍콩 · 싱가포르도 마찬가지다. 하나같이 비좁은 국토에 사람만 바글대고 자원은 거의 없는 나라들이다. 믿을 구석이라고는 근면하고 진취적이며 부자가 되고 싶은 국민뿐이었다.

이런 대조적인 모습을 심도 있게 파헤친 경제학자가 있다. 미국 메릴랜드대 교수였던 줄리언 사이먼(Julian Simon)이다. 사이먼은 『근본자원 2(Ultimate Resource II)』에서 창의적 인간이야말로 사회를 번영하게 하는 '근본자원'이라고 단언했다. 사이먼은 "인간의 풍부한 재능과 모험심은 영원히 지속될 것이며, 부족 사태가 야기되어 문제가 발생하면 새로운 수단을 동원해 대응할 수 있고, 이런 조정 기간이 지나면 문제가 발생하기 전보다 더욱 살기 좋아진다"고 자신 있게 주장했다. 따라서 인간은 파괴적 존재가 아니라 창의적 존재이며, 인간의 창의성이 지구 자원의 희소성을 초월한다는 것이다.[42]

사이먼이 이 같은 주장을 펼 당시만 해도 세계는 자원 고갈과 인구 폭발 등으로 부심하고 있었다. 1970년대 두 차례의 오일쇼크에다, 1972년 자원고갈을 예견한 로마 클럽(Club of Rome)의 「성장의 한계(The Limits To Growth)」라는 보고서가 지대한 영향을 미치던 시절이었다. 그러나 사이먼은 대표적인 환경론자와 대담한 내기를 벌이며 자원고갈론이 허구임을 입증했다. 자원고갈론이 한창 득세하던 1980년, 사이먼은 환경론자이자 『인구폭탄(Population Bomb)』의 저자인 폴 엘릭(Paul R. Ehrlich) 스탠퍼드대 교수와 희대의 내기를 했다. 엘릭은 "엄청난 인구폭발이 인류의 생존을 위협한다"고 주장해온 학자였다. 사이먼은 엘릭에게 먼저 5가지 천연자원을 마음대로 고르게 한 뒤 10년 뒤 가격이 오르면 엘릭이 이기고, 내려가면 자신이 이기는 내기를 제안했다. 각 자원마다 200달러씩, 총 1,000달러를 걸고 가격 변동률만큼 진 쪽이 이긴 쪽에게 돈을 주는 것이었다.

> **로마 클럽의 「성장의 한계」**
> 현재의 급격한 성장은 곧 한계에 부딪칠 것이기에, 인구 증가와 산업화의 속도를 둔화하여 안정시킴으로써 환경오염을 막고 자원 소비를 줄이는 제로 성장의 실현을 주장했다.

엘릭은 "쉽게 돈 벌 기회를 누가 마다하겠느냐"며 구리, 크롬, 니켈, 주석, 텅스텐을 골랐다. 10년 뒤인 1990년, 가격은 어떻게 변했을까? 엘릭이나 대중의 예상과 달리 5가지 자원의 실질가격(물가상승률을 제외한 가격)은 평균 60퍼센트 가까이 하락했다. 엘릭은 1,000달러를 기준으로 각 자원의 가격하락률에 해당하는 576달러를 사이먼에게 줘야 했다. 사이먼은 이 내기를 통해 지구상의 자원이 이론적으로는 유한하지만, 가격이 오를수록 새로운 대체자원을 찾아내고 채굴기술을 발전시킬 유인으로 이어져 장기적으로는 오히려 가격이 떨어진다는 사실을 입증했다.

당연히 이길 줄 알았던 엘릭이 내기에 진 이유에 대해 조영일 연세대 화학공학과 교수는 '사고의 폐쇄성' 탓이라고 지적했다. 지하자원의 희소성과 유한성에만 집착하는 사람들은 '파이(π)의 확대'라는 개념을 이해하지 못한다는 것이다. 우주가 유한한지 무한한지, 지구가 폐쇄계인지 개방계인지 여부는 상상력의 영역이라는 이야기다. 상상력이 부족하면 한정된 파이를 더 차지하려는 데만 눈독을 들일 뿐, 더 큰 파이를 창출해낼 생각을 하지 못한다.

조영일 교수는 한 기고문에서 이같이 지적했다. 사람에게 구리가 필요한 것은 구리 자체가 아니라 구리가 제공하는 서비스 때문이다. 기술이 창의적으로 발전하여 통신케이블용 구리를 광섬유가 대신하고 그것을 다시 무선통신이 대체하면서 구리 자체의 유한성은 무의미해졌다. 다이아몬드를 사재기했던 미국 정부가 인조 다이아몬드의 출현으로 큰 손해를 입은 것과 마찬가지다. 핸드백용 악어가죽이 모자라면 악어를 기르고, 제지용 펄프가 모자라면 나무를 심는다. 광어나 장어 양식은 말할 것도 없다. 자연의 자정능력이 부족하면 하수처리장을 설치한다. 앞으로 수십 년이 지나 언젠가 핵융합 발전(현재는 핵분열 발전)이 실용화된다면 에너지자원으로서 화석연료의 유한성은 더 이상 의미가 없어질 것이며, 지구온난화의 원인이라는 이산화탄소 문제도 옛이야기가 될 것이다.[43] "재생 불가능한 자원은 이제까지 단 한 가지도 고갈되지 않았다. 석탄, 석유, 가스, 구리, 철, 우라늄, 실리콘 등……. 석기시대는 돌이 부족해서 끝난 것이 아니다."[44]

한국은 자원이 부족하다고 한탄할 필요가 없다. 성취 욕구를 지닌 사람들이 있고, 또 그런 사람들을 북돋아줄 사회적 틀을 갖춘다면 전혀 걱정할 일이 아니다. 사이먼이 던지는 충고는 우리도 귀담아들을 만하다.

"물질적 부족이나 환경 문제는 그것이 유발하는 문제 이상으로 큰 편익을 가져온다. 문제가 발생하면 개인과 사회는 여기에 주의를 집중하게 되며, 사람들은 최선을 다해 문제에 계속 도전한다. (……) 인간의 문제를 해결할 수 있는 근본자원이 수많은 사람인 것처럼, 만족할 만한 도전 대상이 부족한 것은 근본부족(ultimate shortage)이라 할 수 있다. (……) 사람이 많아지면 문제가 발생한다. 하지만 이런 문제를 해결할 수 있는 수단 역시 사람이다. 우리의 진보를 가속시킬 기본 연료는 지식 축적량이며, 제동을 거는 것은 우리의 상상력 결핍이다. 사람이야말로 근본자원이다."[45]

영국병과 일본병, 그리고 한국병

영국병은 1970년대 영국의 경제가 과도한 사회복지와 강성 노조로 인해 생산성이 떨어져 고비용 저효율 경제로 전락한 것을 가리킨다. 영국병이란 용어는 서독의 언론들이 영국 경제의 비효율성을 비판하기 위해 붙인 이름이다. 2차 세계대전 이후 '요람에서 무덤까지'를 내건 원조 복지국가가 경제난과 만성화된 파업, 고실업, 무거운 세금, 겹겹이 드리워진 규제로 인해 속절없이 추락한 것이다. 1979년 '철의 여인'으로 불린 마거릿 대처 총리가 집권해 노조와의 전쟁, 민영화, 감세 등을 강하게 밀어붙인 끝에 간신히 영국병에서 벗어날 수 있었다.

이에 반해 일본병은 1980년대 전성기를 구가하던 일본이 거품경제가 붕괴하면서 극도의 불황 속에 활력을 잃어버린 것을 가리킨다. 이 용어는 2003년 『니혼게이자이신문(日本經濟新聞)』이 신년기획으로 '니포네시스(Nipponesis)'라고 이름 붙인 일본병 시리즈를 연재하면서 널리 쓰이게 됐다. 증상은 크게 4가지다. 첫째, 개혁을 입으로만 떠들고 행동은 안 한다. 둘째, 사회 시스템이 경직돼 전례에 의존하고 새로운 시도는 하지 않는다. 셋째, 위기의식이 희박해 효과적인 정책이나 전략이 나오지 않는다. 넷째, 리스크(위험)를 두려워하여 성장 분야가 육성되지 않는다.[46] 그로부터 10년이 더 흐르도록 일본 경제는 사회와 경제 전반에 걸친 활력 상실과 리더십 부재를 면치 못해 '잃어버린 20년'이라는 장기 불황을 겪어야 했다.

그렇다면 지금 한국은 어떤 병을 앓고 있을까? 소득 2만 달러를 넘어선 지 6년이 지나도록 게걸음이다. 물론 글로벌 금융위기, 유럽 재정위기라는 대외적인 충격이 있었지만 그것만으로 설명할 수 없다. 경제성장률은 2퍼센트대에서 맴돌고 고령화 진행에 가속도가 붙은 상황에서 다시 치고 나갈 역동성이 보이지 않는다. 정치, 이념, 지역, 세대, 노사, 이익집단의 갈등이 선진국 문턱에서 발목을 잡고 있다. 2013년 세제개편안 파동에서 확인했듯이 공짜 복지는 환영이지만, 세금은 "내 주머니에서는 안 된다"는 눔프(NOOMP, not out of my pocket) 현상이 팽배해 있다. 사회 통합은 요원한데 머지않아 남북통일이라는 난제까지 풀어야 한다. 사회 전반의 무기력증과 갈등의 극대화가 바로 한국병이 아닐까 싶다.

실학자 박제가는 조선의 무엇을 보고 탄식했을까

규격과 표준

우리나라는 종이를 뜨는 발〔簾〕에 일정한 치수가 없다. 그래서 책을 절단할 때 반을 자르면 너무 커서 나머지는 모두 끊어버려야 하고, 삼등분해서 자르면 너무 짧아서 글자 밑이 없어진다. 또 전국 8도마다 종이 길이가 전부 다르다. 이 때문에 얼마나 많은 종이를 허비하는지 알 수가 없다. (······) 옷감의 넓이도 각각이 모두 다르다. 이는 베틀의 치수가 일정하지 않기 때문이다. 종이 뜨는 발도 일정한 치수를 정해서 전국에 공포해야 한다.[47]

일본은 구리기와를 쓰는 가옥과 나무기와를 쓰는 가옥의 차이는 있다. 그
러나 한 칸의 넓이와 창문의 치수에 있어서는, 위로는 임금 관백에서부터
아래로는 가난한 백성의 집에 이르기까지 차이가 없다. 가령 문짝 하나가
없으면 시장에 가서 사오는데, 집을 그대로 옮긴 것처럼 꼭 맞는다.[48]

우리나라의 자기는 매우 거칠다. 그릇 밑에 모래알이 붙은 채 그냥 구워
내기 때문에 밥알이 더덕더덕 말라붙어 있는 것 같다. (……) 한갓 도자기
의 품질이 나쁘다는 것으로 끝날 일이 아니다. 문제는 나라의 모든 일이
이를 닮아간다는 것이다.[49]

조선 후기 북학파(北學派)의 대표적인 실학자인 초정(楚亭) 박제가(朴齊
家)가 쓴 『북학의(北學議)』에 나오는 내용들이다. 1778년(정조 2년) 박제가
가 당시 청나라 사신으로 간 채제공을 수행해 청나라의 수도 연경(燕京,
지금의 베이징)을 두루 시찰하고 돌아와 정조에게 바친 글이다.
'북학(北學)'이란 이름은 『맹자』의 「등문공장구(騰文公章句)」에서 가져온
것으로, 그에 따르면 중국 춘추전국시대 남쪽에 위치한 초(楚)나라 사람
진량이 주공(周公)과 공자(孔子)를 흠모해 북으로 유학했다고 한다. 즉 문
명이 낮은 나라에 살던 남쪽 사람이 북쪽의 선진문명을 배운다는 의미
로 쓰였다. 박제가 또한 당시 청을 오랑캐의 나라라고 하며 야만시하는
태도에서 벗어나 청의 선진문화를 적극 수용해 조선을 바꿔야 한다는
의식을 가졌다. 이러한 박제가를 비롯해 박지원(朴趾源), 홍대용(洪大容)
등의 사상을 실학파 중에서도 북학파라고 부른다.
박제가가 『북학의』를 쓴 시기는 애덤 스미스의 『국부론』이 출간되고
미국이 독립한 것보다 2년 뒤다. 18세기 말 서양에서 근대화와 민주주의

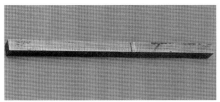

3-11~13 | (왼쪽부터) 마패, 사목, 유척.

가 급진전했듯 조선에서도 사상적 각성이 일어났던 것이다.

그러나 박제가가 탄식해 마지않은 조선의 현실을 보면 답답하기 짝이 없다. 도무지 물건 하나 규격에 맞는 것이 없고 쓸모 있게 만든 것이 없었기 때문이다. 옷감의 치수도, 종이 뜨는 발도, 도자기, 창문, 문짝에 이르기까지 조선에는 제대로 된 게 없다. 심지어 왜(倭)라고 부르며 깔보던 일본에서도 문짝이 없으면 시장에 가서 똑같은 크기의 문짝을 살 수 있을 정도인데 조선은 그렇지 못했다.

실제로 조선시대에 도량형이나 규격이 제멋대로였음을 보여주는 사례가 어사 박문수(朴文秀)의 활약이다. 임금이 암행어사를 임명할 때 봉투를 주었는데, 그 안에는 마패(馬牌)와 사목(事目), 유척(鍮尺)이 들어 있었다.(도판 3-11~13) 마패는 말과 군사를 동원할 수 있는 암행어사의 증표이고, 사목은 어사의 임무를 기록한 소책자다. 가장 중요한 것이 유척이라는 놋쇠로 만든 자(尺)였는데, 규격화된 자가 별로 없던 시절 지방 수령들이 도량형을 속여 쌀 또는 옷감 등으로 징수하는 세금을 멋대로 거둬들여 착복하는지를 검사하는 도구였다. 어사 박문수는 이 유척을 들고 탐관오리들을 가려내는 임무를 수행했다.[50]

이런 상황이니 박제가의 눈에 비친 청나라와 조선은 오늘날 미국과 제3세계 후진국의 모습쯤 되었을 것이다. 사농공상이라는 유교적 신분규제에 막혀 장인(匠人)이나 상인들이 푸대접받은 나라가 조선이다. 박제가는 "백성을 편하게 하려면 먼저 기구를 편리하게 쓰도록 해야 한다"고 강조했다.

　박제가의 『북학의』는 오늘날의 관점에서 보면 경제의 표준을 제시한 것이라고 할 수 있다. 일상 필수품의 규격이 통일되지 못한 사회라면 교환이나 거래를 할 때마다 거래비용(transaction cost)과 측정비용(measurement cost)이 막대할 것이다. 만약 전구, 나사못, A4 용지, AA건전지 등의 크기가 만드는 회사마다 다 다르다면 어떨까. 실제로 휴대폰 제조회사마다 배터리 충전기 규격이 달라, 휴대폰을 바꾸면 충전기를 따로 사야 했던 게 불과 몇 해 전이다. 불필요한 거래비용과 측정비용은 거래 자체를 어렵게 해 경제에 심각한 장애요인이 될 수밖에 없다. 따라서 도량형을 국제표준에 맞추는 것은 너무도 당연한 일이다.

　도량형이야 그대로 따라가면 되지만 오늘날의 디지털 경제 시대에 표준(기술표준)의 중요성은 아무리 강조해도 지나치지 않는다. 표준이 된다는 것은 그 자체로 승자독식(winner takes all), 전부 아니면 전무(all or nothing)를 의미하게 되었다. '표준을 쥐는 자, 세계를 지배한다'는 말이 허튼소리가 아니다.

　디지털 경제에서 기술표준은 오직 승자만이 살아남기에 한 번 기회를 놓치면 재진입이 어려운 배타성을 띤다. 한 번 채택된 기술표준은 더 많은 이용자와 더 많은 소프트웨어, 콘텐츠 개발자를 끌어들이는 긍정적인 외부효과(external effect)를 갖는다. 또한 한 나라의 영역을 넘어 국제적인 확장성을 갖

거래비용과 측정비용
거래비용과 매매할 상품에 대한 정보를 찾고 마침내 거래를 이행할 때 드는 일체의 비용을 거래비용이라 하며, 그중에서도 상품의 질과 가치 등을 측정·감별하는 데 드는 비용을 측정비용이라고 한다. 도량형 통일 등의 표준은 상품 정보의 획득을 용이하게 해서 이 비용을 절감하게 해준다.

기술표준
기술적인 시스템에 대한 일정한 기준 또는 규범. 효율적인 대량생산, 업무 합리화 등을 목표로 한다.

게 된다. 따라서 일단 특정 기술표준이 내장된 제품이 충분한 숫자의 소비자들에게 채택되면 티핑 포인트 (tipping point)에 도달하게 되어 수요가 폭발적으로 증가한다. 네트워크 효과가 강하게 작용하는 것이다. 이렇게 되면 아무리 뛰어난 대안 기술이 나와도 경쟁력을 발휘할 수 없다.[51]

티핑 포인트
어떤 상품이나 변화가 마치 전염되는 것처럼 폭발적으로 번지는 순간을 가리키는 말.

이런 사례들은 수없이 많다. 첫 번째가 1970년대 비디오 카세트레코더(VCR) 녹화 방식을 놓고 벌인 소니 베타맥스와 마쓰시타의 VHS 표준 싸움이다. 소니가 베타맥스를 먼저 출시했고 기술적으로도 앞섰지만, 마쓰시타는 일본 히타치, 미국 RCA와 연합군을 형성해 상황을 뒤집었다. 소니는 모든 것을 잃었다. 그러나 차세대 DVD에서는 소니의 블루레이가 캐스팅보트(casting vote, 표결에서 찬반이 같은 수일 때 의장이 갖는 결정권)를 쥔 미국 할리우드 영화사들과 재빨리 손잡고 도시바의 HD-DVD를 압도했다.

이와 함께 컴퓨터 자판의 쿼티(QWERTY) 키보드는, 훨씬 간결하고 효율적이며 손목 통증도 완화해주는 드보락의 키보드가 도전했지만 여전히 세계의 표준으로 남아 있다. 그 이유는 소비자들이 타자기 시절부터 익숙한 쿼티 키보드를 고집했기 때문이다. 이는 기존의 습관과 타성을 쉽게 바꾸지 못하는 이용자들의 경로 의존성과 고착 현상이 작용한 결과다. 이외에도 마이크로소프트의 익스플로러에 밀린 넷스케이프는 이제 누구도 기억하지 못하는 유물이 됐다.[52] 국제규격과 달리 기술표준은 시장에서의 치열한 전쟁 끝에 결정되는 '사실표준(de facto standard)'이 대부분이다. VHS나 쿼티, 익스플로러 등은 한 나라의 정부나 국제기구가 강요한 표준이 아니다. 광범위한 합의에 의해 인정한 표준인 것이다.

chapter 4

소설에서
경제의 보물찾기

—— 신과 영웅들의 이야기인 신화와 서사시가 근대로 넘어오면서 인간들의 이야기로 변모한 것이 소설이다. 소설은 세상을 비추는 거울과도 같다. 사실보다 더 사실 같은 픽션에서 삶의 진면목을 보게 된다.

실제로 사회적으로 성공한 사람들 중에는 학창 시절 밤새워 읽었던 고전 소설을 은퇴 후 60-70대가 되어 다시 읽느라 밤을 새운다는 사람들이 적지 않다. 마크 트웨인(Mark Twain)은 '고전이란 누구나 읽었을 것 같은데 아무도 읽지 않은 것'이라고 풍자했지만, 나이가 들수록 고전의 울림은 더욱 크고 깊어진다.

소설이 보여주는 인간 군상 사이의 관계 맺기가 세상을 움직이는 경제원리와 연관이 없다면 오히려 이상한 일일 것이다. 소설 속 문제적 개인은 문제적 시대의 산물이요, 그 시대는 경제적 토대가 만들어낸 결과다. 그럼에도 소설에서 경제원리를 찾으려는 시도가 극히 드물다는 점이 오히려 의아하다. 소설은 경제를 공부하는 데 보물단지와도 같다. 어떤 소설을 읽든지 그런 보물찾기를 병행해 보면 어떨까?

톰 소여가 친구들을
부려먹은 비결
희소성의 오류

마크 트웨인의 『톰 소여의 모험(*The Adventures of Tom Sawyer*)』에서 가장 유명한 일화 중 하나가 '영광스러운 페인트칠' 장면이다. 개구쟁이 톰은 싸움을 한 벌로 폴리 이모에게서 토요일 아침부터 한여름 뙤약볕 아래 울타리 페인트칠을 하라는 지시를 받는다. 도망갈 방법은 전혀 없고, 널빤지로 만든 울타리는 3미터도 넘는 높이에 폭이 30미터나 되니 한숨부터 나온다. 그 나이 소년이라면 누구나 그렇듯, 페인트칠도 싫지만 친구들의 놀림감이 되는 것은 더 싫다.

그런 순간 톰은 기발한 아이디어를 생각해낸다. 천연덕스럽게 페인트칠을 하는 것이다. 그때 친구 벤 로저스가 사과를 들고 나타나 톰을 놀린다. 벤이 놀릴수록 톰은 재미있고 중요한 일인 양 더 태연하게 페인트칠을 한다. 벤이 페인트칠에 관심을 보이자 톰은 내주기 싫은 척한다. 아무나 하는 일이 아닐수록 더 하고 싶어지는 심리를 자극한 것이다. 결국 벤은 사과를 통째로 톰에게 준 뒤에야 솔을 받아들었고, 지나가던 친구들 또한 너도나도 자기 물건을 내놓고 페인트칠에 매달린다. 마크 트웨인이 묘사한 마지막 구절이 재미있다. "톰은 자신도 모르는 사이에 인간 행동의 중요한 법칙을 하나 발견해낸 셈이다. 어른이든 아이든 손에 넣기 어렵게 만들면 다들 탐내게 된다는 것을 말이다."[1]

톰 소여가 발견한 '인간 행동의 중요한 법칙'은 경제학의 대전제인 '희소성(scarcity)'을 가리킨다. 누구나 욕구는 끝이 없는데 얻을 수 있는 자원은 희소하기에 경제학이 필요한 것이다. 희소성을 설명할 때 흔히 물과 다이아몬드를 예로 든다. 돈을 물 쓰듯 한다고 말하듯이 물을 가치 있다고 여기지는 않는다. 반면 다이아몬드는 아주 작은 조각 하나가 수백만, 수천만 원을 호가한다. 귀하기 때문이다.

다시 말하지만, 누릴 수 있는 자원은 유한하지만 사람의 욕망은 무한하다. 부유한 사람도 갖고 싶은 것을 모두 가질 수는 없다. 지금까지의 욕구가 충족되는 순간 또 다른 무언가를 갖고 싶어지기 때문이다. 희소성은 삶의 본질적인 문제다. 경제학은 희소성이란 삶의 대전제 아래 사람들이 어떤 선택을 하는지, 그 선택이 사회에 어떤 영향을 미치는지를 연구하는 학문이다.[2] 의류매장에서 안 팔리던 옷이 실수로 가격표에 '0'을 하나 더 붙였더니 날개 돋친 듯 팔렸다는 이야기는 그냥 웃어넘길 일이 아니다.

다시 톰 소여로 돌아가보자. 톰은 뙤약볕이 쏟아지는 토요일 오후에

수영도 못 가고 울타리에 페인트칠을 해야 하는 신세다. 아무도 하고 싶어하지 않는 일이다. 하지만 톰은 지나가는 친구들 앞에서 천연덕스럽게 연기한다. 벌 받느라 억지로 하는 것이 아니라, 폴리 이모가 정말 중요하게 생각해 자기에게 맡긴 일을 즐겁게 하고 있는 것처럼.

고대 로마인들은 일찍이 "귀한 것은 비싸다(Rara sunt cara)"라고 했다. 귀할수록 비싸 보이는 희소성을 가장 잘 이용하는 것이 명품업체들이다. 명품 중의 명품이라는 초고가 가방의 경우 한정판으로 몇 백 개만 만들고 제품마다 일련번호까지 붙인다. 가방 하나에 1,000만 원이 넘어도 구매 희망자들은 몇 년씩 기다리기 일쑤다.

텔레비전 홈쇼핑 또한 희소성을 부추김으로써 매출을 높이는 효과를 낸다. 쇼핑호스트가 '마감 임박'을 외칠 때면 당장 안 사면 손해일 것 같은 생각마저 든다. 과도한 충동구매 심리를 부추기는 것을 막기 위해 홈쇼핑에서 '매진 임박' 같은 표현은 금지하고 있지만, 그래도 쇼핑호스트가 외치는 말들을 무심코 듣다 보면 뭐든지 사고 싶어질 때가 있다. 이는 희소성에 과도한 가치를 부여하는 '희소성의 오류(scarcity fallacy)'를 이용한 것이다.

귀할수록 갖고 싶고, 흔하면 시큰둥해지는 것이 인지상정이다. 마찬가지로 누구나 할 수 있는 일은 재미없어 보인다. '멍석 깔아주면 하던 일도 안 한다'는 속담과도 일맥상통한다. 그러나 좀처럼 하기 어려운 일, 하지 말라는 일일수록 더 하고 싶어지는 게 사람 심리다. 이 역시 희소성과 무관하지 않다.

심리학에서는 이런 현상을 '로미오와 줄리엣 효과'라고 부르기도 한다. 즉 부모의 반대나 주위의 장애가 로미오와 줄리엣의 경우처럼 연인들의 사랑을 더욱 깊게 하는 효과가 있다는 것이다. 하지 말라고 할수록 더 하고 싶어지는 것과 마찬가지다. 미국 고등학교 졸업파티에서 학생들이 과음하는 이유가 21세 이하의 알코올 소비를 금지하기 때문이란 지적도 있다.[3]

『톰 소여의 모험』의 배경인 미국 중서부의 미주리 주 해니벌은 미시시피 강을 사이에 두고 일리노이 주와 맞닿아 있는 전형적인 시골 동네다. 이곳은 톰 소여 덕에 수백 명의 주민이 먹고산다고 해도 과언이 아니다. 흰색 페인트칠을 한 집집마다 톰의 집, 베키의 집 등의 푯말이 붙어 있고, 톰과 베키가 갇혔던 동굴을 체험해보는 프로그램도 있다. 관광객들이 동굴에 들어가면 안내인이 "톰과 베키가 어떤 기분이었을지 느껴보라"며 갑자기 전등을 *끄*기도 한다.

베키의 집에서는 아이스크림을 팔고, 톰의 집 앞에는 울타리와 페인트가 비치돼 있다. 관광객들은 남녀노소 할 것 없이 솔을 들고 페인트칠을

4-1 | 마크 트웨인이 어린 시절을 보냈던 집. 미주리 주 해니벌.

하며 사진 찍기 바쁘다. 꾀 많은 톰 소여 덕에 해니벌 주민들은 짭짤한 수입을 올리고, 호기심 많은 관광객들에게 페인트칠까지 시키고 있는 것이다.(도판 4-1)

「소나기」의 잔망스런 소녀는 지금 봐도 예쁠까

한계효용

　윤초시네 증손녀가 서울에서 전학 오자 소년은 처음부터 호감을 느낀다. 소녀가 장난스럽게 다가와도 소심한 소년은 감히 말도 못 붙인다. 어느 날 소년은 냇가 징검다리에서 세수를 하던 소녀를 발견하고 비켜주기를 기다린다. 그러자 소녀는 하얀 조약돌을 집어 던지며 '바보!'라고 소리치고는 뛰어간다. 그럴수록 소년은 소녀가 더욱 좋아진다.

　그 개울가에서 다시 만난 둘은 조금씩 마음을 열고 곧 풋사랑이 싹튼다. 산 너머에 가보자며 논둑길을 지나 꽃이 한창인 산에 이르자 소년은 꽃을 꺾어 소녀에게 건넨다. 소녀가 꽃을 꺾다 무릎을 다치자 소년은 상처를 빨고 송진을 발라주면서 점점 더 소녀에게 끌리는 것을 느낀다. 그때 갑자기 소나기가 내리기 시작한다. 원두막으로 비를 피했지만 소녀는 추위에 오들오들 떤다. 돌아오는 길에 도랑물이 엄청 불어나 소년이 등을 돌려 대자 소녀는 순순히 업혀 소년의 목을 끌어안고 건넌다.

한동안 보이지 않던 소녀가 핼쑥해진 얼굴로 개울가에 나온다. 소녀는 분홍빛 스웨터의 얼룩을 내려다보며 소나기 오던 날 업혔을 때 진흙물이 든 것이라고 한다. 소년은 얼굴을 붉힌다.

소녀가 서울로 이사 갔다는 소식을 들은 소년은 안타까워하며 잠을 이루지 못한다. 그러나 그날 밤 읍내에 다녀오신 아버지가 어머니에게 소녀의 죽음을 알린다. 그러고는 "그런데 그 계집애 어린 것이 여간 잔망스럽지 않아. 글쎄 땅에 묻을 때 꼭 자기가 입고 있던 스웨터를 입혀서 묻어달라고 하지 않겠어."

황순원(黃順元)의 단편소설 「소나기」의 줄거리다. 1953년 처음 발표되고 벌써 60년이 흘렀지만 지금도 '잔망스런 소녀'가 조약돌을 던지며 '바보!'라고 소리치는 장면이 마치 눈앞에서 펼쳐지는 것 같다.

이탈리아의 걸작 영화 〈시네마천국(Cinema Paradiso)〉(1988)에서 주인공 소년 토토는 엘레나를 보고 하늘에서 내려온 천사보다도 아름답게 느낀다. 혼자 몰래 엘레나를 영상 속에 담고, 엘레나 아버지의 반대로 못 만나게 되자 100일을 엘레나의 집 앞에서 하염없이 기다리기도 한다. 하지만 비 내리는 100일째 되는 날 밤 토토는 쓸쓸히 돌아선다. 훗날 영화감독이 된 토토는 30년이 지나도록 그때의 영상을 꺼내보며 엘레나를 그리워한다.

「소나기」가 첫사랑에 대한 최고의 소설이라면, 〈시네마천국〉은 첫사랑을 소재로 한 최고의 영화다. 지금도 수많은 젊은이들이 첫사랑에 가슴 떨리고, 그 사랑이 깨지는 아픔에 절망한다. 그렇게 아픈 만큼 성숙해져서 다시 사랑을 하고 결혼도 한다. 영화 〈건축학개론〉에서 '납뜩이'의 말이 딱 들어맞는다. "첫사랑이 다 잘되면 그게 첫사랑이야? 끝사랑이지!"

그런데 왜 첫사랑은 더 잊기 힘들까? 경제와는 전혀 무관할 것 같은 사랑도 얼마든지 경제학 용어로 풀어볼 수 있다. 실제로 '사랑의 경제학'을 시도한 경제학자들도 꽤 있다. 연세대학교 정갑영 교수는 첫사랑을 경제학의 핵심 개념인 '한계효용(marginal utility) 체감의 법칙'으로 설명했다.

한계효용이란 소비를 한 단위 늘릴 때마다 늘어나는 효용을 가리킨다. 그리고 소비가 늘어날수록 한계효용이 점차 줄어든다는 것이 한계효용 체감의 법칙이다. 짜장면을 아무리 좋아한다 해도 한 그릇을 먹을 때의 만족감이 두 그릇째 먹을 때의 만족감과 같을 수는 없다. 그릇 수가 늘어갈수록 짜장면의 한계효용은 급격히 줄어들 것이다. 사람들은 이미 하고 있는 행동이나 계획을 조금씩 바꾸어 적응하게 된다.

경제학적인 관점에서 보면 사랑에도 한계효용 체감의 법칙이 작용한다. 첫사랑은 맨 처음 사랑이고, 전혀 경험해보지 못했고, 단 한 번뿐이고, 다시 올 수 없기에 스스로 느끼는 한계효용이 거의 무한대라고 볼 수 있다. 물론 두 번째, 세 번째 만나는 사람에게서 사랑을 느낄 수는 있어도 가슴의 떨림은 아무래도 덜하기 마련이다. 첫 키스와 열 번째 키스가 같을 수는 없다. 오래 만날수록, 더 많은 상대를 만날수록 사랑의 한계효용이 줄어든다는 얘기다. 따라서 첫사랑의 감정이 가장 소중하게 느껴지는 것도 경제학적 관점에서 보면 같은 종류의 그 어떤 사랑보다 첫사랑의 한계효용이 가장 크기 때문인 것이다.[4]

1990년대 초 공일오비의 히트곡 〈아주 오래된 연인들〉은 한계효용 체감의 법칙을 재미있게 표현하고 있다. "저녁이 되면 의무감으로 전화를 하고/관심도 없는 서로의 일과를 묻곤 하지/가끔씩은 사랑한단 말로 서로에게 위로하겠지만/그런 것도 예전에 가졌던 두근거림은 아니야/처음에 만난 그 느낌 그 설레임을 찾는다면/우리가 느낀 싫증은 이젠 없을 거야." 이보다 더 쉽게 사랑의 한계효용 체감의 법칙을 설명할 수 있을까?

「소나기」의 소년이 수십 년 뒤 '잔망스런 소녀'를 다시 만난다면 어떨까? 만약 소년과 소녀가 계속 만나다 결혼해 함께 살았다면 어땠을까? 그때도 중년이 된 소년의 가슴은 처음 소녀를 보았을 때처럼 떨릴까? 판단은 각자에 맡긴다. 세월이 한참 흐른 뒤에는 고통도 추억이 되기 때문이다.

이와 관련해 『맨큐의 경제학』에서는 경제학의 세 번째 기본 원리로 '합리적 판단은 한계적으로 이루어진다'고 설명한다. 맨큐는 예약 없이 공항에서 대기하다가 비행기를 타려는 사람들에게 항공사는 빈 좌석 하나에 얼마를 받아야 하는가라는 문제를 사례로 들었다. 좌석이 200개인 비행기를 목적지까지 운행하는 데 10만 달러가 든다면 좌석당 평균 비용은 500달러이므로 그 이하를 받아서는 안 된다고 생각할 수 있다. 그러나 항공사는 추가 한 단위의 이득과 비용을 한계적으로 생각함으로써 이윤을 증가시킬 수 있다. 빈 좌석 10개가 있는데 대기 중인 승객 한 명이 300달러를 지불할 용의가 있다면 항공사는 300달러를 받고 태우는 게 이윤을 늘리는 길이다. 좌석당 평균 비용은 500달러지만 한 명 더 태우는 한계비용은 고작해야 기내식 정도다. 항공사는 한계이익(300달러)이 한계비용(기내식)보다 크므로 당연히 태우는 게 맞다.[5.]

도루묵의 한계효용

도루묵이란 이름의 유래에 대해서는 몇 가지 설이 있다. 우선 조선 정조 때 이의봉(李義鳳)이 편찬한 『고금석림(古今釋林)』의 도루묵 이야기에는 "고려의 왕이 동천(東遷)하였을 때 목어를 드신 뒤 맛이 있다 하여 은어(銀魚)로 고쳐 부르라고 하였다. 환도 후 그 맛이 그리워 다시 먹었을 때 맛이 없어 다시 목어로 바꾸라 하여, 도루묵〔還木〕이 되었다"고 적고 있다. 또는 조선 인조가 이괄(李适)의 난으로 공주에 피신하는 도중에 있었던 일이라는 설도 있다. 또 다른 유래담으로는, 원래 맥어(麥魚)였는데 은어로 개명되었다가 다시 환맥어로 되었다는 내용도 있다.

그러나 한때 중학교 교과서에는 조선 선조 때의 일화로 소개되기도 했다. 선조가 임진왜란 피난길에 어떤 물고기를 아주 맛있게 먹고 이름을 물었다. 묵이라고 하니 이름이 좋지 않다며 은어라는 이름을 내렸다. 전쟁이 끝나 환궁한 선조가 다시 먹어보니 그때 그 맛이 아니었다. 그러자 선조가 "도로 묵이라 불러라"고 해서 도루묵이 됐다는 것이다.

어떤 것이 정확한 유래인지는 확실치 않다. 그러나 내용은 비슷하다. 궁핍할 때 먹은 도루묵은 맛있었는데 나중에 다시 먹어보니 그 맛이 아니더라는 것이다. 배고플 때 먹는 도루묵의 한계효용과 산해진미와 함께 먹는 도루묵의 한계효용이 결코 같을 수가 없다는 뜻이다.

도루묵의 '도루'는 '다시'와 무관하며, 옛 문헌에 '돌목'이라 부른 것이 도루묵이 되었다는 주장도 있다. 돌목에서 '돌'이란 접두어는 돌돔,

돌배, 돌복숭아 등에서 보듯이 야생에서 자라거나 흔하고 모양이 좋지 않은 것을 가리킬 때 붙이는 말이라고 한다. 따라서 돌목은 목이라는 물고기 가운데 질이 떨어지는 물고기를 가리킨다는 것이다. '말짱 도루묵'은 '아무 소득 없는 헛수고'를 뜻한다. 즉 그물을 건져보니 좋은 물고기는 하나도 없고 모두 도루묵뿐이었다는 데서 유래한 표현이라는 것이다.[6]

김동인의 「붉은 산」은
왜 푸르지 못했을까

공유지의 비극

"선생님, 저는 갔었습니다." "어디를?" "그놈, 지주 놈의 집에."

무얼? 여(余, 나)는 눈물 나오려는 눈을 힘 있게 닫았다. 그리고 덥석 그의 벌써 식어가는 손을 잡았다. 잠시의 침묵이 계속되었다. 그의 사지에서는 무서운 경련이 끊임없이 일었다. 그것은 죽음의 경련이었다. 듣기 힘든 작은 그의 소리가 또 그의 입에서 나왔다.

"보구 싶어요. 전 보구 시……." "뭐이?" "보구 싶어요. 붉은 산이……. 그리구 흰 옷이!"[7]

김동인(金東仁)의 1932년작 「붉은 산」의 마지막 부분이다. 만주 벌판의 작은 조선인 마을에서 '삵'이란 별명으로 불리던 사내 정익호. 동네 소작농 송첨지가 소출이 적다는 이유로 중국인 지주에게 맞아 죽었어도 아무도 항의하지 못했다. 그때 마을에서 온갖 패악을 일삼던 익호가 홀로 억울한 죽음을 따지러 갔다 큰 봉변을 당한 것이다. 그가 죽어가며 간절히 보고 싶어했던 것은 '붉은 산'과 '흰 옷' 입은 사람들이 사는 고향땅이었다.

　그는 왜 죽기 직전 붉은 산을 떠올렸을까? 그리고 일제강점기 조선의 산은 왜 푸르지 못하고 붉었을까? 지금 한국의 산은 어디 가나 울창하다. 1949년 식목일(4월 5일)을 제정하고 수십 년간 대대적인 녹화사업을 벌인 덕이다. 익호의 유언이 된 마지막 말이 의아하게 다가온다.

　그러나 구한말과 일제강점기 당시의 옛 사진들을 보면 그 이유를 알 수 있다. '삼천리 화려강산'은 애국가에나 나오는 미사여구일 뿐, 한 세기 전 한반도는 '비단으로 수놓은 강산'(금수강산)이 결코 아니었다. 물론 6·25 전쟁의 포화 탓도 있지만, 익호가 살았던 1930년대의 산은 이미 초목이 사라지고 황토가 그대로 드러나 붉은빛뿐이었다.

　한반도의 산이 민둥산이 된 것은 나무를 심지는 않고 베어내기만 한 탓이다. 겨울철 난방연료는 나무뿐이었다. 지금처럼 도시가스 보일러가 집집마다 설치됐을 리도 만무했던 시절, 전래설화에 자주 등장하는 나무꾼이 바로 산의 나무를 베어다 땔감으로 파는 사람들이었다. 또한 조선 말기 고종 때는 왕실의 위신을 되살린다는 명분 아래 경복궁 중건에 나서서 전국적으로 아름드리나무가 대거 잘려나갔다.

　나무가 없으면 산사태가 잦고 작은 나무나 풀, 이끼도 살아남지 못한다. 아무도 돌보지 않은 채 황폐화의 길로 치닫는 것이다. '붉은 산'은 조

4-2 │ 일제강점기의 벌목공사. 1930년대.

국의 상징이면서, 예부터 우리 조상들에 의해, 또 일본이나 러시아 등 강대국에 의해 무자비하게 벌목당한 서글픈 증거이기도 하다.(도판 4-2)

소유권이 제대로 형성되기 전에 산속의 나무는 따로 주인이 있을 리 없었다. 먼저 베어 가는 사람이 임자였다. 누구의 것도 아닌 공동소유물은 헤프게 소비된다. 이처럼 '내 것'이 아니면 필요 이상으로 과도하게 소비하는 현상을 경제학에서는 '공유지의 비극(The tragedy of the commons)'이라고 부른다. 공기, 물, 바닷속 물고기, 숲 등 소유권과 가격이 매겨지지 않은 자연자원을 공유자원 또는 공유지·공유재라고 한다. 이런 공유자원은 한계편익(marginal benefit)이 0이 될 때까지, 즉 더 이상 남아나지 않을 때까지 소모된다. 개개인은 각자 영리하게 자신의 이익을 추구하지만 전체적으로는 치명적인 결과를 낳는 것이다.

> **한계편익**
> 어떤 행위를 하나 더 하거나 재화를 한 단위 더 소비할 때 얻는 편익. 한계효용과 유사한 개념이지만 한계편익은 주로 추가되는 만족의 화폐적 가치를 의미하고, 한계효용은 주관적 만족감을 가리킨다.

공유지의 비극은 1968년 개럿 하딘(Garrett Hardin)이 제시한 개념이다. 경제학에서 워낙 자주 인용되다 보니 하딘을 경제학자로 아는 사람들이 많지만 실은 미국 캘리포니아 대학교 인류생태학 교수를 지낸 생물학자다. 하딘의 「공유지의 비극」이란 논문도 세계적인 과학 전문지인 『사이언스(Science)』에 실렸다. 하딘은 한정된 세상은 한정된 인구만 먹여 살릴 수 있다는 생각을 가진 신(新)맬서스주의자로서 산아 제한에 관심이 많았다. 공유지의 비극도 그런 관점에서 제기한 것이다.

하딘은 죄수의 딜레마(Prisoner's dilemma)의 일종인 '목동 게임'을 통해 공유지의 비극을 설명했다. 어떤 마을에 100마리 소를 기를 수 있는 공동소유의 목초지(공유지)가 있다고 가정해보자. 모든 농가는 이곳에서 소를 기를 수 있고, 각 농가는 그곳에서 자신의 소를 가능한 한 많이 기르려 할 것이다. 그러나 100마리 이상을 기르면 풀이 자라지 못해 황폐해진다. 100마리 이내로 억제해야 할 이유가 충분하다. 소를 추가로 방목할 때 생기는 이익은 각 농가의 몫이지만 그 비용은 농가 전체에 전가되므로, 즉 함께 부담하게 되므로 농가마다 더 많은 이익을 얻기 위해 소를 더 기른다. 이런 식으로 가면 결국 공유지는 황무지가 되어 소를 1마리도 기를 수 없게 된다. 개개인의 이익 추구가 전체의 손실로 귀결되는 것이다.

공유지의 비극이라는 이름은 하딘이 붙였지만 이 개념은 14년을 앞선 1954년에 경제학자 스콧 고든(Scott Gordon)이 먼저 수학적 용어로 설명했다. 고든은 다음과 같이 말했다. "만인의 재산은 아무의 재산도 아니다. 모두에게 개방된 부는 아무도 가치를 쳐주지 않는다. 그 부의 적절한 활용 시기를 고지식하게 기다리는 사람에게 돌아가는 것은, 다른 이가 그것을 차지하는 모습을 멀거니 바라보고 있는 것뿐이기 때문이다. 영지의 목동이 훗날을 위해 남겨놓는 풀 한 포기는 그에게 아무런 가치가 없다. 내일이면 다른 목동의 소가 그 풀을 뜯어 먹을 것이기 때문이다. 마찬가지로 석유 채굴업자가 땅속에 남겨놓은 기름은 그에게 아무런 가치가 없다. 곧 다른 사람이 그것을 뽑아 올릴 것이기 때문이다. 바닷속의 물고기는 어부에게 아무 가치가 없다. 오늘 잡지 않고 남겨둔다고 해서 내일 그 자리에 있으리라는 보장이 전혀 없기 때문이다."[8]

사실 공유지의 비극은 곳곳에서 발견된다. 공동소유의 목초지처럼 먼 바다의 물고기는 먼저 잡는 사람이 임자다. 저인망 어선들이 치어까지 싹쓸이하는 통에 곳곳에서 어족자원이 고갈되는 문제가 벌어진다. 땅속 유전도 먼저 캐내는 사람에게 더 큰 이익이 돌아간다. 또한 모두에게 개방된 국립공원은 과도한 입장객으로 인해 서서히 파괴될 수 있다.

일상 속에서 흔히 경험하는 '저녁식사 모임의 딜레마(diner's dilemma)'도 일종의 공유지의 비극이다. 여럿이 모여 식사할 때 밥값을 사람 수대로 나눠 내는 경우라면 각자 가장 비싼 음식을 주문해 전체적으로 엄청난 지출을 하게 된다는 것이다. 어차피 전체 식사비를 n(사람 수)분의 1로 나누기 때문에 싼 음식을 먹으면 손해로 여겨지기 때문이다.[9]

주민회의에서 동네에 가로등을 설치하는 데 주민 모두가 비용을 나눠서 부담하는 문제를 논의한다면 어떻게 될까? 우리 집은 가로등이 필요 없다며 빠져도, 정작 가로등이 설치되면 편의를 누릴 수 있다. 그러나 이런 식으로 하나 둘씩 빠지면 결국에는 모두가 가로등이 필요 없다고 주장하게 되어 가로등 설치는 없던 일이 되고 만다. "나 하나쯤 어떠랴" 하는 생각을 혼자만 한다면 큰 문제가 아니지만, 모든 사람이 같은 생각을 하기 때문에 전체가 손해를 보는 상황으로 치닫게 되는 것이다.

사실 우리 주변에 '공중', '공공', '공용', '공동'이란 이름이 붙으면 뭐든지 헤퍼지고 지저분하고 너절해진다. 공중화장실, 공중전화, 공공도서관, 공용수도 등이 대개 그렇다. 또한 공중도덕은 사람이 함께 살기 위해 지켜야 할 도덕이지만, 실은 잘 지켜지지 않는 사회규범을 뜻하는 것처럼 느껴진다.

하딘은 공유지의 비극을 해결하는 방안으로, 국유화를 통해 국가가 통제할 것을 주장했다. 실제로 어족자원 남획(濫獲)을 막기 위해 국가가 배타적 경제수역과 어업 쿼터 등으로 규제하기도 한다. 또한 많은 나라가 숲을 훼손하거나 공기·강물을 오염시키는 행위를 법으로 엄격히 금하고 있다.

하지만 요즘에는 국유화가 공유지의 비극을 해결하는 만능열쇠가 아니라는 비판이 강하게 제기되고 있다. 1960-1970년대 아프리카의 신생 독립국들은 야생동물을 국유화했지만 야생동물 숫자는 지속적으로 감소했다. 국가가 아무리 감시한다 해도 밀렵꾼을 완벽하게 막을 수 없거니와, 농민들이 돈도 안 되면서 농사를 망치는 코끼리, 코뿔소 등에 대해 강한 증오심을 가진 탓이다. 국유화가 또 다른 형태의 공유지의 비극을 초래하고 만 것이다. 그 대안은 아이러니컬하게도 야생동물을 사유화하는 것이었다. 야생동물 소유권을 국가가 아닌 부족 공동체로 되돌린 곳에서는 야생동물 숫자가 신속히 회복되고 있다. 야생동물이 다시 값어치를 지니게 되자 주민들의 태도가 급격히 달라진 것이다.[10]

공동으로 소유한다고 해서 반드시 공유지의 비극을 겪는 것은 아니다. 영국의 삼림 역사가 올리버 레컴은 이렇게 지적했다. "공유권 소유자들은 바보가 아니다. 그들은 하딘이 제기한 문제를 잘 알고 있다. 비극이 다가오는 것을 알고 그것을 피하기 위해 행동을 취한다. 다른 공동소유자들이 과잉 방목하는 것을 막기 위해 통제 수단을 강구한다. 영국 공유지에 관한 법원의 보관 문서를 보면, 그 같은 통제가 있었으며 상황 변화에 따라 개정되어왔음을 알 수 있다."[11]

미국 정치학자 엘리노어 오스트롬은 경제학에 전혀 문외한인 사람들도 합리적이고 자연친화적인 방식으로 이 문제를 해결할 수 있음을 입증했다. 정부 규제나 개인의 소유로 만들지 않더라도, 이용자들 사이의

4-3 | 터키 알라냐.

이해 충돌을 피하기 위한 규칙과 의사결정기법을 발달시키면 공유지의 비극을 해결할 수 있다는 것이다.

실제로 스위스, 일본 등지에서는 수백 년 동안 공동소유의 삼림이 잘 관리되고 있다. 터키 알라냐 해안 어민들은 1970년대만 해도 남획과 분쟁, 어획 감소로 허덕였다. 그러나 계절마다 추첨을 통해 허가된 어민들에게 어장을 배분하는 독창적인 규칙을 만들어낸 뒤에는 어장 고갈 우려가 사라졌다.(도판 4-3) 스페인 발렌시아의 투리아 강은 1만5,000명의 농민들이 공동소유하지만 자기 차례가 되면 분배 수로의 물을 낭비 없이 필요한 만큼만 끌어다 쓰는 규칙을 550년 이상 유지하고 있다.[12] 이들 지역에서는 하딘의 공유지의 비극이 '희극'으로 바뀐 셈이다.

사람들의 행동은 때때로 심각한 우려를 낳고, 이기심은 파국을 향해 질주하는 폭주기관차와도 같다. 그럴 때마다 정부가 개입해야 한다는 주장이 거세진다. 하지만 동시에 사람들은 파국을 피하려는 노력을 할 줄 안다. 위로부터의 지시보다는 아래로부터의 자발적 행동이 훨씬 좋은 결과를 낳는다. 시장 실패(시장이 최적 효율을 달성하지 못한 상태)는 비효율로 끝나지만 정부의 실패는 진짜 비극이 되는 것이다.

TIP

다르면서 같은 공유재와 공공재

사람이 필요로 하는 재화나 서비스가 반드시 시장에서 거래되는 것은 아니다. 사고 싶어도 파는 사람이 없는 경우가 있다. 경제학에서는 재화를 배제성(excludable)과 경합성(rivalry)으로 구분한다. 배제성은 대가를 지불하지 않은 다른 사람의 소비를 막을 수 있는가를, 경합성은 한 사람의 소비가 다른 사람의 소비를 제한하는가를 의미한다. 이에 따라 모든 재화를 사유재 · 요금재 · 공유재 · 공공재 등 4가지 유형으로 분류할 수 있다.

먼저 사유재(private goods)는 소유권이 명확한 사적 재화를 말한다. 빵 · 과일 · 옷 · 책 · 휴대폰 같은 파는 상품은 거의 사유재다. 돈을 내지 않으면 살 수 없으므로 배제성이 강하고, 한 사람이 써버리면 다른 사람은 그 재화를 쓸 수 없기에 경합성도 있다.

요금재(집단재, collective goods)는 케이블 텔레비전처럼 요금을 안 내면 볼 수 없으므로 배제성이 뚜렷한 반면, 한 사람이 추가돼도 다른 사람이 영향받지 않으니 경합성은 없는 재화다. 유료도로, 전화, 전기, 상하수도 등도 요금재에 해당된다. 요금재는 사업자가 공급망을 구축하는 데 막대한 투자가 필요하므로 대개는 독점 형태를 띤다. 정부나 공공기관이 공급하는 경우가 많아 준공공재라고도 부른다.

헷갈리기 쉬운 것이 공유재와 공공재다. 공유재는 타인의 소비를 막을 수 없고 과도하게 소비되어 고갈될 수 있는 재화다. 즉 배제성이 없으면서 경합성은 있는 경우로, 공유지 · 공유재산이라고도 부른다. 바다의 물고기, 지하유전 같은 것들이 공유재에 속한다.

이에 반해 공공재는 누구나 제한 없이 소비할 수 있는 재화를 말한다. 국방, 치안, 날씨예보, 등대, 지상파 텔레비전 등이 공공재에 속한다. 배제성도 경합성도 없기 때문에 이익을 낼 수 없으므로 시장에서는 공급할 사람이 없다. 따라서 주로 정부가 세금을 걷어 공공재를 공급한다. 이 같은 4가지 유형의 재화를 표로 정리하면 다음과 같다.

구분		경합성	
		있음	없음
배제성	있음	사유재 : 쌀, 빵, 옷, 책, 휴대폰, 자동차 등	요금재 : 케이블TV, 유료도로, 전화, 전기 등
	없음	공유재 : 물고기, 야생동물, 공기, 지하유전 등	공공재 : 국방, 치안, 가로등, 기상예보, 지상파TV 등

그러나 상황에 따라 구분이 모호한 회색지대에 속하는 재화도 있다. 예를 들어 무료도로는 누구나 이용할 수 있는 공공재지만, 그 도로가 막힌다면 과다 소비되는 공유재와 유사해진다. 유료도로는 요금재지만, 막히는 유료도로라면 배제성과 경합성을 모두 띠게 돼 사유재의 성격을 갖는다. 바닷물고기도 가두리 양식장에서 키우면 사유재, 먼바다 물고기는 공유재가 된다. 드물게는 공공재를 민간 기업이 공급하는 경우도 있다. 지상파 텔레비전은 경합성과 배제성이 없는 공공재지만, MBC나 SBS처럼 민간 기업이 광고로 비용을 충당해 생산한다. 이런 경우에는 한정된 주파수 자원을 사용하므로 정부가 허가제로 관리한다.

누가 장발장의 공장에서
팡틴을 쫓아냈을까
주인과 대리인

　빅토르 위고(Victor Hugo)의 『레미제라블(*Les Misérables*)』 한글 번역본은 2,400쪽에 이른다. 위고는 등장인물의 구체적인 심리 묘사 없이 대화와 주변 정황으로 이야기를 풀어가므로 읽는 데 지루한 느낌이 들기도 한다. 특히 5권짜리 『레미제라블』을 독파하겠다고 도전하는 사람이라면 1권을 펼쳐 들자마자 지레 질리기 쉽다. 120여 쪽까지 오로지 미리엘 주교의 옛날 일화가 지루하게 나열돼 있기 때문이다. "은촛대는 왜 가져가지 않았느냐"는 미리엘 주교의 말에 장발장이 깊이 뉘우치는 장면은 한참 뒤에야 나온다.

『레미제라블』의 줄거리는 위낙 유명해 따로 설명이 필요 없다. 격동의 프랑스 혁명기에 굶주린 조카들을 위해 빵을 훔친 죄목으로 5년형을 받고 살다 탈옥을 시도해 총 19년을 감옥에서 보낸 사나이가 겪는 운명과 사랑, 그리고 희생의 일대기다. 이 작품에서 어떤 이는 숭고한 인간애를, 어떤 이는 아름다운 사랑을, 또 어떤 이는 역사의 도도함과 민중의 힘을 보았다고 말한다. 고전 명작일수록 다양한 관점을 가질 수 있다는 것도 매력이다.

4-4 | 영화 〈레미제라블〉의 한 장면.

작품 전체로 보면 작은 사건이지만 경제학적 시각에서 눈길을 끄는 장면이 있다. 팡틴이 마들렌 시장으로 변신한 장발장이 운영하는 공장에서 쫓겨나는 과정이다. 영화 속에서 팡틴이 수십 명의 여인들과 함께 의류 공장에서 일하는 바로 그 장면이다.(도판 4-4) 팡틴은 딸 코제트가 아프니 돈을 더 보내라는 테나르디에 부부의 편지를 읽다가 공장 관리인에게 들켜 그 자리에서 해고된다. 졸지에 길거리로 쫓겨난 팡틴이 갈 곳이라고는 밤거리밖에 없다. 팡틴은 머리카락을 자르고, 이까지 뽑아 파는 비참한 처지에서 병까지 얻어 죽음에 이른다.

그렇다면 성자 같은 새 삶을 살던 장발장은 팡틴이 쫓겨날 때 도대체 무엇을 했을까? 자신의 공장에서 해고돼 나락으로 떨어진 팡틴에 대해 과연 책임이 없을까? 장발장은 뒤늦게 팡틴의 고통을 알고 자책하지만, 감독 소홀이라는 미필적 고의의 가능성이 있는 것은 아닐까? 더구나 관리인은 공장 주인도 아닌데 대체 무슨 권한으로 팡틴을 쫓아낼 수 있었을까?

　이런 상황은 경제학에서 말하는 '주인-대리인 문제 (principle-agent problem)'를 떠올리게 한다. 1976년 마이클 젠센(Michael C. Jensen)과 윌리엄 메클링(William Meckling)이 주창한 '대리인 이론'은 본래 주주와 전문

> **미필적 고의**
> 자기 행위로 인해 어떤 결과가 초래될지를 예상하면서도 그 행위를 행하는 심리 상태.

경영인 간의 문제에서 비롯된 것이다. 전문경영인이 자신의 이익을 우선시하기 쉬우므로 기업은 주주 이익의 극대화를 추구해야 한다는 주장으로, 이른바 주주 자본주의를 주창한 것이다.

　『레미제라블』에서 공장 관리인은 주인의 권한을 위임받은 대리인이다. 장발장이 주인이고 관리인은 전문경영인인 셈이다. 관리인은 위임받은 권한으로 장발장의 이익을 높여주기보다는 팡틴에게 추근거리는 등 자신의 이익에 더 혈안이다. 장발장의 잘못은 대리인의 이 같은 문제를 전혀 인지하지 못했다는 데 있다.

　기업에서 대리인 문제가 생기는 이유는 주인이 대리인의 일거수일투족을 속속들이 알 수 없기 때문이다. 대리인은 자신의 행동을 잘 알지만 주인은 모르는, 정보 비대칭(information asymmetry)이 일어나는 것이다. 대리인이 열심히 노력하면 주인에게는 득이 되지만, 대리인 자신에게 돌아오는 것은 별로 없다. 감시가 느슨할수록 대리인이 사적 이득을 취할 유인이 된다. 즉 감시받지 않는 사람이 부정직하거나 바람직하지 못한 행동을 하는 도덕적 해이(moral hazard)의 가능성을 내포하는 것이다. 이는 세상 어디서나 인간의 이기심이 만들어내는 자연스런 현상이다.

　따라서 주인이 대리인 문제를 해결하려면 도덕적 해이를 억제해야 한다. 하지만 주인이 일일이 쫓아다니며 제대로 일하는지 감시할 수도 없다. 여기에는 필수적으로 감시비용(monitering cost)이 든다. 장발장은 공

장 관리인을 감독할 감시인을 따로 고용하든지, 수시로 직원들의 애로 사항을 청취하든지, CC-TV를 설치해야 할 것이다. 이때 추가 인건비와 직원 면담 시간, CC-TV 설치비 등이 모두 감시비용이 된다. 시장을 통한 감시 수단도 있다. 기업의 결산보고서를 제3자인 공인회계사로 하여금 감사하도록 의무화하거나, 경영 재무 등 기업의 주요한 변동 사항을 수시로 공시해 널리 알리게 하는 것이다. 이를 통해 투자분석가(analyst)나 소액주주들도 기업 경영진이 제대로 경영하는지를 파악할 수 있다.

하지만 도둑 하나를 열 장정이 못 막듯이, 아무리 감시를 강화해도 대리인 문제는 쉽게 사라지지 않는다. 따라서 감시라는 채찍보다는 자발적으로 일하게 만드는 당근(인센티브)을 주는 것이 더 효과적이다. 그런 이유로 고안된 것이 일정 목표를 달성할 경우 지급하는 성과급(보너스)이나, 임직원이 자사 주식을 살 수 있는 권리인 스톡옵션(stock option) 같은 보상제도다. 특히 스톡옵션은 주가 상승이라는 주주의 이익과 임직원들의 이익을 일치시키는 방법이다.

그러나 이 또한 도덕적 해이를 막을 수 있는 완벽한 수단은 못 된다. 글로벌 금융위기 때 부실화한 미국 대형 금융회사들을 보면 과도한 보상책이 오히려 독이 된 경우도 있다. 임직원들이 자신에게 돌아올 성과급이나 스톡옵션을 의식해 단기간 성과를 낼 수 있는 위험한 투자를 서슴없이 한 사실이 드러난 것이다. 그런 투자는 금융위기 같은 상황이 벌어지면 순식간에 회사 전체를 무너뜨릴 수 있다.

일상에서도 대리인 문제를 예방하는 감시장치를 발견할 수 있다. 포장 이사를 맡긴 집주인은 일꾼들이 일을 잘하나 못하나 일일이 감시할 필요가 없다. 나중에 이삿짐이 제대로 옮겨졌는지 확인하면 그만이다. 집주인과 일괄계약을 맺은 이삿짐센터가 일꾼들을 고용하고 감독하기 때문이다. 미국 캘리포니아 주 오렌지 농장에서는 수확기에 멕시코 출신 노무자를 고용하지만 농장주가 근로 감독으로 고민할 필요가 없다. 노무자 조장만 고용하면 그 사람이 일괄적으로 노무자들을 고용하고 직접 감독해 계약한 대로 일을 마친다.

버스기사는 월급제가 가능해도 택시기사는 어려운 것도 감시비용과 연관 지어 생각할 수 있다. 버스기사는 정해진 노선을 하루 3~4차례 운행하면 된다. 버스기사가 요금을 직접 받는 것도 아니고, 어차피 종점으로 돌아와야 하므로 버스회사가 기사를 독촉할 필요도 없다. 반면 택시는 정해진 노선이 아닌, 정해진 시간 동안 운행하는 구조다. 매일 손님 수도 다르고, 수많은 기사가 언제 어디서 무엇을 하고 있는지 일일이 감시하기도 어렵다. 버스와 달리 업무의 표준화가 될 수 없는 것이다.

따라서 택시업계에서는 부분월급제와 사납금 제도가 일반적이다. 기사는 하루 일정액을 회사에 납부해야 하며, 모자라면 자기 돈으로 채우거나 월급에서 공제된다. 대신 사납금 이상 번 돈은 기사의 몫이 되며, 사납금을 완납하면 많지는 않지만 일정액의 월급을 받는다. 최소한 사납금 이상을 벌도록 유도하는 장치다. 하지만 택시기사들은 늘 어려운 처지를 하소연한다. 교통체증, 이용객 수 등을 감안할 때 사납금이 너무 높고, 월급은 적기 때문이다. 이것이 택시가 안고 있는 딜레마다.

이렇듯 세상에는 각자의 이해관계가 다르거나 서로 대립하게 되는 일이 너무나 많다. 그래서 더욱 경제학적 사고가 절실한 것이다.

「봄봄」의 머슴, 「동백꽃」의 소작농

김유정(金裕貞)의 단편소설 「봄봄」과 「동백꽃」에는 모두 우직하고 순진한 '나'와 마름(지주의 토지 관리인)의 딸인 점순이가 주인공으로 등장한다. 먼저 「봄봄」의 '나'는 마름의 데릴사위지만 실은 머슴이나 다름없다. 점순이와 혼인시켜준다는 말만 철석같이 믿고 3년 넘게 머슴살이를 하고 있다. 하지만 야속하게도 장인은 점순이의 키가 덜 컸다며 결혼을 차일피일 미루기만 한다.

「동백꽃」의 '나'는 17살 동갑내기 점순이의 애매모호한 행동이 부담스럽다. 아버지가 점순이네 땅을 빌려 농사짓는 소작농인 탓이다. '나'는 닭싸움을 붙이다 화가 나 점순이의 수탉을 때려 죽이고서는 아버지가 소작 짓는 땅을 떼일까 울음을 터뜨리고 만다.

두 작품에 등장하는 머슴과 소작농은 조선시대에 농사를 담당하던 사람들이다. 머슴은 주인 양반집의 집안일도 거드는 하인이지만, 주된 업무는 양반집의 논밭 농사다. 양반집에서 의식주를 제공받고 한 해 5가마 안팎의 사경(私耕, 머슴의 연봉)을 받는다. 반면 소작농은 땅을 빌려 생산한 곡식을 지주와 나누는 농민(평민)이다. 땅을 빌린 대가로 곡식을 5대 5나 4대 6으로 지주와 나눈다.

그런데 지주는 어떤 땅은 머슴에게 맡기고 어떤 땅은 소작을 준다. 똑같이 자기 땅인데 왜 머슴과 소작농을 구분했을까? 여기에 감시비용의 이론이 숨어 있다. 지주는 대개 집에서 가까운 논밭이면 머슴을 시켰고, 집에서 먼 논밭은 소작농에게 맡겼다. 집에서 가까운 논밭은 지주가 오가면서 머슴이 제대로 일하는지 얼마든지 감시할 수 있다.

머슴은 더 일한다고 자기 소득이 늘어나지 않는다. 주인 눈만 피하면 얼마든지 게으름을 부릴 수 있는 것이다.

그러나 산 너머 먼 곳에 있는 논밭이라면 일일이 감시할 수 없다. 차라리 소작농에게 생산량의 절반가량을 받는 조건으로 빌려주는 게 오히려 이득이 된다. 소작농은 지주가 감시하지 않아도 자기가 가져 갈 몫을 늘리기 위해 스스로 열심히 일하게 된다.

감시비용의 유무에 따라 고용 형태가 달라지는 현상은 오늘날에도 쉽게 찾아볼 수 있다. 일반 사무직이라면 월급의 대부분이 기본급이지만, 영업직은 다르다. 영업사원이 밖에 나가 무엇을 하는지 고용주가 일일이 알 수 없다. 따라서 영업직은 기본급보다는 판매량에 따라 받는 성과급(인센티브) 비중이 훨씬 높다.

『위대한개츠비』의
전혀위대하지못한사업
규제와 지하경제

『위대한 개츠비(*The Great Gatsby*)』가 2013년 다시 영화화되면서 스콧 피츠제럴드(Francis Scott Fitzgerald)의 원작소설 또한 새로운 번역본이 쏟아지며 개츠비 붐을 불러일으켰다. 뮤지컬 영화 〈레미제라블〉이 흥행하자 여러 출판사가 5권짜리 완역본을 앞다퉈 내놓아 갑자기 20만 부나 팔린 것과 마찬가지다.

미국 중서부에서 가난한 농부의 아들로 태어난 제임스 개츠(훗날 제이 개츠비로 개명)는 성공하겠다는 야심을 품고 어린 시절 가출한다. 1차 세계대전이 발발하고 장교가 된 개츠비는 부대 인근 시카고의 상류층 여성 데이지 페이를 만나 사랑에 빠진다. 개츠비가 유럽 전선으로 떠나자 데이지는 시카고 출신 부호 톰 뷰캐넌과 결혼해 뉴욕 교외에 정착한다. 그러나 톰은 자동차 정비공 윌슨의 아내인 머틀과 공공연하게 외도를 즐긴다. 데이지는 이를 알면서도 호사스런 생활에 만족해 참고 산다.

전선에서 돌아온 개츠비는 가난 탓에 데이지를 잃었다고 여겨 범죄조직과 손잡고 밀주업으로 단기간에 큰돈을 번다. 개츠비는 데이지의 집이 마주 보이는 바닷가에 대저택을 사들여 매주 성대한 파티를 연다. 오로지 데이지를 다시 만나기 위해서다. 데이지의 육촌인 닉 캐러웨이가 옆집으로 이사 오자 개츠비는 닉에게 부탁해 데이지와 재회한다. 둘은 다시 사랑에 빠지지만 톰이 눈치채면서 갈등을 빚는다. 맨해튼의 호텔에서 톰이 개츠비의 정체를 폭로하자 개츠비는 데이지가 톰을 전혀 사랑한 적이 없다고 맞선다.

혼란스러운 데이지는 집으로 돌아가는 길에 개츠비의 차를 운전하다 사고로 머틀을 죽게 하고 뺑소니친다. 톰은 머틀이 개츠비의 차에 치여 죽었다고 그녀의 남편 윌슨에게 알려준다. 복수심에 불탄 윌슨은 개츠비를 찾아가 그에게 권총을 쏘고 자살한다. 개츠비의 장례식에는 아무도 찾아오지 않는다.

『위대한 개츠비』는 소설과 영화가 대동소이하다. 사건 전개 과정이나 등장인물의 이미지가 거의 일치한다. 다만 영화에서 개츠비의 장례식을 닉 혼자 지킨 반면, 소설에서는 개츠비의 아버지와, 개츠비의 서재를 보고 경탄했던 노교수도 뒤늦게 참석하는 것으로 나온다. 영화에는 개츠비의 보스인 마이어 울프심이 잠깐 등장하지만 소설에선 비중이 훨씬 크다. 또 소설에서는 데이지의 친구이자 골프 선수인 조던 베이커가 닉과 더 가깝게 지내는 것으로 그려진다.

피츠제럴드가 이 소설을 발표한 것은 1925년이다. 1918년 1차 세계대전 종전 이후 미국 경제가 호황을 누리고 주가는 천정부지로 치솟던 시절이며, 그로부터 4년 뒤 대공황이 닥칠 때까지 흥청망청 그 자체였다. 게다가 1920년대는 음주와 술 제조, 판매를 금지한 금주법이 시행됐던 시기다. 이런 시대 배경에서 오로지 성공과 사랑을 향해 달려갔던 개츠비와, 사치와 호사스런 삶에 몰두한 데이지가 있었다. 개츠비의 죽음은 1920년대의 파국을 암시하는 것으로도 볼 수 있다.

그렇다면 금주령 시대의 미국은 어땠을까? 청교도 이념에 충실했던 미국에서는 이미 1840년대부터 술을 금지해야 한다는 주장이 제기됐다. 주로 새로운 이민자들이 모여드는 대도시에서 술이 제조·판매되었으므로 금주 운동은 이민 배척 운동과도 관련이 있었다.[13] 금주법이 미국에서 현실화한 데는 우선 알코올중독이나 범죄를 줄인다는 명분 외에도, 그 이면에 1차 세계대전의 적성국(敵性國) 독일의 이민자들이 맥주 등 양조업으로 부를 쌓는 것을 견제하려는 의도도 있었다. 기독교 근본주의 또는 복음주의의 영향력도 금주법 제정의 또 다른 배경이다.

결국 1919년 1월 발의자인 하원의원 볼스테드의 이름을 따서 '볼스테드법'으로 알려진 전국금주법(National Prohibition Act), 즉 수정헌법 18조가 제정됐다. 이 법이 1920년부터 발효되면서 미국 내에서 술은 공식적으로 자취를 감추었다.[14] (도판 4-5) 대부분의 주에서 금주법이 시행되어 술의 제조·판매가 법으로 금지됐다. 그러나 이 법은 지켜지지 않았다. 미국인들이 술 끊기를 거부했던 것이다. 위스키가 수천 마일에 달하는 국경과 해안선

4-5 | 1923년 금주법 단속요원의 주류창고 기습 장면. 워싱턴 DC.

을 통해 마구 밀수입돼, 술의 유통을 막는다는 것은 거의 불가능했다.[15] 미국처럼 넓은 나라에서 개인이 술을 만들어 마시거나 파는 것을 정부가 공권력으로 일일이 단속한다는 것 자체가 어불성설이었다.

합법적인 술 생산이 금지되자 밀수로 들여온 술은 가격이 급등했다. 상류층은 밀수된 술을 비싸더라도 마실 수 있었지만 중·하류층은 그렇지 못했다. 술 공급이 수요를 따라가지 못하자 밀주업자들이 독성이 있는 메틸알코올로 만든 가짜 술이 성행했고, 가짜 술을 마시다 실명하거나 사망하는 일도 빈번했다. 범죄자들은 가짜 술을 대량 유통시키면서 조직화하기 시작했다. 전설적인 갱 두목인 알 카포네를 비롯한 암흑가의 마피아가 본격 등장한 것도 이 시기였으며, 밀주 판매를 둘러싼 마피아들끼리의 주도권 다툼 속에 전국이 무법천지로 돌변했다.

결국 1929년 대공황을 겪으면서 미국 전역은 대혼란에 빠져들었다. 1932년 대통령 선거에서 승리한 루스벨트가 1933년 수정헌법 21조를 통해 금주법을 폐지함으로써 14년간의 대소동은 막을 내렸다.[16] 당시 우리나라 신문에 보도된 기사를 보면 미국의 금주법이 어떤 문제를 낳았는지 알 수 있다.

"미국에서 금주령이 발표된 이래 알코올중독으로 인해 사망한 사람이 금주령 이전보다 2할 5푼(25%)의 증가가 있다 하며, 뉴욕 메트로폴리탄 생명보험회사의 사망 통계에 의하면 그전보다도 6배의 증가가 있다는데, 원인은 비밀리에 술을 수입함으로써 값이 비싸서 상류사회 외에는 먹을 수 없는 형편이므로 일반은 알코올 섞인 것이면 품질 여하를 막론하고 먹은 까닭인 듯하다더라."[17]

갱들이 비밀리에 술집을 운영하면서 금주법 이전에 18만여 곳이던 술집이 금주법 시행 10년 만에 오히려 3배 이상 폭증했고, 이에 비례해 미국인의 1인당 연간 술 소비량도 늘었다. 술 규제가 이권을 만들고, 이권은 범죄를 불러왔다. 존 F. 케네디 대통령의 아버지인 조지프 케네디도 금주법 수혜자 중의 하나다. 보스턴의 소상인이었던 그는 마피아의 밀주 판매에 개입하면서 큰돈을 벌었고, 그 덕에 대통령까지 배출한 명문가로 올라섰다. 캐나다의 위스키 회사들도 마피아의 후원과 밀수의 혜택을 톡톡히 누리며 성장했다.[18] 반면 미국의 와인산업은 순식간에 몰락해 회복되기까지 오랜 시간이 흘러야 했다.

『위대한 개츠비』의 주인공 개츠비는 이 같은 밀주업으로 단기간에 거부가 된 인물이다. 소설과 영화에서 개츠비가 밀주를 거래하는 장면을 직접적으로 묘사하지는 않는다. 하지만 개츠비가 수시로 누군가에게서 전화받는 것을 통해 그가 하는 일을 암시한다. 개츠비는 약국 사업도 했다고 한다. 당시 약국(드럭스토어)은 의사 처방에 따라 알코올을 판매할 수 있어, 금주법 시대에는 공공연한 밀주 판매 창구였다.[19] 그의 보스 울프심은 1919년 미국 메이저리그 월드시리즈 경기를 조작한 도박사이자 범죄조직의 거물로서, 누군가의 어금니로 만든 넥타이핀을 자랑하는 인물로 묘사된다. '위대한' 개츠비가 돈을 벌기 위해 했던 일은 전혀 위대하지 못했던 것이다.

당시 금욕주의 퀘이커교도(Quakers)였던 허버트 후버 대통령은 금주법을 '고상한 실험(The Noble Experiment)'이라고 불렀다. 그러나 금주법의 결과는 고상함과는 전혀 거리가 멀었다. 정부는 국민의 건강, 사회 윤리와 질서 등을 보호 또는 권장하기 위해 규제를 만든다. 물론 교통법규처럼 반드시 필요한 규제

> **퀘이커교**
> 17세기 중반 영국의 조지 폭스가 제창한 종교로, 급진적 청교도 운동에서 출발하여 성직자나 교회 등의 형식 없이 명상을 통해 깨달음을 얻을 수 있다고 주장했다. 노예제 철폐, 여성 해방, 사형제 폐지 등 사회 개혁에 많은 노력을 기울였다.

도 많다. 그러나 도덕적으로는 타당한데 현실에서는 결코 작동하기 어려운 금주법 같은 규제도 적지 않다. 역사적으로 술을 금지하려는 시도가 세계 곳곳에서 있었다. 하지만 제대로 성공한 사례는 없다. 술은 물이나 쌀만큼은 아니어도 인간 삶에서 결코 없앨 수 없는 윤활유와도 같기 때문이다. 윤활유 없는 엔진은 금방 과열되기 마련이다.

정의감에 불타는 이상주의를 법으로 강제할 때 현실에서 어떤 일이 벌어지는지, 광란과 무법의 1920년대 미국이 극명하게 보여준다. 금지해야 할 당위성, 도덕성이 있더라도 인간의 본성을 거스르는 규제는 반드시 부메랑처럼 더 큰 부작용을 유발한다. 누군가 '착하게 살자'고 했을 때 이를 부정할 사람은 없을 것이다. 그러나 '착하게 살자'를 강제로 밀어붙이면 이른바 조폭의 팔뚝 문신처럼 '차카게 살자'가 되고 만다. 사회 규범을 법으로 강제하는 '윤리의 법제화'를 경계해야 하는 이유다.

규제가 강하면 강할수록 그늘도 짙어진다. 규제의 그늘이 바로 지하경제다. 지하경제란 좁은 의미에서 탈세, 뇌물, 마약, 도박, 매춘, 절도 등 불법 행위와 그에 따른 경제적 이득을 가리키지만, 넓은 의미에서는 정부가 파악하지 못해 세금을 물릴 수 없는 모든 경제 행위를 총칭한다. 규제와 지하경제는 동전의 양면과도 같다고 할 수 있다. 한쪽이 커지면 다른 쪽도 덩달아 커진다. 지하경제 양성화를 위해 세무조사와 자금 추적을 강화하자, 다른 한편에서 5만 원권 지폐와 골드바 같은 금 수요가 급증하는 식이다. 따라서 규제의 첫걸음은 닭 잡는 데 소 잡는 칼을 쓰지 않는 것에서 출발해야 한다.

금주법 시대가 낳은 인물이 '밤의 대통령'이라는 알 카포네다. 이탈리아계 이민 2세인 카포네는 금주법이 시행된 1920년에 21세였다. 카포네는 금주법을 틈타 시카고를 무대로 밀주와 밀수, 도박, 매춘 등으로 엄청난 부를 축적했고, 잔인한 수법으로 암흑가를 평정했다. 시카고의 정계 · 재계 인사들은 물론 경찰과도 결탁한 그는 밀주업으로 연 평균 6,000만 달러를 끌어모았다. 1932년 주류 밀매와 탈세 혐의로 수감됐다가 1939년 석방된 이후에는 조용히 살았다고 한다.

TIP

조선시대의 금주령

한민족(韓民族)은 예부터 음주가무를 즐겼다는 기록도 있지만, 고려 · 조선시대에는 금주령 또는 절주령이 수시로 내려졌다. 주로 큰 가뭄이 들거나 흉작 · 기근이 심할 때 국가에서 술 판매와 음주를 법으로 금지했던 것이다.

특히 유교를 건국이념으로 삼은 조선은 개국(1392) 직후 흉작으로 금주령을 내린 것을 비롯해 태종 · 성종 · 연산군 때도 금주령이 빈번했다. 조선 후기 영조 때인 1758년에는 큰 흉작이 들어 궁중 제사에서도 술 대신 차를 쓰는 등 엄격한 금주령이 시행됐다.

금주령은 보통 가뭄이 심한 봄, 여름에 반포되어 추수가 끝나는 가을에 해제됐다. 금주령이 내려진 기간에는 음주와 술을 빚는 것이 금지됐지만 예외도 있었다. 국가의 제향(祭享), 사신 접대, 백성의 혼인 · 제사, 노병자의 약용 등의 경우에는 술을 허용했다. 또 술을 팔아 생계를 이어가는 빈민의 술 제조도 묵인됐다.

술을 약에 비유한 약주(藥酒)란 말도 흥미롭다. 약주의 유래에는 2가지 설이 있다. 하나는 금주령 기간에 술을 빚다 단속반에 걸렸을 때 면책 대상인 '환자 치료용으로 빚은 약주'라고 둘러댄 데서 유래했다는 설이다. 또 다른 설은 선조 때 서울 약현(藥峴, 현재 중림동)에 살던 서거정(徐居正)의 후손 서약(徐藥)의 부인이 술 빚는 솜씨가 뛰어나 '약현에서 빚은 술'이란 의미에서 약주로 부르게 됐다는 것이다.[20]

이 밖에도 1960년대에는 식량사정이 어려워 쌀로 막걸리 만드는 것을 금지한 적이 있었다. 이것도 일종의 금주령이라고 할 수 있다. 보건복지부는 2012년 대학 내에서 음주로 인한 사고가 빈발하자 국민 건강증진법을 개정해 캠퍼스 내에서 주류 판매와 음주를 금지하는 방안을 추진하기도 했다. 금주령과 같은 사회적 금기는 지금도 여전히 논란거리다.

허생과 봉이 김선달이 떼돈 번 전략

독점과 혁신

    연암 박지원의 소설 「허생전」, 그리고 「봉이 김선달」 설화는 초등학생도 알 만큼 유명한 이야기들이다. 두 이야기의 주인공 모두 기발한 아이디어로 큰돈을 벌지만, 마음속에 담은 생각은 그리 간단치 않은 인물들이다. 이들을 통해 당시 시대상을 엿볼 수 있고, 불합리한 세상에 대한 통렬한 비판도 읽을 수 있다.

    남산골 가난한 선비인 허생은 한양 제일의 부자인 변씨를 찾아가 다짜고짜 1만 냥을 빌린다. 그 돈으로 제수용 과일을 사들였다가 되팔아 10배로 불렸고, 다시 말총을 매매해 또 10배로 불렸다. 1만 냥으로 100만 냥을 번 것이다. 요즘 관점에서 보면 허생의 전략은 부도덕한 매점매석(사재기)이라고 비난받기 딱 좋다.

김선달은 '봉이'라는 호(號)가 상징하듯 재치와 기지가 넘치는 꾀돌이다. 그가 봉이로 불리게 된 내력은 닭을 봉(鳳)이라 부르며 닭장수를 농락했기 때문이다. 대동강 물을 마치 자기 소유인 것처럼 상황을 연출해 한양 상인에게 황소 60마리를 살 수 있는 거금인 4,000냥에 팔아먹은 일화는 혀를 내두르게 만든다. 하지만 그는 개성 이북의 서도(평안도) 출신 차별 정책으로 인해 뜻을 펴지 못한 인물이다. 사기꾼, 협잡꾼이면서 인간심리를 꿰뚫어보고 차별 가득한 세상을 조롱한 재사(才士)로도 평가할 수 있다.

「허생전」과 「봉이 김선달」 설화의 배경은 조선 후기다. 병자호란(1636) 끝에 임금 인조가 적장 앞에 머리를 조아린 삼전도(三田渡)의 치욕을 겪고도 지배층인 양반들은 주자학(朱子學)의 관념론과 당쟁으로 허우적대던 시기다. 조선의 조세제도인 삼정〔三政, 전정(田政)·군정(軍政)·환곡(還穀)〕의 문란이 극심해 나라 재정은 갈수록 피폐해졌고, 국부를 키우기보다는 사적 이익이 우선시되던 혼란기였다.

반면 비주류 양반과 서얼(서자) 계층을 중심으로 실학이 태동하고 민간에서는 본격적으로 시장이 형성되는 시기이기도 했다. 박지원이 「허생전」을 쓴 것도 실학의 관점에서 사회 개혁을 주장하려는 의도였을 것이다. 허생이 1만 냥으로 제수용 과일을 싹쓸이했다는 묘사는 당시 조선의 경제가 얼마나 취약했는지를 암시하는 대목이다.

허생이 돈을 번 방법은 단순했다. 시장을 독점(monopoly)한 것이다. 생활필수품을 싸게 사들여 비싸게 되파는 방식으로 독점이윤을 챙겼다. 독점기업은 시장에 공급하는 상품의 수량을 조절해 가격을 결정할 수 있는 가격 결정자(price maker)다. 이런 독점시장에서 소비자는 가격 수용자(price taker)일 수밖에 없고, 경쟁시장에 비해 높은 가격을 지불해야 한다. 따라서 독점이윤은 소비자의 손실과 동전의 앞뒷면 관계가 된다. 많은 나라들이 독점의 폐해를 막기 위해 독점기업을 규제하는 이유다. 미국에서는 반독점법에 따라 독점기업에 대해 기업분할 명령을 내리기도 한다.

그렇다면 당사자 말고는 누구도 반기지 않을 독점은 왜 생기는 것일까? 독점은 다른 기업의 시장 진입을 가로막는 장벽이 존재하거나, 기업들 간의 치열한 경쟁 끝에 한 회사가 시장을 장악했을 때 벌어진다. 우리나라 공정거래법에서는 1개 업체의 시장점유율이 50퍼센트 이상이거나 3개 이하 업체의 점유율이 75퍼센트 이상인 경우 시장지배적 사업자(독점기업)로 규정하고 있다.

> **기업분할**
> 회사를 실질적으로나 법적으로 독립된 2개 이상의 기업으로 나누는 재편 방식으로 합병의 반대 개념이다.
>
> **규모의 경제**
> 생산 과정에 투입되는 인적·물적 자원(생산요소)을 증가시킴으로써 이익이 늘어나는 현상. 일반적으로 대량생산, 또는 설비 증설을 통해 단위당 소요 비용을 절감하는 것을 목적으로 한다.

독점기업은 대략 3가지 형태로 구분된다. 첫째, 자연독점(natural monopoly)이다. 특정 기업이 규모의 경제를 통해 생산비를 낮춤으로써, 후발 기업이 시장에 진입해도 이윤을 남기기 어려운 탓에 독점적 지위가 유지되는 상태를 말한다. 독보적인 기술을 가졌거나 초기에 막대한 투자가 필요한 산업의 경우에 이 같은 자연독점이 생긴다. 마이크로소프트는 윈도우를 통해 운영체계(OS) 시장을 독점했으며, 고어텍스는 첨단 섬유기술로 30여 년간 독점 지위를 누리고 있다.

둘째, 법률적 독점이다. 세금, 국방, 원전 등 특수한 목적을 수행하는 기업에 대해 국가적 차원에서 법으로 독점 지위를 부여한 경우를 말한다. 과거 양담배가 금지됐던 시절의 전매청이나 인삼을 국가가 전매하던 때의 담배인삼공사가 여기에 해당한다. 그러나 오늘날 민영화된 담배 제조업체 KT&G는 외국 담배 회사들과 치열한 경쟁을 벌여야 하므로 더 이상 독점기업이라 할 수 없다.

셋째, 공공독점이다. 시민들의 생활과 직결되어 초기에 대규모 자본이 필요해 민간 기업의 시장 진입이 어렵거나, 어느 정도 가격을 규제해야 하는 분야가 여기에 해당된다. 한국전력, 가스공사, 수자원공사, 철도공사 등이 공공독점에 속한다. 이런 공기업들은 법률에 의해 설치됐기에 법률적 독점이면서, 대규모 기반시설 투자가 필요하기 때문에 자연독점으로도 분류할 수 있다. 우리나라 공기업은 대개 과도한 독점이익이 나서 요금 규제가 필요하거나 반대로 손실이 커서 아무도 진입하려 하지 않는 분야를 담당한다.

마지막으로 특정 시장을 소수의 거대 기업이 지배하는 형태를 과점(oligopoly) 또는 카르텔(cartel)이라고 부른다. 과점기업들이 서로 협조(담합)한다면 독점기업과 같은 이윤을 누릴 수 있다. 그러나 과점기업들의 담합을 통한 인위적인 가격 인상은 소비자의 손실과 직결되는 문제이기 때문에 늘 감시 대상이 된다. 또 죄수의 딜레마(이 책 7장 참조)로 인해 담합은 오래가지 못하는 게 보통이다. 자동차, 정유, 석유화학, 조선, 철강 등 대규모 장치산업은 법으로 진입이 금지되진 않았어도 초기 투자비가 워낙 막대해 후발 기업이 등장하기 어렵다. 자연스럽게 과점시장이 형성되지만 그렇다고 담합하기는 어렵다. 정부의 감시도 있지만, 국내는 물론 해외 업체들과도 경쟁해야 하므로 경쟁시장 성격을 띠기 때문이다.

하지만 오늘날 독점기업의 힘은 많이 약해졌다. 무엇보다 세계가 단일시장이 되면서 한 나라에서의 독

장치산업
인력을 많이 사용하지 않는 대신 각종 대규모 장치를 설치해야만 생산이 가능한 산업.

점은 무의미해졌다. 독점이윤을 누리는 분야에는 금세 싼 가격의 수입품이 들어와 가격을 낮춘다. 또한 소비자가 가격 정보를 쉽게 얻을 수 있고, 이동 수단이 발달해 어디서든 주문이 가능하다. 인터넷 쇼핑 등 판매 채널이 다양해져 유통 비용도 줄어들고 있다. 소비자는 더 이상 나약한 가격 수용자가 아닌 것이다.

물론 독점기업의 힘은 예전 같지 않지만 네트워크에 의한 독점은 오히려 더 강화되는 추세다. 이는 세계가 하나로 묶이면서 벌어지는 현상이다. 전 세계 페이스북 가입자 수는 11억 명에 달한다. 페이스북을 나라로 치면 중국 다음으로 인구가 많다. 전 세계에서 윈도우가 깔리지 않은 퍼스널컴퓨터를 찾기 어렵고, 스마트폰은 삼성 아니면 애플이 세계 시장의 80퍼센트를 장악하고 있다.

실리콘밸리의 마케팅 전문가 폴 헤이스는 이런 현상을 네트워크 시대가 가져온 '판데노믹스(pandenomics)'라고 명명했다. '전염의 경제학(pandemic +economics)'이란 의미다. 진정한 기술의 역사는 10퍼센트의 발명과 90퍼센트의 수용으로 이루어져 있는데, 역사상 전례없이 빠른 속도로 기술이 수용되는 이 시대에 판데노믹스 현상이 벌어지고 있다는 것이다.[21] 만약 허생이 현대 인물이라면 마이크로소프트의 빌 게이츠나 페이스북의 마크 주커버그와 같은 수단을 강구해내지 않았을까?

봉이 김선달의 수법은 물론 사기(詐欺)다. 하지만 그 발상의 전환만큼은 주목해볼 필요가 있다. 김선달은 톰 소여와 같은 기지로 대동강 물을 한양 상인들에게 팔아먹었다. 그가 대동강 물을 판 것이나, 지하수를 퍼올려 생수라고 파는 것이나 사실은 크게 다를 바 없다. 요즘에는 공기도 캔에 담아 판다. 날씨를 이용해 돈을 버는 기상업체들도 생겨났다. 햇볕도 분명 경제적 가치가 있기에 상품화될 여지가 있다.

이처럼 고정관념을 깨는 발상의 전환은 무언가 새로운 것을 만들어낸다. 이런 점에 주목한 사람이 오스트리아 출신 미국 경제학자 조지프 슘페터(Joseph A. Schumpeter)다. 그는 창조적 파괴(creative destruction)와 혁신(innovation)을 경제 발전의 원동력으로 보았다. 혁신은 생산기술의 발전을 비롯해 새로운 시장 개척, 신제품 개발, 신자원의 획득, 생산조직 개선, 새로운 제도 도입 등 어디서나 일어날 수 있다. 그러기 위해선 묵은 관습과 방식, 고정관념 등을 버리고 완전히 새로운 무언가를 지향하는 창조적 파괴가 일어나야 한다. 위험을 감수하고 온갖 어려운 환경에서도 창조적 파괴를 통해 혁신을 이루어내는 것이 바로 슘페터가 강조하는 기업가 정신(entrepreneurship)이다.

기업가는 그저 기업을 경영하며 돈 많이 번 사람을 가리키는 용어가 아니다. 경영자가 기업가 정신에 입각해 이윤을 추구할 때에야 기업의 진정한 사회공헌이 가능하다. 검색 포털 세계 1위 기업인 구글(Google)도 따지고 보면 수많은 사람이 만들어놓은 자료를 인터넷상에서 쉽게 찾을 수 있게 한 것만으로 2012년 매출액 502억 달러(약 550조 원)에 107억 4,000만 달러(약 110조 원)의 순이익을 올렸다. 현대판 봉이 김선달이라고 할 만하다. 구글은 누구나 편리하게 사용할 수 있는 검색 기능을 제공해 헤아릴 수 없는 효과를 냈다.

고향집의 소를 훔쳐 도망친 정주영이 기업가로 추앙받는 이유도 마찬가지다. 아무도 갈 엄두를 내지 못한 길을 달려갔고(자동차, 조선 등), 아무도 생각 못한 일을 고안해냈으며(서산 간척지의 유조선 물막이 공법), 온갖 위험을 겪으면서도 물러서지 않았다. 이를 통해 정주영은 자동차 · 조선 산업을 일으키고 수출, 고용, 세금 등에서 사회에 공헌한 것이다.

봉이 김선달은 착상의 기발함에서는 누구도 따라가기 어렵지만 결코 기업가로 불릴 수는 없다. 고정관념을 깨뜨리기는 했지만 그로 인해 조선 백성이 이로워진 것은 전혀 없기 때문이다.

허생은 율도국에서 행복했을까

김종광의 소설 『율려낙원국』(2007)은 「허생전」의 후일담을 상상으로 그린 가상의 역사소설이다. 내용은 이렇다. 매점매석으로 큰돈을 번 허생은 「홍길동전」에 묘사되었던 지상낙원 율도국(栗島國)이 실제 있었다고 믿고 신비의 섬을 찾아낸다. 허생은 돈으로 고용한 무사와 싸움패를 동원해 변산의 도적떼를 토벌한 뒤 도적들을 회유해 섬으로 데려간다. 그곳은 신분 차별도, 빈부격차도, 남녀 차별도 없다. 각자 집 한 채와 일부일처제하에 똑같이 시작하고, 모든 일이 두레를 통해 공동으로 이뤄진다. 모두가 평등하고 모두가 등 따뜻하고 배부른 이상향이다. 나라의 이름 '율려(律呂)'는 '조화'를 뜻한다.

그런데 바로 거기서부터 문제가 시작된다. 사람들은 조선에 있을 때부터 몸에 밴 차별과 경력으로 인해 낙원에서도 갈등을 일으킨다. 이미 출발부터 능력에 따라 가진 놈, 못 가진 놈으로 나뉜다. 술, 도박, 종교, 간음을 금지했지만, 경쟁이 사라진 사회에서 사람들은 무료함에 빠져 나태, 도박, 간통을 일삼는다. 급기야 과거 토벌대, 도적이었던 사람들은 서로 편을 갈라 싸우고 죽인다. 낙원이 지옥으로 변해가자, 왕이 된 허생은 경찰을 조직하고 공포정치를 편다. 하지만 결국 허생은 자신의 정치 실험이 실패했음을 자인하고 떠난다.

율려낙원국이 낙원이 아닌 지옥이 된 것은 인간의 본성을 생각하면 당연한 결과다. 사람은 경쟁하고 남보다 앞서는 데서 자신의 존재를 확인하고 쾌감을 얻는다. 헤겔(Georg W. F. Hegel)의 『정신현상학(*Phaenomenologie des Geistes*)』(1807)의 핵심 개념인 '인정투쟁

(Anerkennungskampf)'도 이와 무관하지 않다. 자아는 타자를 또 하나의 자아로 의식하지 않는 한 스스로를 자각할 수 없으며, 또한 그 타자가 자신을 자립적인 가치로 인정해주기를 욕망한다. 헤겔은 이 인정에 대한 욕구와 그 과정을 생사를 건 투쟁에 비유한 것이다.

못하게 할수록 더 하고 싶어지는 게 인지상정이다. 모든 것이 해결되는 순간 또다시 모든 것이 문제가 된 것이다. 작가는 이 소설을 '고전 패러디 리얼 판타지'라고 불렀다. 그야말로 상상의 산물이지만, 소설이 던진 명제는 그런 이상향은 존재하지도, 존재할 수도 없다는 것이다. 본래 '유토피아(utopia)'란 말 자체가 '어디에도 존재하지 않는 곳'을 의미한다. 허생이 그린 낙원은 머릿속에서만 가능했다. 인간 세상은 누군가의 설계에 의해 만들어진 게 아니라, 수많은 구성원이 오랜 시간에 걸쳐 협력하고 다투면서 자연스레 형성해온 공간이다. 이런 진실을 부정하고 성공한 체제는 없다.

소설 속 미래는
왜 항상 우울할까
계획경제의 오류

　20세기 전반에 현대 문명과 전체주의를 경고한 3대 반(反)유토피아 소설이 있다. 예브게니 자먀찐(Yevgeny Zamyatin)의 『우리들(*Мы*)』(1924), 올더스 헉슬리(Aldous Huxley)의 『멋진 신세계(*Brave New World*)』(1932), 그리고 조지 오웰(George Orwell)의 『1984』(1949)가 그것이다. 문명과 기술의 비약적인 발달은 인류의 번영을 가져온 게 아니라 1, 2차 세계대전으로 이어졌다. 겉으로는 민주주의라는 허울을 쓴 독일 히틀러의 나치 정권이 등장했고, 소련에서는 다수 민중의 지배라는 명분 아래 스탈린의 피의 철권통치가 들어섰다. 세계대전과 전체주의의 출현은 당시 유럽 지식인들에게는 엄청난 충격이었다.

세 작품 모두 그런 암울한 시대적 분위기를 고스란히 드러낸다. 우선 『우리들』의 배경이 되는 장소는 과학 문명이 정점에 달한 29세기, 200년 전쟁에서 살아남은 사람들이 건설한 단일제국이다. 모든 개인적인 것, 비합리적인 것은 부정되고 '은혜로운 분'의 통치 아래 오직 전체(우리들) 만이 존재한다. 사람들은 이름이 아닌 번호(알파벳＋숫자)로 등록된다. 주 인공은 D-503, 그가 집착하는 여성은 I-330 같은 식이다. 유리로 된 건 물 안에서 감시받으며, 먹고 자는 것 등 삶 전체가 엄격한 시간율법표를 따르고 보안요원의 통제를 받는 세상이다.[22]

『멋진 신세계』의 배경도 과학기술이 고도로 발달한 미래 세계다. '포 드기원(AF) 632년'이라는 연도 표시가 암시하듯 포드주의(대량생산 대량소 비)가 사회원리로 작동한다. 인간은 공장에서 대량생산되며 가족, 부모 같은 말은 철저히 부정된다. 태어날 때부터 지배층인 알파(α)·베타(β) 계급부터, 하급 인간인 감마(γ)·델타(δ)·엡실론(ε)까지 등급이 매겨지 고 다른 색깔의 옷을 입는다. 유아 때부터 파블로프 방식으로 끊임없는 세뇌를 거쳐 자아를 인식하지 못하고 오직 전체의 한 부속품이 되는 것 이다. 그 대가로 통치자는 사람들에게 기본 물품과 오락, 그리고 소마라 는 마약을 통해 하루하루의 쾌락과 욕망을 충족시켜준다.[23]

『1984』에서는 통치자 빅브라더(Big Brother)가 쌍방향 텔레스크린을 통 해 국민의 일거수일투족을 감시하는 미래의 가상 제국 오세아니아가 배 경이다. 주인공 윈스턴 스미스가 일하는 '진리부'는 기록 말살과 왜곡으 로 역사를 조작하고, '애정부'는 고문과 사상 개조를 담당하며, '풍요부' 는 빈곤한 경제를, '평화부'는 전쟁을 담당한다. 이 나라의 슬로건은 '전 쟁은 평화, 자유는 예속, 무지는 힘'이다. 하나같이 명칭과는 정반대되는

전복된 상태다.[24]

　세 작품의 공통점을 발견하는 것은 어렵지 않다. 개인의 자유를 부정하고, 전체(국가)만이 선(善)이며, 이에 불복하는 일탈자에게는 극단적인 위협이 가해지는 감시·통제 사회라는 점이다. 반면 체제에 순응하는 사람들에게는 쾌락이라는 당근이 주어진다. 이런 체제가 암시하는 것은 바로 1930년대 나치 독일과 소련의 스탈린 체제다. 두 체제는 극우 전체주의와 극좌 공산주의라는 이념적 양극단에 서 있지만 내용 면에서는 대동소이했다. 당시 독일과 소련의 정부 홍보 포스터를 보면 너무도 닮아 있다. 건강하고 반듯한 남녀와 아이가 어딘가 먼 곳을 가리키며 활짝 웃는 장면이다. 그야말로 '멋진 신세계'를 지상에 구현하려는 듯하다.

　미래 세계를 그린 영화 또한 대부분이 반유토피아적 경향을 짙게 풍긴다. 가상현실에서는 모든 것이 완벽하고 조화로운 이상향인 〈매트릭스(Matrix)〉, 먼 미래에 혹성에 도착한 우주인이 목격한 것은 원숭이가 지배하는 세계인 〈혹성탈출(Planet of the Apes)〉(도판 4-6)부터 그렇다. 또한 유전자 배열의 4가지 구성요소인 G(구아닌)·A(아데닌)·T(티민)·C(시토닌)이 상징하는 〈가타카(Gataca)〉, 모두가 가려고 열망하는 유토피아(아일랜드)가 실은 복제인간의 장기를 적출하는 곳이었다는 〈아일랜드(The Island)〉, 범죄를 사전에 예측해 방지한다는 〈마이너리티 리포트(Minority Report)〉 등에서도 고도로 발달된 기술이 만들어낸 유토피아가 실은 디스토피아(반유토피아)였음을 여실히 보여준다.

4-6 | 영화 〈혹성탈출〉의 한 장면

미래 영화에는 공통된 몇 가지 공식이 있다. ① 완벽히 통제되는 유토피아(거대 국가), ② 열광하는 다수와 의심하는 소수, ③ 폭압적인 통치자와 무자비한 비밀경찰, ④ 현실을 의심하는 주인공, ⑤ 진실의 폭로와 반전, ⑥ 유토피아=디스토피아라는 것이다. 인간의 두뇌로는 미래를 상상하는 것이 쉽지 않기 때문에 이런 공식이 형성된 것이다. 지난 200년간 현대 문명은 사람들이 미처 적응하기도 전에 새로운 기술이 등장하는 혼돈의 시대였다. 당장 내일 무엇이 나타날지 모르기에 사람들은 늘 미래를 두려워한다. 완벽하게 통제되는 질서정연한 이상향을 꿈꾸지만 그 속에서 개인은 결코 행복할 수 없다는 것을 미래 영화들은 말하는 것이다.

새뮤얼 버틀러(Samuel Butler)의 반유토피아 소설 『에레혼(*Erehwon*)』(1872)이라는 제목은 'nowhere'의 철자를 뒤집어놓은 것이다. 이곳에서는 모든 것이 정반대여서, 죄인은 병자라며 치료를 받고, 질병은 죄악이라면서 병자가 거꾸로 처벌받는 식이다. 존재하지 않는 세상에 대한 역설적인 작명이다. 이상향을 뜻하는 파라다이스, 샹그릴라, 엘도라도, 무릉도원 등 어떤 이름을 붙이든 유토피아는 현실에 없다. 인간은 불완전하고 욕구는 무한한데, 자원은 유한하기 때문이다. 홍길동이 꿈꾼 율도국이든, 허생의 율려낙원국이든 전혀 다를 바 없다.

그럼에도 인류 역사에서 유토피아의 실험은 끊이지 않았다. 인간 행동을 통제할 수 있으며, 정부(통치자)가 이상사회를 설계할 수 있는 완벽한 지적 능력을 가졌다는 뿌리 깊은 신념 탓이다. 플라톤에서부터 루소, 마르크스에 이르기까지, 불완전한 인간의 오류 가능성과 역사는 정해진 길로만 가는 게 아니란 사실을 인정하지 않고, 미리 결론을 정해놓은 채 그에 맞춰 인간을 통제하고 교육을 통해 개조할 수 있다는 생각이 면면히 이어져 내려왔다. 그러려면 정부가 나서서 사회와 경제, 사상 등을 계획하고 통제해야 한다.

동서고금을 막론하고 정치는 경제를 규정한다. 공동체(사회, 국가)를 개인보다 우선하고 사회를 의도한 방향으로 이끌어갈 수 있다는 믿음은 경제 분야에서 계획경제(planed economy)체제로 귀결된다. 계획경제란 경제 발전이 의도적인 설계에 의해 달성될 수 있다고 보는 체제다. 따라서 자유로운 시장의 역할을 제한하고 중앙정부가 시장을 대신한다. 중앙정부 엘리트들의 치밀한 설계를 통해 생산과 공급을 계획함으로써 과잉 생산, 과잉 설비, 실업 등 자본주의의 비효율을 막을 수 있다는 것이다. 이윤과 사유재산을 전부 또는 일부 부정하며, 생산수단의 국유화와 생산물의 배급은 필수다. 하지만 수백만 명의 경제활동을 일일이 계획하려면 중앙정부는 필연적으로 거대화되어 비효율적인 관료주의로 치닫게 될 확률이 크다.

공동생산, 공동소유를 지향하는 이상주의가 하나같이 실패한 것은 인간 본성에 내재된 욕망과 이기심을 부정하고 거슬렀기 때문이다. 사람은 대부분 자기 것은 아껴도 남의 것은 헤프게 쓰고, 내게 이득이면 남에게 해가 되더라도 행동한다. 남보다 나은 보상이 주어지지 않는다면 열심히 일할 사람이 거의 없을 것이다. 아무리 철저히 교육을 하고 비밀경찰로 억압해도 사람의 욕망마저 없앨 수는 없다.

경제학자 하이에크는 인간 행동을 통제하고 역사를 설계할 수 있다는 오도된 신념을 '치명적 자만(fatal conceit)'이라고 규정했다. 하이에크는 경제와 사회를 원하는 대로 디자인하는 데 필요한 모든 지식을 갖는 것은 원천적으로 불가능하며, 정부의 계획과 규제가 없는 자유시장만이 번영과 발전을 가져온다고 지적했다.[25] 1950년대 중국의 마오쩌둥(毛澤

東)은 신속한 산업화 계획을 세우고 농촌 인구를 대거 징발해 대약진운

동(大躍進運動)을 펼쳤지만 운동 기간 중 흉년이

겹치면서 수천만 명이 굶어 죽는 비극이 벌어졌

다. 착각과 치명적 자만이 빚어낸 대참사였다.

대약진운동
마오쩌둥의 주도하에 1958년
부터 1960년 초 사이에 일어난
경제성장운동. 농촌 인력을 강
제 착출하여 공업, 철강업과 같
은 노동력 집중 산업을 추진했
으며, 이로 인해 도시 인구가 급
격히 증가하고 농업 노동력이
줄어들어 농촌 경제가 무너지는
등의 문제가 발생했다.

계획경제 아래 중앙정부가 수많은 사람들의

제각기 다른 욕구와 능력을 일일이 파악한다는

것은 불가능하다. 누가 무엇을 생산할 수 있는

지, 누구에게 무엇이 얼마나 필요한지, 어떻게

공급할지, 어디가 남고 어디가 부족한지 등을

파악하는 것은, 10명 안팎의 소집단이라면 가

능할지 몰라도 수백만, 수천만 국민이 사는 국가에서는 불가능한 일이

다. 더구나 사유재산과 이기심을 부인해 성취동기를 갖지 못한다면 너

도나도 무임승차(free riding)를 꾀해 결국 국가의 생산 능력이 급속히 저

하될 수밖에 없다.

이에 반해 시장경제는 누군가의 명령이나 통제 없이 시장에서 가격을

통해 수요와 공급이 자연스레 조절된다는 장점을 지닌다. 가격이 오르

면 생산자는 공급을 늘리고 소비자는 수요를 줄여 가격이 내려감으로써

자연스레 수급 균형을 이루는 것이다. 이런 가격 시스템에서는 정부가

일일이 국민의 생산 능력이나 욕구를 파악할 필요가 없다. 국민들은 스

스로의 삶의 질을 높이기 위해 각자 열심히 일한다. 그 결과 생산성이 높

아지고 국부가 늘어나는 선순환 구조가 된다.

물론 시장경제에도 문제점이 없는 것이 아니다. 빈부격차 같은 것이

그러하다. 따라서 정부 만능주의 못지않게 시장 만능주의도 경계할 필

요가 있다. 금융이 비대해지면서 인간의 이기심에 대한 제어장치가 작

동하지 않을 때는 자칫 심각한 위기로 치달을 수 있다. 하지만 경제적 자유를 보장하는 시장경제체제가 계획경제체제보다 우월하다는 사실은 동구권 붕괴로 입증되었다. 오늘날 정치적으로는 사회주의나 공산주의를 지향하더라도 경제 운용까지 완전한 계획경제를 고집하는 나라는 찾아보기 어렵다. 그 이유는 옛 소련에서 유행했던 자조 섞인 우스갯소리가 잘 설명해준다. '국민은 일하는 척, 정부는 배급하는 척'하기 때문이다.

시간에도 빈부격차가 있다면

영화 〈인 타임(In Time)〉(2011)은 비록 흥행에는 성공하지 못했지만 설정이 매우 독특해 두고두고 화제가 되는 영화다. 모든 비용과 임금이 시간으로 계산되는 미래 사회가 배경이다. 사람들은 25세가 되면 더 이상 늙지 않고 팔뚝에 내장된 카운트바디 시계에 1년의 시간을 제공받는다. 시간으로 집세를 내고, 음식을 사 먹고 버스를 탄다. 걸인은 "5분만 달라"고 구걸하고, 거리에는 990원숍 같은 '무조건 99초점'도 보인다. 은행에 시간을 예금하고 이자로 시간을 받기도 한다. 그리고 주어진 시간이 소진되는 순간 심장마비로 사망한다.

가난한 이들은 고작 하루 버틸 시간을 고된 노동으로 벌거나, 누군가에게 빌리거나, 아니면 훔쳐야 살 수 있다. 반면 부자들은 수백 년의 시간을 갖고 영원한 삶을 누린다. 시간에 의해 빈부격차가 벌어진 것이다.

문제는 시간 화폐에도 돈처럼 인플레이션이 발생한다는 점이다. 한 잔에 3분이었던 커피가 4분으로 오르는 식이다. 주인공 살라스의 어머니는 요금이 오른 것을 모르고 버스를 탔다가 시간이 모자라 중간에 내리지만 시간이 바닥나 아들의 눈앞에서 죽는다. 분노한 살라스는 총을 들고 대형 시간은행의 은행장을 찾아가 "금고 안에 (지급준비금으로) 보유하고 있는 100만 년을 시중에 풀라"고 협박한다. 그러자 은행장은 "지금 100만 년이란 큰 시간을 풀면 시스템이 파괴되고 다음 세대의 삶의 균형까지 무너진다"고 버틴다. 시중에 공급되는 통화량(시간)을 급격히 늘릴 경우 물가가 폭등하는 초인플레이션의 가능

성을 우려한 것이다.[26]

아이디어가 기발한 SF영화로만 보고 넘기기에는 영화 〈인 타임〉이 던지는 메시지가 간단치 않다. 시간은 곧 돈이란 격언을 실감나게 만드는 것이다. 현실에서는 누구에게나 하루 24시간이 똑같이 주어진다. 빌 게이츠나 서울역 노숙자나 다를 바 없다. 하지만 시간은 공짜가 아니다. 돈을 빌린 시간만큼 이자를 물어야 하고, 고용주는 고용한 직원의 시간을 사는 만큼 임금을 주는 것이다. 시간은 어떻게 쓰느냐에 따라 천금만금이 될 수도 있지만, 그저 죽이고 때워야 하는 거추장스런 것이 될 수도 있다.

chapter 5

사회과학과
만난 경제

—— 인간은 사회적 동물이라는 아리스토텔레스의 말을 굳이 인용하지 않더라도 사람은 늘 다른 사람들과 부대끼며 희로애락을 공유하고 살아간다. 무한한 욕구와 한정된 자원의 이율배반 속에 벌어지는 사람들 사이의 경쟁과 협력, 조화와 갈등의 역사는 인간 사회에 관련한 다각적인 학문 영역을 만들어냈다. 그것이 정치학·사회학·심리학·인류학 등의 사회과학이다. 물론 경제학도 사회과학의 한 분야다.

사회는 개개인이 모인 무형의 집단이며, 그 자체의 운동원리와 역동성을 갖는다. 그러나 많은 사람이 모였다고 해서 사회의 선택이 늘 합리적인 것만은 아니다. 개인이 편향과 오류에 빠지듯 사회도 잘못된 선택을 하거나 대중심리에 휘둘리는 경우가 많다. 그런 점에서 사회과학의 관심은 경제학의 관심과 일치한다.

최근 들어 경제학에 심리학을 접목한 행동경제학이 각광받고, 경제학의 관심사가 정치적 의사결정과 국제관계로까지 확장되는 추세다. 더 이상의 영역 또는 경계의 한계는 존재하지 않는다. 이 장에서는 사회적 현상 및 사회과학의 다양한 관점과 경제원리 사이의 공약수를 찾아보자.

시드니 오페라하우스와
콩코드 여객기의 공통점
계획오류와 매몰비용

호주 시드니 하면 떠오르는 명소가 오페라하우스(Opera House)다. 요트의 돛을 연상시키는 조가비 모양의 흰 지붕이 푸른 바다와 멋진 조화를 이루는 세계적인 건축물로, 국제 공모를 통해 1위로 선정된 덴마크 건축가 요른 웃손의 설계로 1973년 완공되었다. 영국 엘리자베스 2세가 개관식 테이프를 잘랐고 2007년에는 유네스코 세계문화유산으로도 지정되었다. 그만큼

5-1 | 시드니 오페라하우스.

해마다 엄청난 관광객이 몰려드는 명소다.(도판 5-1)

그런데 이런 명소가 건축 과정에서는 엄청난 애물단지였다. 1957년 공사를 시작할 때만 해도 6년 뒤인 1963년 개관을 목표로 공사비 700만 달러면 완공될 것으로 예상했다. 그러나 착공하자마자 예상치 못한 온갖 문제들이 쏟아졌고 공사는 더디기만 했다. 공사가 늦어질수록 돈이 더 들어갔고, 문제를 보완하느라 공사가 더 지연되는 악순환의 연속이었다. 결국 1973년 총 1억200만 달러를 들여 완공되었다. 당초 예정보다 10년이 늦어졌고, 비용은 14배나 더 든 것이다. 심지어 개관 날짜에 맞춰 결혼식을 올리려던 커플이 완공된 뒤에 확인하니 이혼해 있더라는 웃지 못할 일화도 있다.[1]

우리나라에서도 정부가 의욕적으로 추진한 대규모 국책사업이 본래 계획보다 비용이 최소한 2-3배 많이 든 사례가 허다하다. 새만금 사업은 당초 1조3,000억 원의 공사비를 예상했지만 2배가 넘는 3조4,000억 원이 들었다. 경부고속철도는 5조8,000억 원이면 완공 가능하다고 시작했는데 결국 3배가 넘는 18조 원이 투입되어야 했다.

왜 이런 어처구니없는 일들이 벌어질까? 국책사업은 워낙 큰돈이 드는 사업이기에 전문가들이 치밀하게 계획을 짜고 비용-편익 분석을 통해 꼼꼼히 사업성을 따진다. 하지만 아무리 유능한 사람이라도 실행 과정에서 벌어지는 모든 변수를 예측할 수는 없다. 이를테면 공사하는 동안 일어나는 주민과의 마찰, 공사장 안팎의 사고, 환경단체의 반대 시위, 갑작스런 천재지변, 자재 공급의 차질, 자재 및 인건비 상승, 정치적인 논란 등이 생길 수 있기 때문이다. 그렇기 때문에 개인이든 정부든 거창하고 확실해 보이는 계획일수록 의심하고 따져보는 게 상책이다.

행동경제학의 창시자이자 2002년 노벨 경제학상 수상자인 대니얼 카너먼(Daniel Kahneman)은 이런 문제들에 주목했다. 사람들이 과도하게 낙관적인 예상을 하지만 실제 결과는 딴판인 경우를 숱하게 보았기 때문이다. 무언가 계획을 세울 때 최적의 상황만을 상정해 소요 시간, 비용, 노력 등을 적게 잡는 경향을 카너먼은 '계획오류(planning fallacy)'라고 불렀다. 사람은 누구나 자신의 성공을 평균적인 성공 가능성보다 자신하는 낙관주의 편향을 지닌다. 이는 보고 싶은 것만 보고, 자신의 생각에 부합하는 정보만 받아들이는 심리가 강한 탓이다. 학창시절 방학을 맞아 공부, 독서, 운동 등 거창한 계획을 짜놓고 과연 얼마나 실천했는지 돌아보면 공감할 수 있을 것이다.

계획오류와 관련하여 심리학자들의 흥미로운 실험이 진행되었다. 연구팀은 심리학과 대학생들에게 논문 1편을 완성하는 데 걸리는 시간을 최대한 정확히 예상해보도록 했다. 학생들은 ① 일반적인 경우, ② 모든 것이 순조롭게 진행되는 경우, ③ 모든 단계에서 문제가 생긴 경우 등 3가지 상황별로 예상 시간을 적어냈다. 각 경우의 평균 답변은 ① 33.9일 ② 27.4일 ③ 48.6일이었다. 그렇다면 학생들이 실제로 논문 1편을 쓰는 데 얼마나 걸렸을까. 평균 55.5일이었다. 모두 순조로울 때(②)보다 2배였고, 전체 과정에서 문제가 생긴 때(③)보다도 1주일이나 더 걸린 것이다.[2]

계획오류는 개개인은 물론 기업, 정부 등 사람의 집단이면 어디서든 관찰되는 현상이다. 대개의 사람들은 과잉 낙관주의와 자기과신에 빠져 스스로의 성공 가능성을 과대평가한다. 남성 운전자의 90퍼센트가 스스로 운전을 잘한다고 여기는 '착각적 우월성(illusionary superiority)'을 보이는 것도 같은 맥락이다. 하지만 아무리 똑똑한 사람이라도 앞으로 벌어질 모든 변수를 예측하고 철저히 대비책까지 세운다는 것은 불가능한 일이다. 이는 인간이 아닌 신의 영역이다.

2010년 LG경제연구원에서 「소니 사례에서 배우는 계획오류」라는 보고서를 낸 적이 있다. 이 보고서는 1990년대까지 세계 1등 기업이던 일본 소니가 왜 2000년대 들어 몰락했는지 그 이유를 분석한 것이다. 결론은 소니가 너무 앞서갔고, 너무 구체적이었으며, 너무 자신만만했다는 것이다.

소니가 1990년대에 일찍이 디지털시대의 도래를 예측한 것은 맞았다. 그러나 소니는 당시 차세대 TV 기술로 각광받던 LCD나 PDP에 투자하지 않고, 탁월한 기술임은 확실하지만 상품화는 요원한 OLED로 건너뛰었다. 그 결과 TV 시장에서 소니의 점유율은 급속도로 추락했고, 주도권을 한국의 삼성전자, LG전자에게 빼앗기고 말았다. 또한 소니는 미래의 기술 진보를 예측하기 어려운데도 불구하고 미디어, 게임, 정보통신 등 다양한 분야에서 너무 구체적인 계획을 세웠다. 자체 개발한 메모리스틱과 아이링크로 디지털기기를 연결하려던 계획은 세계 산업표준이 다른 방향으로 옮아가면서 무용지물이 돼버렸다.

더 큰 문제는 너무 자신만만했다는 점이다. 당시 세계 1위였던 소니는 소비자를 '소니 왕국'에 잡아둘 수 있다고 확신했다. 소니는 2004년 애플의 아이팟(i-Pod)에 대응하는 음악 플레이어를 출시할 때 보편적인 MP3 방식이 아닌 독자 포맷(ATRAC)을 내놓았지만 이 역시 실패했다. 계획과 실제의 차이가 착오였고, 이 착오가 소니가 범한 계획오류이자 실패 요인이었던 것이다.

LG경제연구원은 소니의 경우 '체인의 법칙'이 작용했다고 보았다. 다른 고리들이 아무리 튼튼하게 연결돼 있더라도 약한 고리가 하나라도 있다면 금방 끊어진다는, 즉 체인의 강도는 가장 약한 고리에 의해 결정된다는 원리다. 소니의 제품 자체와 서비스는 탁월했지만 각 요소가 체인처럼 연결되는 순간, 호환성 부족이라는 가장 취약한 부분에서 전체의 품질과 만족도가 결정된 것이다. 소니처럼 잘 나가던 기업의 몰락은 스스로의 능력을 과대평가하고 자신이 세운 목표는 반드시 달성될 것이라는 과신에서 비롯된다. 다시 말해 적은 내부에 있는 것이다.

계획오류는 필연적으로 매몰비용(sunk cost)의 오류를 유발한다. 매몰비용은 이미 지불하여 다른 결정을 하더라도 돌이킬 수 없는 비용을 뜻한다. 엎질러진 물인 것이다. 매몰비용의 오류는 그동안 들어간 돈이 아까워서 다른 합리적 결정에 제약이 생기는 것을 말한다. 예컨대 뷔페식당의 입장료는 이미 낸 돈이므로 돌려받을 수 없는데, 그 돈이 아까워서 배탈이 날 정도로 먹게 된다. 많이 먹을수록 한 접시당 단가가 낮아져 '싸게 먹었다'는 심리적 위안을 얻는 것이다.

계획오류 탓에 공사 기간이 10년이 더 걸리고 비용은 14배가 더 들어갈 때까지 호주 정부가 시드니 오페라하우스를 포기할 수 없었던 이유도 매몰비용의 오류와 무관하지 않다. 이와 유사한 또 하나의 사례가 세계 최초로 소리의 속도보다 빠르게 날 수 있는 민간 항공기인 콩코드 여객기다.(도판 5-2) 콩코드 여객기는 영국과 프랑스, 미국이 공동개발한 초음속 비행기로, 1976년부터 런던 히드로 공항과 파리 샤를 드 골 공항, 뉴욕 존 에프 케네디 공항, 워싱턴 덜레스 공항 사이를 정기 운항했다. 당시 파리에서 뉴욕까지 비행기로 보통 7-8시간이 걸렸는데, 콩코드 여객기는 이를 3시간대로 줄여주었다. 그러나 엄청난 소음과 연료비, 일반 여객기의 4분의 1가량밖에 태울 수 없다는 점, 그리고 2000년 샤를 드

골 공항에서 이륙하던 도중 폭발로 탑승자 전원이 사망한 일 등으로 인해 결국 2003년 공식 운항을 중단하고 만다. 미국은 1971년에 진작 개발을 포기했지만, 영국과 프

5-2 | 브리티시 에어웨이(British Airways)의 콩코드 여객기, 1986.

랑스는 갖가지 문제와 과도한 비용에도 불구하고 그동안 쏟아부은 노력과 비용을 정당화하기 위해 개발을 포기하지 않았던 것이다. 이러한 매몰비용의 오류를 이 여객기의 이름을 따서 '콩코드 오류(Concorde fallacy)'라고도 한다.

그렇다면 계획오류나 매몰비용의 오류를 예방할 수는 없을까? 카너먼은 계획오류를 최소화하는 방법으로 내부 관점(inside view)과 외부 관점(outside view)의 조화를 제시했다. 내부 관점은 계획 입안자들이 그들을 둘러싼 구체적 환경에서 자신들의 경험과 지식 속에서만 판단하는 것을 말한다. 내부 관점에 몰입되면 도널드 럼스펠드 전 미국 국방장관이 언급한 '언노운 언노운스(unknown unknowns)', 즉 자신이 무엇을 모르는지도 모르는 상황에 이르고 만다. 특히 입안자의 권한이 크면 클수록 계획오류에 빠질 가능성은 기하급수로 커진다. 독재자나 능력 있는 CEO일수록 남의 말을 잘 듣지 않기 때문이다. 차라리 가장 권력이 약한 사람에게 계획을 짜게 하는 것이 계획오류를 줄이는 방법이다.

제3자의 시각에서는 프로젝트의 성공 가능성을 선입견이나 편향 없이 바라볼 수 있다. 실제로 통계에 따르면 우리나라에서 음식점을 개업한 사람 10명 중 6명은 3년 안에 문을 닫는다고 한다. 하지만 그 어떤 예비 창업자도 자신이 3년 안에 망하리라 예상하고 개업하지는 않을 것이다.

컨틴전시 플랜
전쟁 또는 급격한 유가 변동, 자연재해, 대규모 노사분규 등 우발적 위기 상황에 대처하기 위해 미리 준비하는 비상계획. 예측하기 어렵거나, 예측했더라도 단기간에 회복이 어려운 사태에 대한 해결 방안을 마련하는 경영기법을 말한다.

자신만은 예외라고 여기는 것이다. 아무리 치밀하게 계획을 세웠더라도 이해관계가 없는 제3자나 객관적인 통계를 통해 검증을 거치지 않고 밀어붙이면 실패는 필연적이다.

문제는 객관적인 외부 관점이 주관적인 내부 관점과 경쟁해서 이길 수 없다는 데 있다. 한번 굳어진 확신은 여간해서는 깨지지 않는다는 확증편향(confirmative bias) 탓이다. 확증편향은 자신의 결정에 부합하는 증거만 수집하고 반대되는 증거는 아무리 명확해도 기각해버리는 심리 현상이다.

그렇다고 계획을 짜지 않으면 계획오류나 매몰비용의 오류도 없지 않느냐고 주장할 수는 없는 노릇이다. 계획 없이 마구잡이로 결정하는 것은 더 위험하기 때문이다. 실패를 최소화하는 방법은 최상의 계획을 짜는 데 있는 것이 아니라, 최악의 상황을 가정해 위험요소를 제거해나가는 컨틴전시 플랜(contingency plan)에 있다.

〈라쇼몽〉의 사무라이는
과연 누가 죽였을까
프레이밍 효과

 폭우가 쏟아지는 어느 날 폐허가 된 라쇼몽(羅生門) 아래 나무꾼과 승려가 마을에서 일어난 기묘한 살인 사건을 이야기하며 한탄한다. 잠깐 비를 피해 들른 남자가 궁금해하자 그는 이야기를 들려준다.

 사흘 전 사무라이 다케히로가 아내 마사코를 말에 태워 녹음이 짙은 숲길을 지났다. 낮잠을 자던 악명 높은 산적 다조마루는 슬쩍 본 마사코의 미모에 반해 그녀를 차지하려고 마음먹는다. 산적은 사무라이에게 좋은 칼이 있다고 유인해 나무에 묶어놓은 뒤, 그의 눈앞에서 마사코를 겁탈한다. 얼마 뒤 숲에 나무를 하러 간 나무꾼은 사무라이가 가슴에 칼

5-3, 5-4 | 영화 〈라쇼몽〉의 장면들.

이 꽂힌 채 죽은 것을 발견하고 관아에 신고한다. 곧 다조마루가 잡혀오고, 절에 숨었던 마사코도 불려와 관아에서 심문을 당한다.

산적 다조마루는 곧 죽을 목숨인데 거짓말을 하겠느냐며, 여자를 겁탈하긴 했지만 사무라이와는 정당한 결투 끝에 죽였다고 주장한다. 자신과 싸워 20합을 넘긴 사람이 없는데 그와는 23합이나 겨뤘다고 떠벌린다. 하지만 마사코의 진술은 달랐다. 자신을 겁탈한 다조마루가 떠난 뒤 남편에게 달려가 안겼지만 남편은 싸늘한 경멸과 증오의 눈빛으로 자신을 쳐다본다. 남편의 경멸에 비몽사몽간에 남편을 찔렀다는 것이다.

죽은 사무라이 다케히로는 무당의 입을 빌려 전혀 다른 진술을 한다. 산적이 유혹하자 아내가 금세 넘어가 함께 떠나면서 남편이 살아 있으면 자기가 못산다며 죽여달랬다고 했다. 그러자 산적이 새파랗게 질려 오히려 아내를 살릴까 죽일까 자신에게 묻자 아내는 놀라 도망치고 자신은 치욕을 못 이겨 자결했다고 진술한다.[3](도판 5-3, 5-4)

과연 누구 말이 맞는 것일까. 사무라이, 아내, 산적 모두 자신의 입장에서 진술하니 진실을 알 수 없다. 이때 현장을 목격한 이가 있는데 바로 그 나무꾼이다. 그의 증언은 이러하다. 산적이 마사코에게 아내가 되어 달라고 무릎 꿇고 빌자 마사코는 울음을 멈췄다. 사무라이는 여자 때문에 목숨 걸고 싶지 않다고 마사코를 외면했다. 그러자 화가 난 마사코는 두 남자 모두 힐난하며 서로 싸우도록 부추기고는 도망쳤다. 두 남자는 비겁하기 짝이 없는 개싸움을 벌이다 결국 사무라이가 죽었다는 것이다.

아쿠타가와 류노스케
1892-1927. 일본의 대표적 소설가로, 『나는 고양이로소이다』의 작가 나쓰메 소세키의 제자이기도 하다. 1915년 『라쇼몽』을 발표하고, 이지적이며 형식미를 갖춘 단편들로 주목을 받았지만 35세 때 심신의 고통 속에서 자살했다. 1935년 출판사 분게이슌주샤가 그를 기념해 제정한 아쿠타가와 상은 일본 최고의 문학상으로 평가된다.

일본의 거장 구로사와 아키라 감독의 1950년 영화 〈라쇼몽〉의 줄거리다. 이 영화는 아쿠타가와 류노스케(芥川龍之介)의 단편소설 「덤불 속(藪の中)」을 각색한 것이다. 소설은 사무라이의 자결로 끝을 맺어 논란이 분분했지만, 영화에서는 나무꾼의 목격담이 추가되어 사건의 실체를 한결 이해하기 쉽다.

산적, 사무라이, 마사코의 진술은 나무꾼이 목격한 것과 모두 차이가 있다. 각자의 처지와 이해관계를 의식해 자신에게 유리한 쪽으로 사건을 설명했던 것이다. 산적 다조마루는 이전투구를 벌이다 간신히 이겨놓고도 무려 23합이나 겨뤘다고 허풍을 떨었다. 사무라이 다케히로는 산적과의 개싸움에서 져 부끄럽게 죽었다는 사실을 감추고 자결했음을 강조했다. 아내 마사코는 남편의 배신에 화가 나 오히려 산적을 따라가려 했던 사실을 감춘 채 자신이 발작상태에서 남편을 죽였다고 믿었다. 누구도 진실을 말하지 않았다. 그들에게 진실이란 각자의 관점에서 스스로 각색한 진술뿐이었다. 하지만 영화는 나무꾼이 사무라이의 가슴에 꽂힌 값비싼 칼을 훔친 것(소설에서는 암시로 끝남)까지 들춰냄으로써 진실을 더욱 오리무중으로 만들어버린다. 영화 〈라쇼몽〉은 바로 이 같은 인간의 본성을 적나라하게 들춰내 1951년 베네치아 영화제 그랑프리(황금사자상)를 수상하기도 했다.

진실은 무엇인가. 도대체 누구 말이 맞는 것인가. 사건은 하나인데 왜 진술이 다를까? 영화의 소재로 이보다 안성맞춤은 없을 것이다. 항구에 정박한 배에서의 총격으로 20여 명이 사망한 사건을 시종일관 거짓말로 재구성한 〈유주얼 서스펙트(The Usual Suspects)〉, 대통령 암살 사건을 8명의 엇갈린 행동으로 추적하는 〈밴티지 포인트(Vantage Point)〉 등은 '현대판 라쇼몽'이라 해도 과언이 아니다.

〈라쇼몽〉의 사례는 행동경제학에서 말하는 '프레이밍 효과(framing effect)'의 영화 버전이라 할 만하다. 프레이밍 효과란 대상을 어떻게 표현하느냐, 어떤 관점에서 보느냐에 따라 사람들의 판단이나 선택이 달라지는 현상을 가리킨다. 행동경제학의 창시자인 대니얼 카너먼과 아모스 트버스키(Amos Tversky)가 제시한 개념이다.

프레이밍 효과에서 프레임(frame)은 창문이나 액자의 틀, 안경테 등을 가리킨다. 모두 대상을 보는 관점과 관련이 있다. 즉 프레임은 세상을 바라보는 마음의 창이다. 문제를 보는 관점, 고정관념, 세상을 향한 마인드 등이 모두 프레임에 해당한다.[4] 똑같은 바깥 경치라도 창문의 위치와 높낮이에 따라 다르게 보일 것이다. 물이 절반이 담긴 컵을 보고 반이나 남았다고 하는 사람도 있고, 반밖에 안 남았다는 사람도 있다. 자신의 처지, 경험, 기억에 따라 똑같은 사건을 봐도 다르게 기억할 수 있다는 이야기다.

고도의 훈련을 받은 전문가들이라고 해서 프레이밍 효과에서 자유로운 게 아니다. '수술 1개월 후 생존율 90퍼센트'라는 말과 '수술 1개월 내 사망률 10퍼센트'는 같은 진술이다. 그러나 의학 전문가라는 하버드 의과대학 의사들을 대상으로 실험해보니 엉뚱한 결과가 나왔다. 먼저 폐암 환자의 경우 '수술 1개월 후 생존율 90퍼센트'라는 설명을 들은 의사들의 84퍼센트가 수술을 선택했다. 반면 '수술 1개월 내 사망률 10퍼센트'라는 설명을 들은 의사들의 50퍼센트는 수술 대신 방사선치료를 택했다. 하버드대 의사들조차 생존은 좋은 것, 사망은 나쁜 것이라는 감정적 언어 뉘앙스에 민감하게 반응했음을 알 수 있다.[5]

경제학자들이 즐겨 실험하는 최후통첩게임도 프레임에 따라 결과가 달라진다. 최후통첩게임이란 두 사람이 1만 원을 나눌 때 배분자(돈을 나누는 사람)가 제안한 금액을 결정자(받아들일지 여부를 결정하는 사람)가 받아들이면 그대로 나누고, 거부하면 둘 다 한 푼도 못 받는 게임이다.(이 책 2장 참조) 배분자는 대개 40-50퍼센트를 제안하고, 결정자는 30퍼센트 이내를 제안받을 경우 거부한다. 그런데 흥미로운 것은 이런 상황을 '월스트리트 게임'이라고 이름 붙이면 배분자가 자신에게 더 유리한 금액을 제안하고, '커뮤니티 게임'이라고 이름 붙이면 훨씬 공평한 분배를 제안한다는 점이다.[6]

관점에 따라 반응이 달라지는 이러한 사례는 일상생활에서도 흔히 발견된다. 골목길 모퉁이에서 자동차 사고가 났을 때 운전자의 설명은 한결같다. "나는 천천히 가는데 저 차가 갑자기 튀어나왔다!" 하지만 상대방 운전자도 똑같이 주장하니 서로 언성이 높아진다. 두 운전자 모두 자기 관점에서 스스로에게 유리한 쪽으로 상황을 인지하기 때문이다.

미용 분야의 선구자인 에스티 로더(화장품 회사 '에스티로더'의 창립자)는 사업 초기에 "부자들도 공짜를 좋아한다"는 사실을 알았다. 공짜라면 누구나 기분이 좋아지기 때문이다. 용의주도한 로더는 립스틱, 페이스크림 등의 샘플을 공짜로 나눠줬는데, 이는 오늘날 사은품이라는 관례를 촉발시킨 계기가 되었다. 로더는 공짜 샘플을 통해 고객들에게 자사 제품을 사준 데 대한 고마움의 표시를 한다는 프레이밍 효과를 유발한 것이다. 물론 샘플이 공짜일 리는 없다. 그 비용은 이미 제품 원가에 다 반영되어 있기 때문이다.

　프레이밍 효과는 결정적인 선택의 순간에 큰 영향을 발휘한다. 미국 애플의 설립 초기에 스티브 잡스가 펩시의 최고경영자 존 스컬리를 CEO로 영입할 때의 일이다. 안정된 대기업(펩시)에서 신생 기업(애플)으로 옮기길 주저하는 스컬리에게 잡스가 던진 말은 프레이밍 효과의 교본처럼 인용된다. "당신은 설탕물이나 팔면서 남은 인생을 보내고 싶습니까? 아니면 세상을 바꿀 기회를 갖고 싶습니까?"

　잡스는 콜라를 설탕물이란 프레임에 넣었고, 자신이 만든 애플은 세상을 바꿀 회사라는 프레임으로 바라보게끔 만들었다. 이 말을 들은 스컬리는 더 이상 주저할 필요가 없다고 느꼈다. 하지만 훗날 잡스는 그렇게 공들여 영입한 스컬리와 이사회에서 충돌했고, 한때 애플에서 쫓겨나기도 했다. 『톰 소여의 모험』의 톰 소여 또한 이모가 시킨 귀찮은 담장 페인트칠을 희소하고 중요한 일인 것처럼 보이도록 프레임을 짰기에 친구들을 부려먹을 수 있었다.

　고은의 짧은 시 「그 꽃」은 단 석 줄이지만 프레이밍 효과를 잘 말해준다. "내려갈 때 보았네/올라갈 때 보지 못한/그 꽃". 산에 흔하디흔한 야생화들이라도 힘들게 산을 오를 때는 잘 보이지 않는다. 하지만 여유롭게 두루 경치를 감상하며 산을 내려갈 때는 야생화도 쉽게 눈에 띄고 하나하나가 경탄을 자아낸다. 누구나 처한 상황에 따라 눈에 보이는 것들이 달라지는 것이다. 이것이 바로 '아는 만큼 보인다'는 말이나, 『대학(大學)』의 "마음이 없으면 보아도 보지 못한다(心不在焉 視而不見)"는 구절을 연상시키는 프레이밍 효과다.

할인매장 80퍼센트 폭탄세일의 진실

아울렛이나 할인매장에 가보면 의류 이월상품을 '70-80% 폭탄세일'한다는 현수막을 흔히 볼 수 있다. 신사복 정가가 100만 원인데 80퍼센트 할인해서 20만 원에 판다는 식이다. 그렇게 깎아주고도 이윤이 남을까 싶기도 한데, 정작 옷을 사보면 정말로 싸다는 느낌은 잘 들지 않는다. 약간 저렴해 보이기는 해도 돈을 줄 만큼 주고 샀다고 볼 수 있을 정도다. 사실 20만 원이면 웬만한 품질의 신사복을 살 수 있는 돈이다.

그럼에도 사람들은 80퍼센트 할인한 옷을 사면 대개 흡족해한다. 주위 사람들에게 "이게 얼마짜린데……"라며 자신의 탁월한 안목을 자랑하기도 한다. 그렇다면 과연 80퍼센트 세일은 그만큼 진짜 깎아주는 것일까?

대니얼 카너먼은 사람들이 불확실한 상황에서 판단할 때 '닻 내림 효과(anchoring effect, 기준점 효과)'가 작용한다고 보았다. 배가 닻(anchor)을 내린 곳에 머물러 있듯이, 처음 입력된 정보가 정신적인 닻으로 작용해 이후의 판단에 계속해서 영향을 미친다는 뜻이다.[7] 먼저 본 '정가 100만 원'이 자신이 의식하지 못하는 사이 마음속 기준점(또는 닻)이 되어 '80퍼센트 할인'이란 나중 정보를 과대평가하게 되는 것이다.

정부가 2010년 7월부터 의류·과자·아이스크림·라면 등의 품목에 권장소비자가격을 붙이지 못하게 한 것도 닻 내림 효과를 예방하자는 취지였다. 희망소매가격, 표준소매가격 등으로 이름 붙여진 권장소비자가격이 대개 실제 판매 가격보다 높게 책정되어왔기 때문이다. 애초부터 가격을 부풀려놓고 마치 선심 쓰듯 할인 판매하는 것처럼 오인하게 만든다고 본 것이다.

실제로 사람들은 1만 원짜리 물건을 살 때 그냥 1만 원에 사는 것보다 정가 2만 원인 물건을 50퍼센트 할인해 사는 것을 더 선호한다. '제값'이라는 프레임보다는 '할인'이라는 프레임이 이득이라고 인지하는 것이다. 닻 내림 효과는 사람의 인지능력이 갖는 바이어스(bias, 편향)의 대표적인 사례다.

벼락 맞기보다 어렵다는
로또를 왜 살까

전망이론

로또의 기댓값은 얼마일까? 로또의 당첨금 합계는 한 주간 팔린 판매액의 50퍼센트다. 따라서 1,000원을 내고 산 로또의 기댓값은 500원이 된다. 당첨금을 제외한 500원에서 복권기금(420원)을 가장 많이 떼고 나머지는 판매수수료(55원)와 발행비 등 기타 비용으로 쓰인다. 연금복권, 즉석복권 등 다른 복권들도 기댓값은 대략 50퍼센트 안팎이다. 그럼에도 우리나라 성인 5명 중 1명은 매주 로또를 산다. 로또를 사는 순간 50퍼센트를 밑지고 들어가는 것인데도.

로또를 사는 것은 고전경제학에서 상정한 '경제적 인간'의 합리적인 선택이 될 수 없다. 이기적이면서 합리적인 경제적 인간이 어째서 매주 손해 보는 짓을 하는 것일까? 로또 판매액이 해마다 사상 최고치를 경신하는 이유는 어떻게 설명해야 할까?

고전경제학에서 설명하지 못하는 이러한 비합리적 선택의 이유를 예리하게 풀어낸 심리학자들이 바로 대니얼 카너먼과 아모스 트버스키다. 이들은 1979년 발표한 전망이론 또는 프로스펙트 이론(prospect theory)을 통해 사람들이 반드시 합리적인 선택을 하는 것만은 아니라는 사실을 입증했다. 전망이론의 핵심은 사람들이 재화를 소비함으로써 얻는 만족도(효용의 절대치)보다는 상대적인 변화에 반응하고 손실과 이득을 판단하는 자기 나름의 가치함수를 갖고 있다는 것이다. 즉 사람은 이익보다 손해에 민감하고, 마음속 준거점(reference point)에 비해 어떻게 변했는가를 기준으로 이익과 손해를 판단한다는 것이다.(그래프 참조)

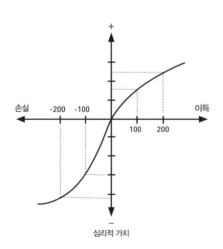

전망이론의 가치함수 그래프

카너먼과 트버스키가 전망이론에서 제시한 가치함수는 고전경제학의 효용함수가 갖는 현실과의 괴리를 메우는 데 안성맞춤이다. 경제학원론에서는 사람들이 의사결정을 할 때 범하기 쉬운 오류로, 비용과 편익을 절대금액이 아닌 비율로 측정하는 것을 꼽는다.[8] 예를 들어 100만 원짜리 노트북컴퓨터를 90만 원에 산 경우와, 20만 원짜리 양복을 10만 원에 산 경우는 똑같이 10만 원을 절약했으니 효용이 같아야 한다는 식이다. 하지만 대부분의 사람들은 그렇게 생각하지 않는다. 노트북컴퓨터는 10퍼센트를 깎았지만, 양복은 무려 50퍼센트나 깎았으니 잘 샀다고 여기는 것이다. 이는 효용함수가 아닌 가치함수로 판단하기 때문이다.

가치함수는 경제학의 효용 개념처럼 이미 확정된 절대수치가 아니다. 사람들마다 마음속의 준거점을 기준으로 그로부터의 변화에 따라 가치를 부여하는 것이 가치함수다. 준거점은 사람마다 다르고, 같은 사람이라도 상황마다 달라진다. 불교에서 모든 것은 마음에 달려 있다고 말하는 일체유심조(一切唯心造)와 일맥상통하는 개념이다.

예컨대 기말시험에서 학생 A는 90점을 기대하고, B는 70점을 예상했는데 똑같이 80점이 나왔을 경우를 가정해보자. A는 실망하는 반면, B는 크게 기뻐할 것이다. A의 마음속 준거점은 90점이고, B는 70점이었기 때문이다. 이처럼 준거점을 기준으로 변화가 손실(-)이냐 이득(+)이냐에 따라 판단이 달라지는 것이다. 설사 A가 85점, B가 75점을 맞았더라도 B가 A보다 훨씬 만족스러울 것이다.

전망이론은 사람들의 판단이나 의사결정이 갖는 인지적 특징을 3가지로 정리한다. 준거점 의존성(reference dependency), 민감도 체감성(diminishing sensitivity), 손실 회피성(loss aversion)이 그것이다.

먼저 준거점 의존성은 사람들이 내리는 가치에 대한 평가가 절대적인 것이 아니라 현재 상태(준거점)의 변화에 달려 있다는 것이다. 경제학에서 효용함수는 효용이 같으면 반응 또한 같다고 전제하지만 실제로는 다르다. 정전으로 캄캄할 때 켜는 촛불과, 전등이 켜진 상태에서 환한 촛불이 어떻게 같을 수가 있겠는가.

둘째, 민감도 체감성은 경제학의 한계효용 체감의 법칙과 유사한 개념이다. 금액(자극)이 클수록 변화에 대한 민감도가 줄어든다는 의미다. 이를테면 카지노나 경마장에서 처음 1만 원을 잃은 뒤 1만 원을 더 베팅할지를 놓고 망설이지만, 10만 원쯤 잃고 나면 1만 원을 더 거는 데 별로 주저하지 않는다.

셋째, 손실 회피성은 손실과 이익이 같더라도 손실을 훨씬 크게 느끼는 경향을 가리킨다. 동전의 앞면이 나오면 1만 원을 얻고, 뒷면이 나오면 1만 원을 잃는 내기를 즐길 사람은 없을 것이다. 이익이 손실보다 적어도 1.5-2.5배는 되어야 사람들이 내기에 흥미를 느낀다는 것은 여러 실험으로 입증된 사실이다. 사람은 손실을 싫어하기에 되도록이면 피하려고 한다. 초보 주식투자자들이 매수 가격보다 주가가 오른 종목은 얼른 팔아도 손해 본 종목은 팔지 않는 것도 전형적인 손실 회피의 사례다. 주가가 올라서 얻게 된 이득보다 주가가 떨어져서 발생한 손실이 더 크게 느껴지기 때문이다.

이런 인지적 특징은 인류의 오랜 진화 과정에서 자연스레 본성화한 것이다. 원시 수렵채집 생활에서는 기회의 상실보다 위험한 상황에 더 주의를 기울여야만 생존과 종족 번식의 가능성을 높일 수 있었다. 즉 사냥에 실패하면(기회의 상실) 하루 굶을 뿐이지만, 맹수를 피하지 못하는 것(위험에 직면)은 곧바로 죽음을 의미하기 때문이다.[9]

전망이론에서 제시한 또 다른 논점은 객관적인 확률과 주관적인 확률이 다르다는 점이다. 카너먼은 사람들이 확률을 수치 그 자체로 받아들이지 않고 자기 나름의 가중치를 부

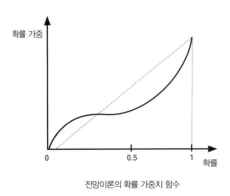

전망이론의 확률 가중치 함수

여해 해석한다고 보았다.(그래프 참조) 즉 실제 확률 1퍼센트일 때 주관적 확률(결정 가중치)은 평균 5.5퍼센트로 보았고, 10퍼센트는 거의 두 배인 18.6퍼센트로 매겼다. 그러나 확률 50퍼센트는 주관적으로는 42.1퍼센트, 확률 80퍼센트 또한 60.1퍼센트로밖에 매기지 않았다. 거의 확실한 99퍼센트 확률일지라도 1퍼센트의 실패 가능성 때문에 주관적 확률은 91.2퍼센트에 그쳤다. 이런 현상은 사람들이 확률(p)을 ▷확실한 것(p=100%), ▷가능성 있는 것(1⟨p⟨100%), ▷불가능한 것(p=0%)으로 구분해 판단하기 때문이다.

또한 확률이 높을 때는 확실한 것을 선호하고(확실성 효과) 확률이 낮을수록 가능성을 선호한다(가능성 효과). 확률 90퍼센트는 주관적 확률로 71퍼센트에 불과하고 99퍼센트는 91.2퍼센트에 그치지만, 100퍼센트는 주관적 확률 역시 100퍼센트다. 반면 확률이 0퍼센트가 아닐 경우, 희박한 확률이라도 당첨됐을 때 대규모 이익이 기대된다면 선호한다는 것이다.

다시 로또로 돌아가보자. 로또의 1등 당첨 확률은 814만5,060분의 1이다. 벼락 맞을 확률이 180만 분의 1이라고 하니, 로또 1등 당첨이 벼락 맞기보다 4~5배쯤 어렵다. 그렇다고 확률이 0퍼센트인 것은 결코 아니다. 더구나 매주 평균 5.85명의 1등 당첨자가 나온다. 운이 좋다면 평균 21억 원의 큰돈을 손에 쥘 수도 있다. 반면 로또 게임에 참가하는 데드는 최소한의 금액은 고작 1,000원으로, 재산에 큰 변화가 생기는 것도 아니다. 그러니 극히 희박한 확률임에도 그보다 훨씬 높은 가중치를 부여하는 가능성 효과를 기대해 로또 판매점으로 달려가는 것이다. '나는 특별하다'라는 자기선택적 편향(self-selection bias)까지 이를 부추긴다.

도박에서 돈을 따면 겁쟁이가 되고 잃으면 도박사가 되게 마련이다. 본전 상태의 준거점을 기준으로 판단하는 것이다. 영화 〈슬럼독 밀리어

네어(Slumdog Millionaire)〉의 퀴즈쇼처럼 '전부 아니면 전무(all or nothing)'
인 게임을 떠올려보면 이해가 쉽다. 처음에 문제를 맞혀 1만 원, 5만 원,
10만 원가량의 상금을 확보한 상태라면 계속 다음 문제에 도전할 것이
다. 하지만 상금이 1,000만 원쯤 되면 생각이 달라진다. 다음 문제를 맞
히면 2,000만 원을 받지만 못 맞히면 한 푼도 못 받게 될 경우 많은 사람
들이 더 이상의 도전을 꺼리고 1,000만 원을 받기를 희망한다. 수중에
들어온 1,000만 원(확실성)이 손실과 이득을 판단하는 준거점으로 작용
하기 때문이다.

이득과 달리, 손실의 경우에는 정반대 현상이 벌어진다. 특히 치명적
인 위험이라면 확률이 99퍼센트든, 1퍼센트든 무조건 피하고 본다. 확률
0퍼센트가 아니면 아무리 낮아도 안전하지 못하다고 여기는 것이다. 광
우병 파동, 일본 후쿠시마 방사능 불안 등이 순식간에 괴담으로 증폭되
는 이유다.

테러 또한 가능성이나 발생 확률은 극히 희박하지만 한번 발생하면
엄청난 참사가 일어나기 때문에 누구나 불안해한다. 테러범들이 노리
는 것이 바로 이 같은 대중의 패닉(공황)이다. 손실 확률이 아무리 낮아
도 마치 나에게만 일어날 일로 여기는 것이다. 이것이 바로 수십만 년에
걸친 인류의 생존과 진화 과정에서 유전자에 각인된 자기선택적 편향이
다. '나는 특별하다' 또는 '불행은 나에게만 닥친다'는 자기선택적 편향
은 세상이 나만 바라보고 있고, 지구는 나를 중심으로 돌고 있다고 여기
게 만든다.

TIP

신이 점지한 로또 명당은 과연 있을까

유독 로또 1등이 자주 나오는 복권 판매점들이 있다. 이른바 '로또 명당'들이다. 로또 주관회사인 ㈜나눔로또에 따르면 1회(2002년 12월 7일)부터 562회(2013년 8월 31일)까지 1등이 가장 많이 나온 곳은 부산 범일동 한 카센터로, 무려 27번이나 된다. 2위는 1등이 18번 나온 서울 상계동의 편의점이고, 3위는 울산 달동의 복권방(8번)이다. 이 밖에도 1등이 7번씩 나온 곳도 5곳이다. 한 번이라도 1등 당첨자가 나온 판매점이 1,458곳이고, 1회부터 누적 1등 당첨자 수는 3,000명이 넘는다.

이들 판매점에서 1등이 자주 나오다 보니 주말이면 주변 교통이 극심한 혼잡을 빚는다. 사람들이 몰려 줄을 서서 로또를 사갈 정도니, 부업인 로또 판매가 본업이 될 정도다. 전국의 로또 판매점은 2012년 말 기준 6,211개다. 이 중 유독 몇몇 판매점에서 1등이 자주 나오는 이유는 뭘까? 정말 신이 점지해준 명당일까? 풍수지리의 영묘한 기운이라도 있는 걸까?

하지만 유감스럽게도 신이 점지해준 로또 명당은 존재하지 않으며 존재할 수 없다. 확률에 대한 착시와, 우연을 필연으로 여기는 사람들의 착각이 존재할 뿐이다. 이는 간단하게 몇 가지 숫자로 설명할 수 있다. 한 주에 약 600만 명이 4,200만 장의 로또를 산다. 이 가운데 1등 당첨자는 매주 평균 5.85명이 나온다. 확률적으로 전국의 판매점 1,000곳 중 한 군데쯤에서는 1등이 나오게 마련이다. 몇 번의 예외는 있을지라도 세월이 지날수록 이론적 확률에 수렴할 것이다.

평범한 판매점이 로또 명당 소리를 듣기까지는 대개 이런 과정을 거친다. 로또가 도입된 초기에 우연히 1등 당첨자가 나온다. 가게 앞에 큼지막하게 '로또 1등에 당첨된 집'이라고 현수막을 내건다. 손님들이 몰리면서 몇 달 안에 다시 1등이 나온다. 이제는 '명당'이란 입소문을 타고 판매량이 폭증한다. 여기서 더 운이 좋은 가게는 사람들이 잊을 만하면 또 1등이 나와 '진짜 명당' 소리를 듣게 된다.

실제로 2011년의 로또 자료를 보면 판매액이 연간 3억 원 이상인 판매점들은 1등이 평균 1.666명 나왔지만, 연간 1,000만 원 미만인 판매점은 1등이 0.009명에 불과했다. 확률상 185배 차이가 나는 것이다.[10] 하지만 분모가 되는 판매액의 격차가 30배가 넘는 점을 감안하면 별 차이가 없다고 보아야 한다.

어느 판매점에서 로또를 사든 1등 당첨 확률이 달라지지는 않는다. 다만 로또 명당은 워낙 많이 판매했으니 1등도 상대적으로 자주 나오는 것이다. 로또 명당은 신이 점지한 게 아니라 입소문 덕에 로또를 많이 판 곳일 뿐이다. 실제로 상계동 편의점 주인은 2012년 168억 원어치의 로또를 판매해 판매수수료(1,000원당 55원)로만 8억 4,000여 만 원을 벌었다. 로또로 인생 역전한 사람은 로또 명당의 단골들이 아니라 그 가게 주인이 아닐까?

'미녀는 괴로워'도
외모 만능 시대에는 남는 장사

매력자본

키 169센티미터, 몸무게 95킬로그램. 씨름판에 나가도 거뜬할 체격을 가진, 그러나 한 남자의 사랑을 받고 싶은 여린 마음의 소유자 한나. 169 센티미터, 48킬로그램. 완벽한 S라인 몸매의 소유자 제니.

660만 관객을 동원한 2006년 영화 〈미녀는 괴로워〉의 두 주인공이다. 물론 한나와 제니는 한 사람이다. 립싱크 하는 미녀 가수의 노래를 대신 부르던 목소리 가수 '뚱녀' 한나는 전신성형을 통해 환상적인 몸매의 미녀 제니로 변신한다.

한나는 뚱뚱한 몸매 탓에 아무리 노래를 잘 불러도 '얼굴 없는 가수'

신세다. 생계를 위해 밤에는 음란 폰팅 아르바이트도 해야 한다. 이런 한나가 제니로 변신하자 그토록 퉁명스럽고 무심하던 주위 모든 사람들이 더할 나위 없이 친절하게 대해준다. 심지어 한나가 짝사랑하던 음반 프로듀서 상준마저도 제니를 좋아하기 시작한다. 제니가 운전하다 택시를 들이받는 사고를 냈을 때 피해자인 택시기사는 이마에 피를 흘리면서도 괜찮다고 말하고, 교통순경은 되레 택시기사를 나무랄 정도다.

이쯤 되면 과연 한나의 전신성형을 비난할 수 있겠는가? 사람을 생김새로 재단하는 편견을 갖지 말아야 한다는 것은 누구나 머리로는 생각한다. 이것이 이른바 정치적 올바름(political correctness)이다. 하지만 대다수 사람들의 실제 속마음과 행동은 그렇지 못하다. 머리와 가슴의 차이요, 이상과 현실의 차이다. 이 영화는 바로 외모와 몸매가 성공의 절대수단이라는 현실을 적나라하게 보여준다. 우리 사회의 위선과 허위의식에 대한 고발이자, '한나에게 돌 던질 자 누구인가'라고 되묻는 것이다.

현대에 들어서 외모는 개인에게 결코 가벼운 요소가 아니다. 외모가 소득과 지위, 성공에 적지 않은 도움이 되기 때문이다. 정치 선거 후보들 가운데도 외모 덕을 본 경우가 적지 않다. 점포의 매출 또한 점주나 종업원의 외모가 상당한 영향을 미치는 게 사실이라고 한다. 이왕이면 다홍치마인 셈이다. 심지어 2,600년 전 그리스의 여성 시인 사포(Sapphō)는 "예쁘면 다 착하다"고까지 했을 정도다.[11] 잘생긴 사람일수록 더 능력 있고 성격도 좋을 것으로 여기는 이른바 후광효과(halo effect)가 작용하는 것이다. 후광효과를 가장 잘 활용하는 것이 광고다. 소비자들은 잘생기고 예쁜 광고 모델의 미소에 이끌려 해당 제품에 호감을 갖고 지갑을 연다.

경제학에서도 최근 외모의 경제적 효과에 대한 연구가 활발하다. 『맨큐의 경제학』에서는 배우 브래드 피트의 사례를 들어 설명한다. 피트는 미남 배우이고 그가 출연한 영화에는 많은 관객이 몰린다. 관객수는 그의 높은 소득을 의미한다. 실제로 1990년대 초에 실시한 설문조사에서는 잘생긴 외모를 지녔다고 평가받는 사람들이 평균 외모를 가진 사람들에 비해 5퍼센트 정도 높은 소득을 얻고 있는 것으로 나타났다. 평균 이하의 외모를 가진 사람과 비교하면 소득 격차가 5-10퍼센트로 벌어지며, 이런 현상은 남녀 공통적이었다.[12]

외모가 개인의 중요한 자본이 되었음은 이제 부인할 수 없는 사실이다. 미(美)가 부(富)이자 권력이 된 것이다. 이를 간파한 영국 사회학자 캐서린 하킴(Catherine Hakim)은 『매력자본(Honey Money: The Power of Erotic Capital)』을 통해 다양한 실증 사례를 보여준다. 하킴은 사람의 매력자본(erotic capital)을 경제자본(재산), 문화자본(교육·훈련), 사회자본(관계·연줄)에 이어 '제4의 개인자산'으로 규정했다.

매력자본에는 외모, 건강하고 섹시한 몸, 능수능란한 사교술과 유머, 패션 스타일, 이성을 다루는 기술 등 사람을 매력적인 존재로 만드는 모든 자원이 포함된다. 매력자본은 사회구성원, 타인에게 보여주는 심미적·시각적·신체적·사회적·성적 매력을 종합해놓은 것이다.[13] 마릴린 먼로는 인터뷰에서 "11살이 되면서부터 주변 세상이 갑자기 변했다"고 이야기했다. 그전까지는 세상의 문이 닫혀 있다고 느꼈는데 성숙하고 아름다운 여인이 되자 갑자기 모든 것이 문을 열었고 세상은 친절한 곳이 되었다는 것이다.[14]

하킴은 현대에 들어와서 매력자본이 더 중요해진 이유를 3가지로 설명한다. 첫째, 일하는 환경이 달라졌다. 선진국일수록 근육을 쓰는 농업이나 제조업보다는 화이트칼라 또는 서비스 업종 노동자가 대폭 늘어, 사람들과 관계를 잘 맺고 부드러운 대화를 나눌 수 있는 매력 있는 사람이 인재로 대접받는다. 둘째, 많은 나라가 더 부유해졌다. 과거에는 먹고 사느라 신경 쓰지 못했던 외적인 매력에 눈뜨게 되었다는 얘기다. 셋째, 모두가 모두에게 노출되는 상황이다. 유명인뿐만 아니라 일반인 또한 인터넷 SNS 등에 노출 빈도가 높아지면서 매력이 중요해질 수밖에 없다는 것이다.

매력자본, 성적 충족, 아름다움 등은 소득이 높아질수록 더 많이 원하게 되는 것으로 경제학에서는 이를 '상급재(superior goods, 우등재)'라고 부른다. 선진국일수록 이런 수요가 커지게 마련이다. 때문에 여성은 물론 남성들도 화장하고 성형수술을 받고 보톡스를 맞는 게 흔한 일이 되어가는 것이다. 실제로 매력자본은 여성보다 남성에게 더 이점이 된다고 한다. 1991년 영국의 연구에 따르면 매력적인 남성이 그렇지 않은 남성보다 소득이 20퍼센트 더 많았고, 매력적인 여성은 그렇지 않은 여성보다 13퍼센트 더 많았다.

큰 신장은 모든 문화권에서, 특히 남성에게 긍정적인 특성으로 간주된다. 미국에서는 키 큰 사람이 키 작은 사람보다 소득이 20퍼센트 더 많고 최고경영자나 관리자가 될 가능성이 더 높다. 또 미국의 역대 대통령은 대체로 신장이 컸다. 적어도 상대 정당 후보보다는 컸다.[15]

매력자본이 영향력을 발휘하는 분야는 물론 대중의 눈길이 쏠리는 연예계나 스포츠계다. 하지만 요즘에는 정치계도 매력자본이 좌우한다 해도 과언이 아닐 정도다. 미국 오바마 대통령은 큰 키와 날렵한 몸매, 멋진 수트가 카리스마 넘치는 성격과 결합되어 호감을 갖게 한다. 나이가 70대인 베를루스코니 전 이탈리아 총리는 각고의 노력과 미소 덕에 50대로 보일 정도다. 프랑스 올랑드 대통령은 대선 후보가 되기 전 몸무게를 12킬로그램이나 감량했다고 한다. 정치인들 역시 정치 역량을 얼마나 가졌는지에 앞서 외모에서 매력이 없으면 각광받기 어려운 세상이다.

사람들은 대개 본인의 노력으로는 어찌할 수 없는 부분을 차별의 근거로 삼을 때 불공평하다고 느낀다. 예컨대 성별이나 피부색, 장애, 부모의 부(富), 키, 외모 등은 본인이 선택해서 결정된 게 아니다. 그럼에도 이런 요인들이 살아가면서 적지 않은 차별을 만들어내는 게 현실이다.

그래서 잘난 사람들에게 이른바 '미인세(美人稅, beauty tax)'를 걷어야 한다는 주장을 펴는 사람도 있다. 미남미녀가 평생 누리는 유무형의 혜택이 적지 않기 때문이다. 그들은 평범한 사람들에 비해 더 많은 기회, 더 많은 소득, 더 많은 인기, 더 많은 관심을 얻는다. 미는 본인의 선택이 아닌 우연의 결과다. 따라서 부자 부모를 만나 재산을 상속받을 때 상속세를 물리듯 잘생긴 부모를 만나 미를 물려받은 경우에도 세금을 물리지 못할 이유가 없다는 주장이다. 이는 우리 사회의 외모 중시 풍조가 얼마나 중증인지를 잘 말해주는 것이라 할 수 있다.

외모가 꼭 선천적인 매력자본이자 절대불변인 것은 아니지만 그렇다고 한나처럼 성형수술로 다 뜯어고치라는 이야기는 당연히 아니다. 오히려 성형중독이나 불필요한 수술로 자연스런 외모를 망치는 사례가 상당히 많다. 개성 없는 성형으로는 호감을 사기 어렵다. 하지만 스스로의 노력으로 얼마든지 호감 가는 외모를 만들 수도 있다. 온화한 미소와 밝은 표정, 얼굴에 어울리는 헤어스타일, 맵시 있는 옷차림 등으로 얼마든지 매력자본을 키울 수 있다. 꾸준한 운동은 두말할 필요도 없다.

이런 노력들을 통해 자신의 매력자본에 투자하는 것이 저축이나 교육, 사회관계에 노력을 쏟는 것 못지않게 중요한 일이 되었다. 자신의 이름을 딴 화장품 회사 창립자인 헬레나 루빈스타인은 이렇게 말했다. "세상에 못생긴 여자는 없다. 다만 게으른 여자가 있을 뿐이다."[16] 여성은 화장을 하고 자신을 꾸며야 한다는 뜻이겠지만, 여기에서 화장을 교양, 밝은 표정, 인간관계, 운동 등 부지런해야 얻을 수 있는 것으로 대체해도, 여성뿐만 아니라 남성에게도 충분히 통할 말이다.

교황청이 꼽은
여성 해방의 일등공신
발명과 기술

지금 그렇다고 과거에도 그랬으리라고 여기는 것만큼 어리석은 일은 없다. 지금 보이는 것, 아는 것을 그때도 알았을 것이라 단정하고 지금의 잣대로 과거 역사를 재단할 경우 심각한 오류에 빠지게 된다.

여성의 참정권(투표권)과 여성 인권이 바로 그렇다. 오늘날에는 보통의 여성도 남성과 똑같이 교육받고 직업을 갖고 정치적 권리를 누리지만 이는 그리 오래된 일이 아니다. 17-18세기 유럽에서는 시민혁명으로 국민에게 투표권이 부여됐지만, 그 '국민'에는 여성과 노예가 포함되지 않았다. 심지어 계몽사상가 장자크 루소(Jean Jacques Rousseau)조차 "여

5-5 | 올랭프 드 구주의 초상화, 18세기.

성은 남성에게 기쁨을 주기 위해 창조되었다"고 했을 정도다. 1789년 프랑스 혁명 직후 여성 참정권 운동을 벌였던 올랭프 드 구주(Olympe de Gouges)는 처형당하면서 유명한 말을 남겼다.(도판 5-5) "여성이 단두대에 오를 권리가 있다면 당연히 의정 연단에도 오를 권리가 있다."

여성 투표권은 1893년 뉴질랜드를 시작으로 20세기 들어 호주(1902), 핀란드(1906), 노르웨이(1913) 등으로 확대됐다. 특히 1차 세계대전 (1914-1918)은 여성 투표권 도입의 기폭제가 됐다. 군수산업에 여성을 동원하면서 투표권을 주게 된 것이다. 이러한 현상은 1917년 소비에트연방(소련), 1918년 영국, 1919년 독일로 확산됐다. 최초의 민주주의 국가라는 미국은 1920년에야 여성에게 투표권을 주었고, 프랑스는 2차 세계대전 직후인 1946년에야 허용했다.

아시아와 아프리카의 대다수 국가들은 1945년 2차 세계대전 종전 이후 식민지에서 독립하면서 여성에게 투표권을 주었다. 한국에도 1948년에야 도입됐다. 하지만 투표권을 가졌다고 해서 여성이 남성과 평등해진 것은 아니다. 여성이 사회에 진출해 능력을 발휘할 수 있게 된 것은 1960-1970년대부터다. 결국 인류 역사상 여성이 제대로 대접받게 된 것은 50여 년밖에 안 된다는 뜻이다.

1900년경 영국 여성의 위상을 잘 보여주는 영화가 있다. 크리스 누난 감독의 2007년작 〈미스 포터(Miss Potter)〉다. 『피터 래빗 이야기(The Tale of Peter Rabbit)』(1902)로 유명한 영국의 작가 베아트릭스 포터(Beatrix Potter)의 일대기를 다룬 영화다.

19세기 후반 영국, 어린 시절부터 풍부한 상상력으로 동물들과 친구가 된 베아트릭스 포터(르네 젤위거)는 동물 캐릭터를 주인공으로 한 책을 출판하려 하지만 누구도 알아주지 않는다. 우연히 포터의 그림을 본 출판사 편집자 노먼 워른(이완 맥그리거)은 그녀의 재능을 한눈에 알아차리고 출판을 위해 그녀를 찾아간다. 두 사람은 곧 사랑에 빠지지만, 유복한 집안의 남성과 결혼하는 것이 그녀와 같은 상류층 여성들의 목표였던 시대에 신분의 차이는 그들의 사랑을 가로막는다. 그러나 베아트릭스는 결국 노먼과 함께 『피터 래빗 이야기』를 출판해 많은 사랑을 받게 된다.

영화에서 베아트릭스의 부모는 딸에게 쓸데없이 책 내겠다고 나서지 말고 부유한 남자를 만나 시집이나 잘 가라고 종용한다. 이것이 100여 년 전 당시 가장 자유로운 선진국이라는 영국의 보편적인 풍경이었으니 다른 나라 여성들은 말할 것도 없다. 만약 베아트릭스가 노먼을 만나지 못했다면 '피터 래빗'은 아예 세상의 빛을 보지 못했을 것이다.

여성 해방은 19세기만 해도 상상하기 어려운 개념이었다. 입센(Henrik Ibsen)의 희곡 「인형의 집」(1879)에서 주인공 노라가 자기 인생을 위해 집을 뛰쳐나간다는 이야기는 당시로서는 엄청난 파격이었다. 그렇다면 20세기 들어 여성의 삶이 획기적으로 바뀐 배경은 무엇일까? 여성의 자의식이 깨어난 것일까? 아니면 여성 운동가들의 치열한 투쟁 덕일까? 경제학을 공부하는 사람이 세상의 변화를 정신적 요인에서만 찾는다면 헛공부한 셈이다.

몇 해 전 교황청이 여성 해방에 관해 이색적인 논평을 해서 화제가 된 적이 있다. 2009년 101번째 세계 여성의 날(3월 8일)을 맞아 교황청은 여성 해방의 1등 공신으로 세탁기를 꼽았다. 교황청 기관지인 『로세르바토레 로마노(L'Osservatore Romano)』는 「세탁기와 여성 해방: 세제를 넣은 후문을 닫고 취하는 휴식」이란 기사를 통해 여성들은 여성 해방에 가장 많이 기여한 세탁기에 고마워해야 한다고 보도했다. 『로마노』지는 또 "일부에선 먹는 피임약이나 낙태할 권리, 직장에서 일할 권리를 주장하지만 세탁기가 기여한 것만큼은 안 될 것"이라며 "오늘날 여성들은 세탁기가 작동하는 동안 친구들과 카푸치노 한 잔을 마시며 이야기를 나누는 여유를 갖게 됐다"고 설명했다.[17]

여성의 권리 찾기에 대해 교황청이 정신적 요인 외에 물질적 요인을 언급한 것은 충분히 타당성이 있다. 상수도나 세제도 변변치 않던 오랜 세월 동안 여성들은 하루도 빠짐없이 가사노동에 시달려왔다. 여성들은 매일 산더미 같은 빨래, 청소, 음식 준비와 설거지를 해야 했고, 출산과 육아에다 농사까지 지어야 했다. 게다가 수시로 가해지는 남편의 폭력도 있었다. 당시 베아트릭스 포터와 같은 여성 지식인이 자아실현을 추구하는 것은 언감생심이었다.

이런 상황에서 세탁기는 여성들을 빨래의 굴레에서 해방시켰다. 밥솥, 식기세척기, 건조기, 가스레인지, 전자레인지, 오븐, 보일러, 청소기 등은 가사노동에 투입되는 시간을 획기적으로 줄여주었다. 20세기에 등장한 이 같은 발명품들은 여성에게 여가를 선물했고, 비로소 똑똑한 여성들이 능력을 발휘할 토대를 만들어준 것이다. 20세기에 발명품이 쏟아진 것도 우연이 아니다. 19세기에 에디슨이 전기를 발명했기에 가능했던 것이다. 영국의 수학자이자 철학자 화이트헤드는 "19세기의 가장 큰 발명은 발명하는 방법을 발명한 것"이라고 강조했다.[18]

교황청이 세탁기를 여성 해방의 1등 공신으로 꼽은 것은 타당하지만 다소 미흡한 점도 있다. 교황청은 피임과 낙태를 반대하기 때문에 여성 해방에서 피임이 차지하는 역할을 일부러 과소평가했다. 인류가 임신을 통제하게 된 지는 그리 오래지 않다. 라텍스 고무로 만든 콘돔은 1880년 대에 처음 등장했고, 먹는 피임약은 1960년에야 상용화됐다. 그전에는 어땠을까?

19세기 베아트릭스 포터의 시대에 피임을 몰랐던 영국 여성들은 평생 임신의 공포에서 헤어나지 못했다고 해도 과언이 아니다. 당시 여성들 은 가임기간 30년(15-44세) 동안 평균 14회 임신을 했다. 임신→출산→ 육아→임신→출산→육아의 반복이었다. 가장 왕성하게 일할 나이에 가사와 출산, 육아의 굴레에서 벗어날 수 없었으니, 사회 진출은 엄두도 못 낼 일이었다. 오늘날 한국 기혼 여성의 평생 임신 횟수는 2003년 2.72 회, 2009년에는 2.33회로 갈수록 낮아지고 있다.[19]

이런 관점에서 지난 2,000년간 인류 최고의 발명품으로 피임약을 지 목한 과학자들도 있다. 1998년 미국 작가 존 브록맨이 노벨상 수상자 등 세계 100여 명의 석학에게 이메일로 질문을 보내면서 시작된 인터넷 토 론방에서 석학들이 가장 많이 꼽은 것은 인쇄술, 시계와 더불어 피임약 이었다.[20] 또 AFP통신과 『포춘』지는 20세기 최고의 발명품 1위로 피임약 을 선정하기도 했다.

피임약은 세상의 절반인 여성의 삶을 송두리째 바꿔놓았다. 이로 인해 남성과 가족의 삶도 변모했으니 그 어떤 발명보다 중요하다고 할 수 있 다. 오늘날 여성 대통령, 여성 총리, 여성 CEO가 속속 등장하는 것도 불 과 한 세대 전에는 상상하기 어려운 일이었다. 베아트릭스 포터가 만약 21세기에 활동한 작가라면 『해리 포터』시리즈의 조앤 롤링 못지않게 인 기를 모았을 것이다.

일반적으로 소득이 높은 나라일수록 출산율이 낮다. 여성이 출산으로 인해 감수해야 할 기회비용이 큰 탓이다. 여성들이 사회에 진출하는 것이 보편화되면서, 출산할 경우 겪을지도 모를 경력 단절, 소득 감소, 재취업 애로 등이 엄청난 손실로 여겨지는 것이다. 결국 국가적으로 출산율을 높이려면 출산에 따른 기회비용을 낮춰주는 것이 무엇보다 필수적이다.

앞으로는 소프트(soft)의 시대다. 농경시대나 산업화시대처럼 남성적인 근육이 필수였던 하드(hard)의 시대와 달리, 21세기 정보화시대는 여성적 두뇌와 감성이 지배한다. 한국 사회의 뿌리 깊은 남아선호 현상이 수그러든 것은, 정신적인 이유도 있겠지만 무엇보다 경제적 토대가 달라졌기 때문이다.

남·북한이 60여 년 만에 하늘과 땅 차이가 된 까닭

경제적 자유

　식민지에서 해방됐지만 나라가 분단된 남한과 북한은 세계 학자들에게는 더할 나위 없이 흥미로운 연구 대상이다. 지난 60여 년간 서로 달라져도 너무 달라졌기에 정치학·사회학·경제학 등 다방면에서 관심을 끌기에 충분하다. 같은 민족인데 왜 달라졌고, 무엇이 그런 변화를 가져왔을까?

　먼저 남한과 북한의 주요 지표를 비교해보자. 인구는 남한 5,000만 명, 북한 2,472만 명으로 약 2배 차이가 난다. 반면 면적은 남한이 약 10만 제곱킬로미터, 북한이 12만 제곱킬로미터로 북한이 약간 넓다. 지하자원 또한 남한에는 석탄, 텅스텐 외에는 이렇다 할 것이 없다. 반면 북한에는 360여 종의 광물자원이 있고 이 중 200여 종은 경제성이 있다. 매장량이 세계 10위 안에 드는 광물만도 마그네사이트 · 중석 · 몰리브덴 · 흑연 · 중정석 · 운모 · 형석 등 7가지나 된다. 특히 컴퓨터 반도체 등 IT제품에 쓰이는 17가지 희귀광물을 가리키는 희토류는 중국(8,900만 톤)에 이어 세계 2위 매장량(4,800만 톤)을 자랑한다.[21] 더구나 일제가 대륙 침략을 위해 이북 지역에 공장을 짓고 발전시설을 건설했기에 1948년 건국 당시 북한은 남한보다 경제적으로 훨씬 우세한 여건이었다. 실제로 1960년대까지만 해도 북한이 남한보다 1인당 소득이 높았다.

분단 65년이 흐른 지금, 남한과 북한의 경제력은 어떨까? 한국은행의 추계에 따르면 경제 규모(명목 국민총소득)는 2012년 기준 남한이 1,279조 원, 북한이 33조5,000억 원으로 38.2배 차이가 난다. 1인당 국민소득(GNI)은 남한이 2,559만 원으로 북한의 137만 원보다 18.7배 많다. 잇단

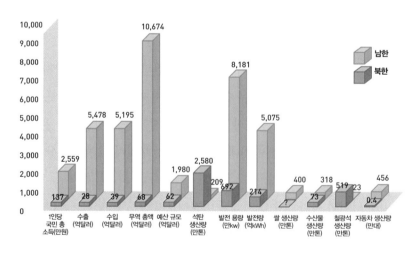

남북한 주요 지표(한국은행 홈페이지 참조, 2012년 기준)

자연재해와 경제 제재로 굶어 죽는 사람이 속출했던 1990년대 이른바 '고난의 행군' 기간의 북한 경제성장률은 줄곧 마이너스였다. 금강산 관광, 개성공단 등이 열린 2000년대 들어서야 남한의 지원 덕에 경제가 간신히 플러스 성장으로 돌아섰다.

더구나 남·북한의 차이를 극명하게 보여주는 것은 한반도를 찍은 위성사진이다. 남한은 서울, 수도권, 부산, 대구, 광주 등 대도시 권역마다 불야성인 반면, 북한은 평양 외에는 거의 불빛을 찾아볼 수 없다. 남한의 생활수준은 스페인, 포르투갈 수준인 데 반해 북한은 사하라 사막 이남의 아프리카 빈국들과 비등하다. 건강 상태는 더욱 열악해 북한 주민은 평균적으로 남한의 시민들보다 10년가량 수명이 짧다.[22]

왜 이런 격차가 벌어졌을까. 같은 민족이니 민족성을 이야기할 수도 없다. 문화적 차이도 거의 없다. 중국 역사서에 기록된, 음주가무를 즐기는 동이족(東夷族)의 특성은 남한과 북한이 빼닮았다. 그렇다면 지리적 환경의 차이일까? 물론 북한은 남한보다 산지가 더 많고 험하다. 하지만 풍부한 지하자원과 산업 기반을 감안할 때 오히려 산업화가 더 빨랐어야 맞다.

이에 대해 MIT 대학 경제학과 대런 애쓰모글루(Daron Acemoglu) 교수와 하버드 대학 정치학과 제임스 로빈슨(James A. Robinson) 교수가 함께 쓴 『국가는 왜 실패하는가(Why Nations Fail)』에서는 나라마다 경제적 성패가 갈리는 이유가 제도와 경제 운용에 영향을 주는 규칙, 국민에게 동기를 부여하는 인센티브가 다르기 때문이라고 보았다. 즉 경제제도가 포용적이냐 착취적이냐의 차이라는 것이다.

포용적 경제제도는 사유재산이 확고히 보장되고, 법체계가 공평하게 시행되며, 누구나 교환 및 계약이 가능한 경쟁 환경을 보장하는 공공서

비스를 제공한다. 또한 새로운 기업의 참여를 허용하고 개인에게 직업 선택의 자유를 보장한다. 그런 면에서 남한이 채택한 자유민주주의와 시장경제체제는 일반 대중이 경제활동에 참여해 자신의 재능과 역량을 충분히 발휘하고 개개인이 원하는 바를 선택할 수 있게 했다.

반면 북한은 공산주의와 중앙통제경제를 채택했다. 이에 따라 사유재산은 불법화하고, 시장도 금지되었으며, 주민들은 삶의 모든 측면에서 자유를 제한받았다. 이를테면 이사도 마음대로 못 가는 식이다. 기본적으로 포용적 경제제도와 정반대인 착취적 경제제도였던 것이다. 권력을 독점하는 소수 엘리트층은 으레 다른 사회구성원의 자원을 착취할 수 있도록 경제제도의 틀을 짬으로써 자연스럽게 착취적 정치제도를 갖게 된다.[23] 조지 오웰의 『동물농장(*Animal Farm*)』(1945)에서 '모든 동물은 평등하다'라는 기본 이념이 막상 돼지들이 권력을 잡은 뒤에 '모든 동물은 평등하다. 그러나 어떤 동물은 더 평등하다'로 변질돼버린 것을 연상하면 이해가 쉽다.

포용적 경제제도와 착취적 경제제도의 근본적 차이는 '경제적 자유'가 있느냐 없느냐에 달려 있다. 경제적 자유란 개인이 자신의 의지로 경제활동을 할 수 있는 자유를 말한다. 우리나라 헌법에 명시된 행복추구권, 재산권 보장, 신체의 자유, 거주·이전의 자유, 직업 선택의 자유, 영업의 자유, 소비자 권리, 교육받을 권리, 노동기본권 등을 포괄하는 것이다. 중세까지 세계 최고 선진국이었던 중국이 근대 들어 유럽에 뒤처진 것도 경제적 자유의 유무에서 기인한다.

오늘날 북한 주민들은 주기적인 기근으로 고통받고 있다. 이른바 '꽃제비'라는 탈북 어린이들의 신장은 남한의 또래들에 비해 20센티미터나 작다. 한창 클 나이에 영양 섭취가 턱없이 부족한 탓이다. 강화도 북단의 평화전망대에서 불과 3킬로미터 떨어진 북한 연백평야를 보면 산에 나무 한 그루 찾아보기 힘들다. 온통 민둥산이니 수시로 홍수, 가뭄 등 자연재해가 닥쳐서 농사를 망치기 일쑤다. 땅이 척박해 비료 없이는 농업 생산성을 높일 수도 없다.

북한은 시장을 금지했지만, 생활필수품이 거래되는 자연발생적 암시장인 '장마당'(도판 5-6)은 온갖 규제에도 불구하고 건재하다. 식량난으로 배급마저 제때 이뤄지지 못함에 따라 비싸더라도 장마당이 없으면 식량조차 구할 수 없는 실정

5-6 │ 북한 주민의 생활을 그린 영화 〈크로싱〉에 그려진 장마당의 모습.

이어서 북한 당국도 완전히 금하진 못하고 있다. 그런 장마당이 한때 북한 전역에 200여 곳으로 늘어나기도 했다.

북한 당국은 2009년 11월 전격적인 화폐개혁을 단행했다. 기존 북한 돈 100원이 하루아침에 1원의 가치로 전락한 것이다. 그것도 10만 원 이상은 신권으로의 환전을 금지하고(차후 50만 원으로 완화) 교환 기간도 고작 1주일밖에 주지 않았다. 이는 장마당 이용자들을 징벌하기 위한 조치이자, 화폐개혁을 통해 주민의 저축을 몰수한 것이나 다름없었다. 화폐개혁 이후 장마당 상인들은 북한 돈은 받는 즉시 중국 위안화나 미국 달러화로 환전한다고 한다.

지난 60여 년간 남한과 북한의 경제 격차만 보아도 경제적 자유 없이 국부(國富)와 생활수준을 높일 수 없음은 분명하다. 오늘날 선진국 가운데 포용적 경제제도를 통해 경제적 자유를 보장하지 않는 나라는 없다. 또한 경제적 자유가 있으면서 가난을 면치 못하는 나라도 없다.

비만을 막기 위해
비만세를 물려야 할까

외부효과와 죄악세

2011년 10월 덴마크가 최초로 비만세(fat tax)를 도입해 세계의 이목을 끌었다. 현대인의 만병의 근원인 비만을 줄이기 위해, 비만을 유발하는 원인이 되는 식음료 제품에 별도로 세금을 신설한 것이다. 덴마크 국민 중 13퍼센트가 비만이고 47퍼센트가 과체중인 상황이었다. 비만인 사람이 많을수록 생산성이 저하되고 건강보험 재정에도 부담이 된다는 이유에서였다. 포화지방산을 2.3퍼센트 이상 함유한 모든 식품에 대해 1킬로그램당 16크로네(약 3,400원)의 세금이 붙었다. 덴마크 정부는 이를 통해 국민들의 지방 섭취가 10퍼센트 줄어들 것으로 기대했다.

그러나 덴마크의 비만세 실험은 오래가지 못했다. 비만세를 부과한 결과 물가가 뛰었던 것이다. 새로운 세금이 붙으면서 육류, 버터, 우유, 피자, 식용유, 조리식품, 패스트푸드 등의 가격이 줄줄이 올랐다. 국민들로 하여금 건강에 좋은 식품을 먹게 하려던 당초 의도와는 달리, 건강에 좋은 식품과 식자재 값까지 덩달아 뛴 것이다. 그러자 덴마크 사람들 사이에서는 국경 넘어 독일이나 스웨덴으로 가서 한꺼번에 장을 보는 것이 유행처럼 번졌다. 덴마크 내 소비와 일자리가 줄었음은 물론이다. 결국 덴마크 정부는 2012년 11월 비만세를 폐지하고 말았다. 아울러 설탕에 세금을 물리려던 계획도 철회했다.

비만세는 비만으로 인해 발생하는 사회적 비용을, 비만 유발 식품을 소비하는 사람들에게 부담케 하려는 의도였다. 즉 비만의 외부효과를 줄이기 위한 취지다. 외부효과란 누군가의 행동이 타인에게 이익(편익)이나 손실(비용)을 발생시키는 것을 말한다. 외부효과가 타인에게 이익을 주면 외부경제(external economy, 긍정적 외부효과), 반대로 손실을 끼치면 외부불경제(external diseconomy, 부정적 외부효과)가 된다.

예컨대 꽃집에서 화사한 화분을 진열해놓은 모습을 보면 누구나 기분이 좋아지지만, 앞서 가는 사람이 담배를 피우면 원치 않아도 담배연기를 마시게 되어 불편을 초래한다. 꽃집은 타인에게 외부경제를, 담배 피우는 사람은 외부불경제를 제공한 것이다.

경제학원론에서 외부효과를 설명할 때는 흔히 과수원과 양봉업자를 예로 든다. 과수원 부근에서 꿀벌을 키우면 과수원의 꽃이 필 때 벌들이 수정을 도와 과일을 더 많이 수확할 수 있고, 양봉업자는 더 많은 꿀을 얻을 수 있다. 이웃집에서 솜씨 좋은 연주자의 피아노 소리가 들려온다거나, 영화 〈쇼생크 탈출(The Shawshank Redemption)〉에서 교도소 마당에

울려 퍼진 아름다운 아리아도 의도했든 의도하지 않았든 타인에게 편익을 제공한다. 긍정적 외부효과의 사례다.

이처럼 누이 좋고 매부 좋은 외부경제는 권장할 일이다. 그러나 본인에겐 좋지만 타인에게는 해를 끼치는 외부불경제는 심각한 갈등과 경제적 비용을 유발하기에 늘 사회적 관심사가 된다. 예컨대 한강 상수원 수원지 상류에 양돈장을 지어 돼지 분뇨를 방출한다면 어떻게 되겠는가. 낡은 트럭에서 내뿜는 시커먼 매연은 또 어떤가.

물론 외부경제와 외부불경제가 상황에 따라 다른 경우도 있다. 향수를 진하게 뿌린 사람이 지나갈 때 그 냄새를 좋아하는 사람이 있고, 질색인 사람도 있을 것이다. 가수 싸이가 세계적 스타가 된 뒤 서울시청 앞 광장에서 벌인 공연에 수많은 사람들이 환호했다. 그러나 원해서 그곳에 있는 것이 아니었던 주변 근무자나 행인들에게는 엄청난 소음이었다. 그렇다고 이런 문제를 정부가 일일이 개입해 금지할 수도 없다.

공해, 소음, 강물 오염 등과 같은 외부불경제를 해결하는 방법을 연구하여 노벨 경제학상을 받은 경제학자 로널드 코스는 별도의 거래비용이 들지 않을 경우 당사자간 거래를 통해 외부불경제를 시장에서 해결할 수 있다는 '코스의 정리(Coase theorem)'를 제시했다. 하지만 현실에서는 당사자가 다수이게 마련이고 피해의 원인과 입증 책임의 범위가 모호한 경우가 많다.

줄리아 로버츠에게 아카데미 여우주연상을 안겨준 영화 〈에린 브로코비치(Erin Brockovich)〉(2000)는 에너지 대기업 PG&E의 공장에서 유출되는 크롬 성분으로 인해 힝클리 마을 사람들이 병에 걸리는 외부불경제를 소재로 삼고 있다. 실존 인물인 에린 브로코비치는 거대 기업을 상대로 힘겨운 싸움을 벌였고, 간신히 소송에 이기고서야 외부불경제에 대한 보상을 받아낼 수 있었다. 공해와 같은 광범위한 외부불경제에 대해서는 정부의 적절한 개입이 불가피하다.

이기적인 개개인이 자신의 효용을 추구하는 동안 타인에게 손실을 유발하는 외부불경제는 경제학에서도 늘 관심의 대상이었다. 부정적 외부효과를 유발하는 대표적인 사례가 공해와 환경 문제다. 술, 담배, 도박, 마약, 비만 유발 식품 등도 마찬가지다. 이러한 것들은 즐기는 자신은 좋을지 몰라도, 과할 경우 타인에게 해를 끼치고 사회적 비용을 낳는다.

따라서 외부불경제에 대해 법으로 규제하거나 수혜자에게 비용(세금)을 물려 수요를 줄이는 정책이 널리 이용되고 있다. 부정적 외부효과를 시정하기 위해 고안된 세금을 피구세(Pigovian tax)라고 부른다. 외부불경제를 유발한 당사자에게 세금을 물림으로써 외부효과를 내부화, 즉 본인 부담이 되게끔 만드는 것이다. 피구세는 첫 제안자인 영국 후생경제학자 아서 C. 피구(Arthur Cecil Pigou)의 이름을 딴 세금으로, 비만세는 물론 담뱃세, 주세, 환경세(환경부담금), 교통세(교통부담금), 카지노세 등이 피구세의 범주에 들어간다.

경제학자들은 환경을 보호하는 방법으로 정부의 직접 규제보다는 피구세가 효과적이라고 본다. 예를 들어 정부가 각 공장의 오염물질 배출 한도를 연간 300톤으로 규제할 경우, 기업 입장에서는 일단 300톤 이하로 감축하고 나면 더 이상 줄여야 할 의무를 느끼지 못한다. 또한 정부가 일일이 감시하고 처벌하는 데도 막대한 행정비용이 들어간다. 그러나 오염물질 배출 시 톤당 일정 액수의 세금을 물린다면 기업은 오염물질을 300톤 이하로 줄였더라도 더 줄일수록 이득이 되므로 최대한 감축하고자 노력을 기울일 것이다.[24]

피구세 가운데서도 국민 건강과 복지에 나쁜 영향을 끼치는 특정 품목의 소비를 억제하기 위해 물리는 세금을 죄악세(sin tax) 또는 악행세라고 부른다. 술·담배의 가격을 올리자는 이야기는 곧 죄악세를 인상하자는 것이다. 물론 술·담배를 즐기는 게 죄악이냐고 반문하는 애주가, 애연가 들도 많다. 그러나 과한 음주는 음주운전과 그에 따른 교통사고, 주폭(술에 취하면 폭력을 일삼는 사람)에 의한 폭행 상해, 알코올중독자 양산 등 부정적 외부효과 또한 유발한다. 담배로 인한 간접흡연 문제도 적지 않다. 금연구역을 설정하는 것만으로는 한계가 있기에 가격을 대폭 올려 수요를 줄여야 한다는 주장이 나오는 것이다. 한국은 상대적으로 술값과 담뱃값이 싼 편이기도 하다.

비만은 본인의 건강을 해치는 것은 물론 사회적으로도 생산성 저하, 의료 수요 증가, 건강보험 재정 악화 등의 부정적 외부효과를 낳는다. 선진국 일각에서 논의됐던 설탕세(설탕 함유 제품에 부과하는 세금), 소다세(탄산음료에 물리는 세금)도 같은 취지다. 하지만 세금제도는 취지가 좋다고 쉽게 정착되는 게 아니며, 정부가 선한 의도로 개입한다고 늘 좋은 결과가 나오는 것도 아니다. 경제는 이상이 아니라 현실이기 때문이다.

외부효과를 이유로 개인의 선택에 어디까지 개입할 수 있는가도 논쟁거리다. 비만세로 인해 물가가 뛰고 일자리가 줄자, 덴마크 국민들은 앞서 말했듯 외국에 가서 장을 보았다. 비만세 부담하기를 거부한 것이다. 아무리 좋은 명분도 현실적 필요를 넘어서진 못한다. 이는 지나치게 친절한 정부의 실패 사례로 남게 되었다.

chapter 6

과학에서 캐내는
경제의 금맥

—— 고등학교 때 문과와 이과로 나뉘면서 문과생들은 대개 과학과 담을 쌓고
산다. 이과생들도 역사나 사회과학에 대해서는 스스로 문외한이라고 여겨 외면
하는 게 보통이다. 배울 기회도 없고 입시 준비를 할 필요도 없으니 그냥 평생 모
르는 분야로 치부해버리고 마는 것이다.

인위적인 칸막이 교육 탓에 한국에서는 스티브 잡스 같은 융합형 인재가 나오지
못한다는 비판이 많다. 따라서 문·이과를 통합 교육해야 한다는 목소리가 높
다. 심지어 "문·이과 구분 교육은 절대다수 학생에게 자기 적성의 절반을 포기
하도록 강요하는 반(反)인격적 교육"이라는 비난이 나올 정도다. 국가경쟁력은
물론 개인의 적성까지 갉아먹는다는 것이다.

문·이과 통합 교육은 충분히 일리가 있다. 인간도 동물이며, 지구 자기장과 물
리법칙, 화학적 변화, 기후와 환경 등에 영향을 받는다. 따라서 자연과 우주를 움
직이는 과학원리와, 인간 사회를 움직이는 경제원리를 전혀 무관한 것으로 여긴
다면 반쪽짜리 지식일 뿐이다. 더구나 지금 세계의 학계에서는 진화론을 토대
로 한 생물학이 사회학·심리학·경제학 등과의 다양한 이종교배를 통해 새로
운 길을 제시하고 있다. 이 장에서는 과학에서 미묘하고 흥미로운 경제의 금맥
을 캐보자.

해가 뜰까, 지구가 돌까

보이는 것 vs 보이지 않는 것

　우리는 흔히 해가 뜬다고 말한다. 송창식의 노래 〈내 나라 내 겨레〉의 가사도 "보라 동해에 떠오르는 태양"으로 시작한다. 일상 언어에서는 해가 뜬다고 하지만 실제로는 해가 뜨는 게 아니다. 지구가 태양의 주위를 돌면서 나타나는 착시다.

　지구가 돈다는 과학적 사실(지동설)을 인류가 깨닫게 된 것은 불과 500년도 채 못 된다. 그전까지는 지구가 평평해 배가 먼바다로 나가면 추락하고, 지구를 중심으로 태양과 달과 모든 별이 돈다는 천동설을 믿었다. 더구나 신이 인간을 창조하고 인간이 만물의 영장이라고 여기던 시대에 지동설은 받아들이기 어려운 위험한 가설로 치부됐다. 밤새 하늘을 고속 촬영으로 찍은 사진을 보면 정말 천동설이 맞는 것처럼 보이기도 한다.

서양 격언에 "증거의 부재가 부재의 증거는 아니다"라는 말이 있다. 안 보인다고 없는 게 아니라는 뜻이다. 영어로는 "The absence of evidence is not the evidence of absence"다. 예컨대 검은 백조(블랙 스완)를 한 번도 못 봤다고 해서 검은 백조가 존재하지 않는다고 증명되는 것은 아니다. 검은 백조가 없다는 명제를 증명하려고 끊임없이 흰 백조를 찾아내는 것은 소용없는 짓이다. 실제로 19세기 호주에서 검은 백조가 발견되면서 '백조는 모두 희다'는 명제는 더 이상 사실이 아니게 되었다. 안 보인다고 없는 게 아닌데 사람은 대개 눈에 보이지 않으면 없다고 여긴다. 모든 사람이 해가 뜬다고 믿는다 해서 천동설이 과학적 사실이 되는 것은 아니다.

지구가 태양의 둘레를 도는 것을 처음 발견한 사람은 갈릴레이가 아니다. 이미 케플러, 코페르니쿠스 등의 선구자들이 있었다. 그럼에도 갈릴레이가 지동설의 제창자처럼 인식되는 것은, 중세 때 갈릴레이가 지동설을 주장하다가 종교재판까지 받았기 때문이다. 갈릴레이가 눈에 보이는 것만 믿기를 거부한 과학자인 것은 분명하다.

지동설이 눈에 보이지 않지만 진실이듯이, 경제에도 눈에는 보이지 않지만 사람들을 움직이는 원리가 있다. 바로 '보이지 않는 손(invisible hand)'이다. 애덤 스미스는 각자의 이기심을 충족하기 위한 인간의 행동이 전체적으로는 이타적인 결과로 이어진다는 사실을 발견했다.

세상은 눈에 보이는 것과 보이지 않는 것으로 구

> **보이지 않는 손**
> 개인의 이기심에 입각한 경제적 행위가 조화를 이루어 결과적으로는 사회 경제 발전에 이바지한다는 사상. 여기에서 조화를 매개하는 것이 바로 '보이지 않는 손'으로, 이는 자유시장경제를 뒷받침하는 근거가 된다.

성돼 있다. 아는 것과 모르는 것이라고도 할 수 있고, 경험한 것과 경험하지 못한 것이라고도 할 수 있다. 17세기 영국 의사 겸 저술가 토머스 브라운(Thomas Browne)은 "인간이 감각할 수 있는 세계는 하나뿐이지만 사유할 수 있는 세계는 둘이다. 하나는 눈에 보이고 다른 하나는 눈에 보이지 않는다"고 했다.

세상을 움직이는 이치는 우리의 눈에는 잘 보이지 않는다. 애덤 스미스가 '보이지 않는 손'이라는 개념을 상정한 것도, 보이지는 않지만 반드시 존재하는 어떤 원리를 의식한 것이다. 경제학 또는 경제원리를 공부한다는 것은 보이지 않는 세상을 알게 되는 과정인 셈이다. 철학용어로 보이는 것은 직관(直觀), 보이지 않는 것은 실재(實在)라고 부른다. 직관은 우리가 보고 들어 알게 된 것이고, 실재는 보고 듣는 것과 무관하게 그 자체로 존재하는 것이다. 직관으로 파악되지 않는 것이라고 해서 그 실재를 부정할 수는 없다.

보이는 것과 보이지 않는 것에 대한 명쾌하고 재미있는 설명을 19세기 프랑스 경제학자 프레데릭 바스티아(Frédéric Bastiat)에게서 들을 수 있다. 바스티아는 『법(La Loi)』(1850)에서 보이지 않는 것에 대한 비유를 신랄한 풍자를 곁들여 들려준다.

굿펠로우 씨는 화가 잔뜩 나 있다. 그의 아들이 유리창을 깬 것이다. 모여 있던 구경꾼들이 입을 모아 위로의 말을 하고 있다. "그냥 재수가 없었다고 생각하세요. 하지만 그것 때문에 경제가 살아날 수 있다고요. 다른 사람들도 먹고살아야지요. 아무도 유리를 깨지 않는다면 유리 만드는 사람은 무얼 먹고 살라고요?"[1]

이런 것이 바로 대중의 경제 통념이다. 눈에 보이는 것, 즉 직관으로 세상을 인식하는 것이다. 우리 주변의 경제 정책들도 이런 경제 통념에 근거해 만들어지는 경우가 많다. 바스티아는 깨진 유리창을 통해 경제 통념의 오류를 신랄하게 일깨운다.

먼저 유리를 갈아 끼우는 데 5만 원이 든다고 하자. 이 5만 원은 유리 산업의 성장을 촉진하고, 유리업자는 그 돈으로 자신의 일자리를 유지할 수 있다. 또한 부주의한 굿펠로우 씨 아들에게 고마운 마음을 갖게 될 것이다. 여기까지가 보이는 효과다. 심지어 구경꾼들은 유리가 깨진 게 잘된 일이라 여기기까지 한다. 하지만 유리를 사는 데 지출한 5만 원은 신발을 사는 데 쓸 수도 있었다. 유리가 깨진 결과 굿펠로우 씨가 5만 원을 지출하고 남은 것은 갈아끼운 유리 한 장뿐이다. 유리가 깨지지 않았다면 굿펠로우 씨는 유리를 잃지 않고 신발을 갖게 됐을 것이다. 여기에는 보이지 않는 제3자도 있다. 바로 신발업자다. 그는 유리가 깨지지 않았다면 벌었을 수도 있었을 5만 원을 벌지 못했다. 유리가 깨짐으로써 유리의 가치만큼 사회 전체적으로 손실을 보게 된 것이다. 부수고 파괴하고 낭비한다고 해서 고용이 늘어나지는 않는다. 파괴를 통해서 얻을 수 있는 것은 아무것도 없다.[2]

바스티아가 예로 든 우화는 이뿐만이 아니다. 그의 다른 책에는 양초 제조업자들이 햇빛을 가려달라고 국회에 청원하는 우스꽝스러운 대목이 나온다. 집집마다 창문을 모두 없애면 양초 제조업은 번창할 것이고 그 결과 많은 사람에게 이익이 돌아갈 것이라는 식의 논리다.[3] 바스티아는 이 같은 이익집단의 억지나 일반 대중의 무지에 맞서 싸웠다.

하지만 오늘날에는 전문가들조차 유리를 깨는 것이 경제에 도움이 된다고 여기는 경우가 적지 않다. 다수결로 결정되는 대의민주주의의 맹점을 파고든 이익집단들이 유리 깨기가 경제를 살린다는 식의 궤변을 늘어놓는 경우가 많다. 180년 전에 이미 낱낱이 드러났던 지동설 같은 진실이 21세기 들어 거꾸로 천동설과 같은 오류와 통념에 자리를 내주고 있는 것은 아이러니가 아닐 수 없다.

장하준 영국 캠브리지대 교수 같은 유명 경제학자들도 가끔 보이는 것에 치중하다 보이지 않는 것을 놓치는 실수를 범한다. 장하준 교수는 『그들이 말하지 않는 23가지』에서 스웨덴의 버스기사 스벤이 인도의 버스기사 람에 비해 임금을 50배나 더 받는다고 개탄한다. 인도의 람은 쉴 틈 없이 튀어나오는 소, 달구지, 인력거, 자전거 등을 피해야 하는 곡예 운전의 달인이다. 자유시장 논리에 충실하자면 오히려 람이 임금을 더 많이 받아야 마땅하다는 것이다. 그러면서 스벤이 람보다 운전을 50배 잘하는 것도 아닌데 그토록 고임금을 받는 것은 이민 통제 정책 덕택이라고 단언한다. 이민 통제 정책 덕분에 인도 등 가난한 나라의 노동자들과 직접 경쟁하지 않아도 된다는 것이다.[4] 저자가 본 사실은 람과 스벤의 50배에 달하는 임금 격차와, 람의 뛰어난 운전 솜씨였다. 그는 이를 토대로 "잘사는 나라에서는 하는 일에 비해 임금을 많이 받는다"는 주장을 폈다. 선진국과 후진국 간의 소득 격차가 노동생산성 때문에 발생한다는 기존 경제학의 설명은 틀렸다는 것이다.

하지만 이 같은 주장은 그럴싸해 보이기는 하나 어딘지 이상하고 어색하다. 노동생산성이 높아서가 아니라 이민자와 경쟁하지 않아서 임금을 더 받는 것이라면, 무제한 이민이 허용될 경우 선진국과 후진국 간 임금 격차는 사라져야 할 것이다. 그러나 이민이 비교적 활발한 나라에서도 허드렛일이나 3D 업종은 거의 개도국에서 온 외국인 노동자들의 몫이다.

저자는 이 부분에서 보이지 않는 것을 간과한 듯하다. 소득 격차의 원인인 노동생산성이 어떻게 결정되는지를 지나치게 단순화한 채, 드러난 현상만을 보고 판단한 것이다. 지구가 돈다는 사실을 무시하고 눈에 보이는 대로 해가 뜬다고 주장한 꼴이 되고 말았다. 저자의 오류를 조목조목 비판한 책인 『장하준이 말하지 않은 23가지』에서 이에 관해 설득력 있는 설명을 볼 수 있다.

> 선진국 노동자들이 높은 임금을 받는 것은 후진국 노동자보다 개인적인 기량이 뛰어나서가 아니다. 선진국은 효율적인 분업체계를 갖고 있고 양과 질이 뛰어난 자본재를 사용하기에 노동자 1인당 생산성을 높일 수 있다. 이런 효율적인 생산체제에서는 노동자가 정해진 직무를 정확히 수행하는 노동규율이 요구된다. 하지만 노동규율을 익히는 과정은 그리 쉬운 일이 아니다. 버스기사에게 요구되는 노동규율이란 매일 정해진 근로시간을 준수하고, 교통법규를 잘 지키며, 정해진 운행시간표에 어긋남이 없고, 승객과 보행자를 보호하는 데 만전을 기하는 것이다. 이런 노동규율에서 스웨덴의 스벤은 인도의 람보다 훨씬 뛰어나다.[5]

만약 스벤이 스웨덴에서 인도의 람처럼 곡예 운전을 했다가는 당장 해고될 것이다. 더구나 스벤에게는 버스기사 외에도 다양한 일자리를 가질 기회가 있다. 택시, 트럭이나 중장비를 운전할 수 있고, 아예 다른 직업을 가질 수도 있다. 스웨덴에서는 그런 직업들 역시 동일한 일을 하는 인도의 노동자에 비해 훨씬 높은 임금을 받는다. 결국 국가 전체의 생산성이 높기에 거의 모든 분야에서 고소득을 올릴 수 있는 것이다.

경제학을 공부하는 것은 보이는 것에만 얽매여 잘못된 오류와 경제 통넘에 빠지고 보이지 않는 것을 인식하지 못하는 어리석음을 없애기 위해서다. 즉 경제 현상을 보면서 미신을 가려내고 실재와 진실을 찾는 눈을 갖는 것이다. 경제를 선과 악으로 판단해버리면 그릇된 경제 통념은 더욱 힘을 발휘하게 된다.

진화생물학자 리처드 도킨스(Richard Dawkins)는 "진실이 아니기를 바란다고 해서 그 진실을 되돌릴 수는 없다"고 했다.[6] 경제는 도덕의 영역이 아니라 효율성의 영역이다. 유한한 자원을 놓고 수시로 충돌하는 사람들의 이기심을 제어하고 전체의 효율을 높이는 해법을 찾아가는 과정이다. 보이지 않는 것도 인지하고 판단해야 한다. 사람들이 흔히 경제학이 어렵다고 하는 이유다. 하지만 꼭 어려운 것만은 아니다. 경제학적인 사고 훈련이 덜 되어 있을 뿐, 누구나 아는 세상 이치가 바로 경제학이다. 몰라서, 보이지 않아서 어렵게 느껴질 뿐이다. 해가 뜨는 게 아니라 지구가 돈다는 사실처럼……

중국 참새 소탕전의 아이러니

1955년 중국에서 한 농민이 "참새들 때문에 농사를 지을 수가 없다"는 탄원서를 정부 중앙당에 보냈다. 며칠 후 최고 지도자 마오쩌둥은 쥐, 참새, 파리, 모기를 '사해(四害)'라 지칭하며 "12년 안

6-1 | 마오쩌둥 시대의 참새 소탕전.

에 전국의 사해를 소멸해야 한다"고 강조했다. 공산국가에서 최고지도자의 한 마디는 곧 법이다.

수도 베이징에 참새 섬멸 총지휘부가 만들어지고, 1958년 4월 19일 새벽 5시를 기해 남녀노소 시민 300만 명을 동원한 대대적인 참새 소탕전이 전개됐다. 약 40만 마리를 잡자 베이징에서 참새 소리가 사라졌다. 참새 소탕전은 전국으로 퍼져나갔다 칭다오에선 하루에 6,412마리를 잡은 사람이 전국적인 영웅으로 추앙됐다. 1958년에는 중국 전역에서 참새 2억 1,000만 마리가 잡혔다.(도판 6-1)

문제는 이듬해 봄에 일어났다. 천적인 참새가 멸종되다시피 하자 해충이 기승을 부린 것이다. 전국 논밭은 물론 도시 골목과 가로수에도 해충이 들끓었다. 전국에서 해충 피해가 보고되고, 그 원인이 참새 소탕에 있다는 과학자들의 연구 결과가 계속 발표되었다. 결국 마오쩌둥은 참새를 복권(사해에서 제외)시켜야 했다. 대신 바퀴벌레가 사해의 한자리를 차지했다.[7]

'인민의 적'인 참새 소탕을 즐긴 것은 아이들이었다. 때려잡는 것에

익숙해진 아이들은 10년 뒤 문화대혁명 때 홍위병 완장을 찼다. 문화대혁명은 1966년부터 10년 동안 마오쩌둥이 10대 청소년을 동원해 정치적 반대파와 옛것(고전), 지식인 등을 대대적으로 숙청한 극좌 사회주의 운동이다. 대중의 광기로 인해 역사의 오점으로 남은 문화대혁명으로 중국 사회는 30년 퇴보했다고 할 정도였다.

참새 소탕전에서 확인했듯이 세상은 보이는 것이 전부가 아니다. 당장 참새들이 낟알을 먹어치우는 것이 눈에 띄니까 참새만 없애면 농사가 잘될 줄 알았다. 하지만 참새가 계절에 상관없이 해충을 잡아먹는다는 사실은 몰랐거나 잠시 잊었다. 단순한 무지와 착각이 2억 마리가 넘는 참새의 몰살과 해충의 창궐을 가져온 것이다.

세상이 복잡한 것은 보이는 것과 더불어 보이지 않는 것이 있기 때문이다. 보통 사람들이야 보이지 않으면 못 봐도 그만이지만, 국가의 지도자라면 보이지 않는 것도 볼 수 있는 혜안을 가져야 한다. 보이지 않는 건 모르는 것이라는 형편없는 지도자라면, 차라리 너무 게을러서 아무 일도 안 하는 편이 국민에게 이롭다. 경제학적 사고란 직관과 선입견, 편향적 사고에 치우치기 쉬운 사람이 보이지 않는 것까지 볼 수 있도록 훈련하는 것을 의미한다.

염산과 양잿물을
섞으면 어떻게 될까
균형

흔히 양잿물이라 불리는 수산화나트륨($NaOH$)은 강한 염기성을 띤다. 염기성 물질은 주로 식물이나 해초를 태운 재에서 나온다. 식물 성장에 필요한 칼륨, 나트륨 등의 금속이온이 연소되면서 염기성 물질이 생기는 것이다. 염기 중에서 물에 잘 녹는 것을 알칼리(alkali)라고도 부른다.

양잿물은 일상생활에서 비누, 세제, 표백제 등에 사용되므로 쓸모가 많지만, 사람이 먹으면 사망하고 피부에 닿기만 해도 상처가 나는 독극물이다. 오죽하면 '공짜라면 양잿물도 마신다'거나, 찢어지게 가난한 상황을 비유해 '먹고 죽을 양잿물도 없다'는 속담이 생겼을까.

이에 반해 염산, 즉 염화수소(HCl)는 강(强)산성을 띤다. 염산도 먹는 것은 물론 인체에 닿기만 해도 치명적인 고통을 안겨준다. 가끔 염산 테러와 같은 사건으로 인해 얼굴에 끔찍한 화상을 입는 경우를 볼 수 있다. 그만큼 취급에 각별히 주의해야 하는 물질이다.

산성과 염기성을 표시할 때는 pH(수소이온 농도)를 쓴다. pH는 0에서 14까지 분포하는데, 염산이 pH 1이고, 수산화나트륨은 pH 13으로 양극단에 있다. 증류수는 그 중간인 pH 7이다.

만약 수산화나트륨 수용액에 염산 수용액을 섞으면 어떻게 될까? 산과 염기의 양극단인 두 독극물이 섞여 혹시 폭발이 일어나는 것은 아닐까? 그러나 결과는 전혀 상상 밖이다. 염산과 수산화나트륨을 섞으면 pH 값이 1에서 점차 높아지고, 혼합 비율이 1대 1이 되면 pH 7.0, 즉 중성이 된다. 이 혼합물을 끓이면 흰 결정이 생기는데 이는 염산도, 수산화나트륨도 아닌 바로 소금이다.

조물주의 신비가 아닐 수 없다. 정반대 성격을 지닌 두 독극물을 섞자 인간이 살아가는 데 필수적인 물과 소금이 생겨나는 것이다. 이를 화학식으로 풀어보면 다음과 같다. 염화수소(HCl)는 H+와 Cl- 이온으로, 수산화나트륨(NaOH)은 Na+와 OH- 이온으로 분해된다. 여기서 Na+는 Cl-와 결합해 NaCl(소금)이 되고 OH-는 남은 H+와 결합해 H_2O(물)로 남는 것이다.

$$H Cl + NaOH \rightarrow H_2O + NaCl$$

인체에도 이런 화학적 신비가 내포되어 있다. 인종, 피부색, 나이에 관계없이 인간 혈액의 pH값은 7.4로 거의 동일하다. 중성(pH 7.0)에 가까운 약(弱)알칼리성이다. 그런데 혈액의 pH는 0.2 이상만 달라져도 생명에 지장을 줄 정도다. 건강은 곧 '산-염기 평형'을 유지하는 것이고, 음식물을 고루 먹는 것이야말로 그 지름길이다.

이처럼 상반된 성질을 가진 두 물질을 섞었을 때 중간 성질을 띠거나 본래 성질을 잃는 화학 현상을 중화(中和, neutralization)라고 부른다. 미용실에서 펌(속칭 파마)을 할 때 강한 알칼리성인 펌약을 순화하기 위해 산성의 중화제를 뿌리는 것도 이런 이유에서다. 위산과다로 위장에 탈이 났을 때 먹는 제산제(制酸劑)는 반대로 염기성을 띤다. 위산과 염기성 제산제가 섞여 중화되면서 위장의 통증을 없애는 것이다. 생선회에 곁들여지는 레몬도 마찬가지다. 생선에서 비린내가 나는 것은 트리메틸아민이라는 약염기성 물질 때문인데, 이를 레몬즙에 포함된 산성 물질로 중화하면 비린내가 없어진다. 또한 벌, 개미 등과 같은 곤충의 독에는 산성물질이 들어 있기 때문에, 벌레에 물렸을 때 염기성 물질인 암모니아수를 발라 중화하면 독을 제거할 수 있다.

정반대 성질의 물질이 섞여 중간 성질을 띠는 물질이 되듯이, 경제학에서도 밀고 당기는 양쪽의 힘이 만나 더 이상 변하지 않는 상태를 가리키는 개념이 있다, 바로 '균형(equilibrium)'이다. 동일한 무게의 두 물체를 천칭저울 양편에 놓으면 눈금이 움직이지 않듯이, 수요량과 공급량이 맞아

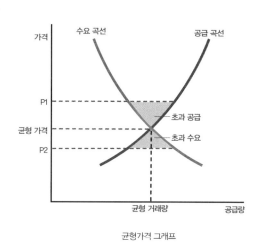

균형가격 그래프

떨어지는 상태가 균형이고, 그때의 가격이 균형가격이 된다.(p.257 그래프 참조)

공급자는 더 비싼 가격에 팔고 싶고, 수요자는 더 싼 가격에 사고 싶게 마련이다. 하지만 서로 가격이 맞지 않으면 거래가 성립될 수 없다. 따라서 공급자는 자신이 팔 수 있는 최저가격 이하로는 팔지 않을 것이고, 수요자는 자신이 지불할 수 있는 최고가격 이상으로는 사지 않을 것이다. 양쪽의 최저가격과 최고가격이 맞아 거래가 이뤄질 때 균형가격이 성립되며, 갑작스런 공급량 또는 수요량의 변화가 없다면 이 균형가격은 그대로 유지된다.

그러나 균형은 이론상의 개념일 뿐, 현실의 개념은 아니다. 마치 절대온도 0도가 상상 속에만 존재하고 완전한 증류수가 현실에서는 존재하지 않는 것과 마찬가지다. 그런데 이렇게 현실에는 없는 절대균형을 상정해놓고 이에 못 미치는 것을 시장의 실패로 단정한 경제학은 그 자체로 비판받을 여지를 내포하고 있다고 보아야 할 것이다.

균형은 사회적으로도 중요하다. 정치에 여야가 있고, 운동회에 청군과 백군이 있으며, 사회이슈에는 늘 찬반이 있다. 어쩌면 양극단의 생각이 서로 부딪칠 때 염산과 양잿물이 섞이듯 균형점을 찾아가는 것은 아닐까?

창조적 파괴
경제학자 슘페터가 기술 발달에 경제가 얼마나 잘 적응해나가는지를 설명하기 위해 제시한 개념으로, 이윤은 기업가의 혁신적인 파괴 행위로 인한 생산 요소의 새로운 결합에서 파생되는 것으로 보았다. 4장 참조.

양극단의 물질이 만나 완전히 다른 제3의 물질이 된다는 사실은, 슘페터가 갈파한 '창조적 파괴'를 연상시킨다. 창조는 기존에 안주해온 질서를 파괴해야만 나올 수 있다. 스스로를 버리는 파괴가 없으면 새로운 무언가를 만들어내기 어렵다. 신비로운 자연의 원리가 인간 사회에서도 어김없이 들어맞는 것이다.

뻐꾸기와 뱁새의
끝없는 전쟁
붉은 여왕 효과

    뻐꾸기는 '탁란(託卵)'이라는 희한한 습성을 가지고 있다. 뱁새 같은 다른 새의 둥지에 알을 낳는 것이다. 뻐꾸기는 뱁새가 잠시 자리를 비운 사이 둥지에 알을 낳고 도망간다. 뻐꾸기의 알은 뱁새 알보다 먼저 부화하고, 갓 태어난 뻐꾸기 새끼는 아직 부화가 덜 된 뱁새 알을 둥지 밖으로 밀어낸다. 다 밀어내지 못하더라도 다른 새끼들보다 목을 더 길게 빼고 가장 큰 소리로 울어대 어미 뱁새가 주는 먹이를 독차지한다. 불과 2주 뒤에는 어미보다 덩치가 3배 이상 커진다. 그런데도 뱁새는 덩치 큰 '이상한 새끼'에게 열심히 먹이를 물어다준다.(도판 6-2) 그리고 다 자란 새

끼는 어미 뻐꾸기를 따라 매정하게 떠나버린다.[8]

6-2 | 뻐꾸기 새끼에게 먹이를 물어다 주는 어미 뱁새.

뱁새는 왜 뻐꾸기 새끼를 가려내지 못할까? 자기 새끼는 다 죽고 남의 새끼를 키우는 데 힘을 쏟는다면 번식에도 불리할 것이다. 또 뻐꾸기는 왜 뻔뻔하게 남의 둥지에 알을 낳을 생각을 했을까? 뻐꾸기 새끼가 부화하자마자 다른 알들을 밀어내는 행동은 어떻게 설명해야 할까?

다윈(Charles Darwin)은 『종의 기원(On the Origin of Species)』(1859)에서 뻐꾸기의 희한한 습성을, 자연선택을 통해 진화한 생존전략으로 보았다. 다른 새의 모성본능을 이용해 길러낸 새끼가 직접 기른 개체보다 더 튼튼하다면 그것이 오히려 생존에 유리한 전략이기에 선택되어 후대로 전해졌다는 것이다. 탁란은 새끼 양육에 필요한 비용과 노력을 다른 새에게 전가하는 무임승차 전략이다. 무임승차는, 성공한다면 가장 남는 장사다.

뻐꾸기가 탁란에 성공하려면 알을 맡아 키울 뱁새가 뻐꾸기 알을 받아들이고, 부화한 뒤에도 계속 보살펴줘야 한다. 이 문제는 어떻게 해결했을까? 뻐꾸기가 탁란하는 새를 숙주라고 한다. 숙주가 되는 새는 뱁새, 휘파람새, 솔새, 개개비, 딱새 등 몸길이가 10센티미터에 불과한 작은 새들이다. 뻐꾸기는 숙주의 둥지에 알을 낳고 숙주의 알 하나를 떨어뜨려 숫자를 맞춰놓는다. 이 과정은 10초도 채 걸리지 않는다. 더구나 뻐꾸기는 작은 새들의 천적인 매처럼 회색빛 깃털에 가슴에 줄무늬가 선명하다. 그것은 숙주들이 감히 덤비지 못하게 하는 장치다.

숙주 새는 뻐꾸기 알을 구분하지 못하고 열심히 품는다. 색이나 무늬가 비슷하기 때문이다. 뻐꾸기 알은 낳기 전부터 이미 부화가 시작돼 속성으로 새끼가 태어난다. 뻐꾸기 새끼는 다른 경쟁자들을 없애고, 어미 숙주의 보살핌을 독차지한다. 심지어 숙주의 울음소리까지 흉내 낸다고 한다.

하지만 숙주들도 바보가 아니다. 대대로 남의 알만 맡아 키운다면 종의 번식에 심각한 문제가 생길 것이다. 뻐꾸기가 탁란에 탁월한 기술을 발휘할수록 숙주는 숙주대로 탁란을 방지하는 전략을 세워왔다. 먼저 둥지에서 뻐꾸기 알을 발견하면 내다버리거나 쪼아댄다. 또 둥지 밑에 알이 떨어져 있으면, 뻐꾸기가 알을 낳고 간 줄 알고 아예 둥지를 버리고 떠나기도 한다. 특히 뱁새는 뻐꾸기 알과 확연히 구분할 수 있도록 알 크기를 줄였다. 뱁새와 뻐꾸기의 알은 모두 푸른색인데 일부 뱁새는 흰색 알을 낳기도 한다. 이는 알 크기와 색깔에서 변별력을 만들려는 진화적 노력이다. 그럼에도 탁란이 가능한 것은, 뻐꾸기가 1년에 한 차례 번식할 때 숙주 새들은 세 차례나 번식하므로 그만큼 탁란의 기회가 많기 때문이다.

이렇듯 생물들이 환경 변화에 뒤처지지 않기 위해 끊임없이 생존경쟁을 벌이는 것을 '진화적 군비경쟁(evolutionary arms race)' 또는 '붉은 여왕 효과(Red Queen Effect)'라고 부른다. 1973년 생물학자 리 밴 베일런(Leigh Van Valen)이 제창한 이 개념은 냉전시대 미국과 소련이 군비경쟁을 벌이듯, 연관성 있는 생물 사이에서도 생존을 위한 끝없는 경쟁이 일어난다는 것이다.

'붉은 여왕'은 루이스 캐럴(Lewis Carrol)의 『이상한 나라의 앨리스』(1865)의 속편 격인 『거울나라의 앨리스(Through the Looking-Glass and What Alice Found There)』(1871)에 나오는 체스의 말이다. 작품 속에서 붉은 여왕이 다

스리는 나라에서는 자신이
움직이면 주변 세계도 함께
움직이기 때문에 아무리 달
려도 제자리이고, 그나마 힘
껏 뛰지 않으면 뒤로 밀리게
된다.(도판 6-3) 붉은 여왕 효
과라는 용어는 여기에서 비

6-3 | 루이스 캐럴, 『거울나라의 앨리스』 삽화(by John Tenniel).

롯된 것이다. 생물체는 주위 다른 종에 뒤처지지 않기 위해 계속해서 자
신을 개선해나가야 한다. 붉은 여왕 효과는 진화의 과정이 한 단계 한 단
계 올라서는 사다리가 아니라 쳇바퀴와 같다는 사실을 말해준다.[9]

예컨대 치타가 영양을 사냥하기 위해 빨리 달리면, 영양은 도망치기
위해 달리기 능력을 더 키운다. 아무리 한쪽의 속도가 빨라져도 다른 쪽
도 함께 빨라지면 제자리걸음이 되고 만다. 진화적 군비경쟁이 벌어지
는 것이다. 치타가 공격해올 때 영양에게 중요한 것은 치타보다 빨리 뛰
는 것이 아니다. 다른 영양보다 더 빨리 뛰는 것이다.[10]

뻐꾸기의 탁란과 뱁새의 가려내기 싸움은 치열하지만 결국 그 효과가
상쇄돼 진화적 군비경쟁의 성격을 띤다. 한쪽이 진화하면 다른 쪽도 덩
달아 진화해야만 살아남을 수 있기에 공진화(共進化, coevolution)가 일어
나는 것이다.

이러한 붉은 여왕 가설은 생물학은 물론 경제 현상에도 두루 적용된
다. 지폐 위조기술이 정교해질수록 지폐의 위조방지장치도 덩달아 발전
한다. 컬러복사기의 등장으로 위조지폐가 늘어나자 지폐에 은색 점선을
넣어, 복사하면 은색이 검게 변하도록 만들었다. 세균과 인간의 전쟁도
마찬가지다. 세균을 치료하는 백신이 개발되면 기존 백신으로는 죽일

수 없는 변종이 생겨난다. 어떤 항생제에도 반응하지 않는 슈퍼박테리아가 등장한 것도 과도한 항생제 투약의 결과라 할 수 있다.

인간과 바퀴벌레의 기나긴 전쟁 또한 앨리스가 붉은 여왕의 손을 잡고 달리는 것과 마찬가지다. 바퀴벌레 방제약은 바퀴벌레가 단맛을 좋아하는 것에 착안해 개발됐다. 하지만 최근 단맛을 쓴맛으로 인식해 기피하는 종이 등장해 방제약의 효과가 떨어진다고 한다. 방제업계에서는 바퀴벌레의 미각체계가 변화하는 주기가 종전의 10년에서 2-3년으로 단축돼, 앞으로는 정기적인 테스트로 미각 변화를 감지해 더 빠르게 진화하는 약제를 개발해야 할 것으로 보고 있다.[11]

경제학자들이 지나치리만치 수학에 매달리는 현상에도 진화적 군비경쟁의 요소가 숨어 있다. 지적 능력이 부족하면 복잡한 수리 모형을 세울 수 없기에, 이는 경제학자 자신의 지적 능력을 드러내는 데 적합하다. 하지만 수학에 의존하는 경제학자들이 많아질수록 지적 능력이 인정되는 기준이 높아져, 결국에는 수학인지 경제학인지 구분이 안 갈 지경에 이를 것이다. 경제학자들이 종종 "현실의 경제 현상은 제대로 설명하지도 못하면서 복잡한 수식과 그래프 뒤에 숨은 비겁자"라는 비판을 듣는 이유다.

진화적 군비경쟁은 성(性)선택과 깊은 관련이 있다. 개체들이 자신의 유전자를 널리 퍼뜨리려는 본능에 의해 경쟁하면, 개체에는 유리하지만 종 전체에는 불리한 진화가 이루어지기도 한다. 마치 공연장에서 무대를 잘 보기 위해 앞에 앉은 사람들이 자리에서 일어서거나 엉덩이를 드는 것과 마찬가지다.

사슴의 일종으로 사자처럼 수컷 한 마리가 여러 마리의 암컷을 거느리는 엘크는 암컷을 차지하기 위해 수컷끼리 결투를 벌인다. 주된 무기인 뿔이 클수록 싸움에 유리해 더 많은 암컷을 거느릴 수 있다. 엘크의 뿔은 진화적 군비경쟁의 결정적 요소인 셈이다. 하지만 뿔이 크면 숲 속에서 늑대 같은 천적을 피해 달아날 때 오히려 장애가 될 수 있다. 따라서 뿔이 작은 개체가 천적을 피하는 데는 더 유리하지만, 암컷을 차지하는 싸움에서는 불리해 유전자를 남기기 어렵다. 그러나 엘크의 진화는 작은 뿔로 안전하게 살기보다는 큰 뿔로 암컷을 차지하는 방향으로 진행되었다.[12]

사회생물학자들은 여성들의 성형, 화장, 하이힐, 미니스커트 등의 선호를 흔히 성선택의 맥락에서 해석한다. 그러한 기호가 군비경쟁의 성격을 띠면 하이힐도 모자라 킬힐이 등장하고, 미니스커트는 초미니를 넘어 나노미니(길이가 한 뼘에 불과한 초미니스커트)가 된다. 개인에게 유리한 특성이 전체로 퍼져 더 이상 개성이 되지 못하는 순간 붉은 여왕은 손을 내밀며 외친다. "달려라! 뒤처지지 않으려면……."

신은 모든 것을 주지 않았다

"뿔 달린 짐승은 윗니가 없다. 날개가 있으면 다리는 2개뿐이다. 꽃이 좋으면 열매가 시원치 않다."

고려시대 문인 이인로(李仁老)의 『파한집(破閑集)』(1260)에 나오는 말이다. 뿔 달린 황소나 염소는 윗니가 없다. 물론 윗니가 없어도 아랫니와 잇몸으로 풀을 뜯어먹을 수 있다. 새 중에는 네 발 달린 것이 없다. 호랑이나 사자를 백수의 제왕이라고 하지만 날개는 갖지 못했다. 꽃이 화려한 장미는 열매가 없다.

자연계의 생물체 가운데 완벽한 존재는 없다. 지구상에서 가장 빠르다는 치타는 300미터 이상을 전력 질주할 수 없고, 타조는 시속 60-70킬로미터의 속도를 내지만 날지 못하고 직선으로 달리지도 못한다. 인간이 아무리 만물의 영장이라고 해도 새처럼 날지도, 개처럼 냄새를 잘 맡지도, 고양이처럼 유연하지도 못하다. 단지 도구를 쓸 줄 알기에 세상을 차지하고 있을 뿐이다.

자연선택에 의한 진화는 결코 생물체를 완벽하게 만들어주는 과정이 아니다. 자연선택이 작동하는 환경이 늘 일정한 것은 아니기에 완벽을 추구하기 어렵기 때문이다. 온난화 시기에는 더위에 적응하며 진화하는 것이 성공적인 전략이겠지만 갑자기 빙하기를 맞는다면 그렇게 적응한 생명체는 하루아침에 절멸할지도 모른다. 또한 생물의 진화에는 온갖 형태의 제약이 뒤따른다. 인간에게는 날개를 만들어주는 유전자가 존재하지 않는 유전적 제약이 있다. 그저 조상에게 물려받는 것들을 갖고 최선을 다할 뿐이다.[13] 따라서 진화는 발전이나 진보가 아니라 적응이라고 보아야 할 것이다.

어떤 생물체도 모든 것을 갖추는 경우는 없다. 그런 점에서 자연은 공평하다고 할 수 있다. 이인로는 사람도 이와 다를 바 없다고 말했다. 재주가 많으면 덕이 부족하고(才勝薄德), 용모가 뛰어난 사람은 명이 길지 못하다(佳人薄命). 신은 다 주는 법이 없다.

활짝 열린 세렝게티,
꽁꽁 닫힌 갈라파고스

개방경제의 힘

아프리카 탄자니아의 최대 국립공원인 세렝게티(Serengeti)는 면적(1만 4,763㎢)이 한국의 7분의 1에 달하는 대평원이다.(도판 6-4) 세렝게티는 마사이어로 '끝없는 평원'을 뜻하는 '시링기투'에서 유래했다. 사바나 초원 지대의 중심에 있기에 초식동물뿐만 아니라 그 천적인 육식동물도 다양하다. 한마디로 지상 최대의 야생동물 낙원으로, 1981년 유네스코 세계 자연유산으로 지정되었다.

다윈 진화론의 토대가 된 태평양 갈라파고스(Galapagos) 제도 역시 독특한 야생동물 서식지로 유명하다.(도판 6-5) 갈라파고스 제도는 19개의

6-4 | 세렝게티 평원.　　　　　　　　　6-5 | 갈라파고스 제도 헤노베사 섬의 큰군함조.

크고 작은 섬과 다수의 암초로 이루어져 있는데, 1535년 스페인의 베를랑가(Fray Tomás de Berlanga)가 처음 발견할 당시에는 무인도(지금은 이주민이 살고 있다)였고 큰 거북이 많았다. 거북을 스페인어로 '갈라파고스'라고 부른 데서 이름이 유래했다.

　갈라파고스에는 다른 곳에서는 볼 수 없는 생물 고유종이 많다. 1835년 다윈이 비글 호를 타고 섬을 탐험한 이래 독특한 생물종이 널리 알려지게 되었다. 이 섬 또한 1978년 유네스코 세계자연유산으로 지정되었다.

　세렝게티와 갈라파고스는 둘 다 야생동물에게는 좋은 서식 환경이지만 서로 달라도 너무 다르다. 사방이 열려 있는 초원지대인 세렝게티는 최상위 포식자인 사자부터 최하위 소형 초식동물까지 없는 게 없다. 검은꼬리누 수만 마리가 이동 중에 천적에게 잡아먹히는 장면을 자연 다큐멘터리에서 종종 볼 수 있는데, 그것은 종의 생존을 위한 불가피한 희생이며, 그런 먹잇감이 있기에 사자나 악어도 살 수 있다. 그 자체가 건강한 생태계의 한 모습이다.

　한편 갈라파고스는 서식하는 동물의 모양부터 특이하다. 현재 서식하는 포유류나 파충류는 대개 육지에서 먼바다를 표류해온 동물의 후손으로 추정된다. 대형 도마뱀인 이구아나부터 독특한 데다, 코끼리거북은

몸무게가 200킬로그램이나 된다. 거북이나 핀치새가 섬마다 모양이 조금씩 다를 만큼 격리된 환경에서 진화한 흔적이 뚜렷하다. 섬의 주인도 포유류가 아닌 파충류다. 포유류는 쥐, 박쥐 등 10종뿐이며, 개구리 같은 양서류가 살지 않는 점도 특징이다. 양서류는 피부가 연약해 오랜 기간 바다를 표류할 수 없었던 게 이유로 추정된다.[14]

갈라파고스가 이런 독특한 생물종을 갖게 된 것은 100만-200만 년 전 형성된 화산섬이고, 대륙과 1,000킬로미터나 떨어져 있으며, 오랜 기간 무인도였기 때문이다. 육지와 거의 격리된 그들만의 세계가 만들어진 것이다. 비유하자면, 세렝게티는 활짝 열린 공간인 반면 갈라파고스는 꽁꽁 닫아걸고 살아온 폐쇄 공간이다. 이를 경제에 적용하면 세렝게티는 경쟁과 교역이 활발한 개방경제를, 갈라파고스는 외부와 단절된 채 자급자족하는 폐쇄경제를 상징한다.

사회적 동물인 인간은 홀로 살 수 없다. 그렇기에 인류 역사상 폐쇄적 집단이 개방적 집단보다 나은 생활을 영위한 적은 없다. 격리된 폐쇄사회는 외부의 작은 병균 하나에 의해서도 치명적인 타격을 받는다. 한때 화려한 문명을 자랑했던 아메리카 대륙의 원주민들이 궤멸적인 인구 감소를 겪은 것도 외부 전염병 탓이었다. 그들은 가축화한 동물을 접할 기회가 없었기에 가축 전염병에 속수무책이었다.

대형 초식동물 중 가축화한 14종 가운데 13종이 유라시아 대륙(북아프리카 포함)에서 왔다. 13종은 소, 말, 양, 염소, 돼지 등 주요 5종을 비롯해 단봉낙타, 쌍봉낙타, 당나귀, 순록, 물소, 야크, 발리소, 인도소 등이다. 라마(같은 종에서 분리된 알파카 포함) 1종만이 아메리카 대륙에서 가축화되었을 뿐이다.[15] 아메리카 원주민들은 스페인과 포르투갈 사람들이 데려온 동물을 통해 전파된 홍역, 천연두, 감기, 디프테리아, 흑사병 및 열대 아프리카에서 전파된 말라리아, 황열 등과 같은 병에 면역력을 갖지 못했다. 1519년 코르테스가 끌고 온 600명의 군인 중 단 한 사람이 걸린 천연두로 인해 아즈텍 원주민들은 전투에서보다 더 많이 죽어나갔다. 이른바 '콜럼버스의 교환'으로 발생한 천연두로 1492-1650년 사이 아메리카 원주민의 50-90퍼센트가 목숨을 잃었다.[16]

역사적으로 다른 나라, 이민족과의 교류 및 교역은 경제적 번영의 필수 조건이다. 역사상 번성했던 나라들은 하나같이 교역의 문호를 활짝 연 나라들이었다. 로마 제국이 그랬고 중국의 당과 원나라, 중세의 베네치아, 근대의 네덜란드와 대영제국, 오늘날의 미국에 이르기까지 한결같다. 개방은 비교우위를 통해 국가의 부를 창출하고 부족함을 메워준다.

> **콜럼버스의 교환**
> 1492년 콜럼버스가 아메리카 대륙에 도착한 이후 일어난 유라시아·아프리카 대륙과 아메리카 대륙 간 교류를 집합적으로 부르는 용어.

굳이 멀리서 사례를 찾을 필요가 없다. 기름 한 방울 안 나는 한국이 6·25의 폐허 위에서 불과 두 세대 만에 선진국 문턱에 이르게 된 것은 다름 아닌 개방과 국제무역 덕분이다. 물론 무역의존도가 높아 외부 환경 변화에 취약하다거나, 수출 대상국과 품목을 다변화해 충격을 완화할 필요가 있다는 의견도 있다. 틀린 말은 아니다. 교역액(수출+수입)을 국내총생산으로 나눈 비율인 무역의존도는 100퍼센트가 넘어 G20(주요 20개국) 가운데 최고다. 미국, 일본, 유럽 등 선진국이나 신흥시장 국가들의 경기가 나빠지면 수출에도 영향을 받는다.

하지만 바로 그 점이 역설적으로 한국의 강점이 될 수 있다. 한국무역협회 무역통계의 국가별 수출 실적을 보면 한국은 2012년 세계 239개국에 수출했다. 수입 상대국은 229개였다. 유엔 회원국 193개국, 국제축구연맹(FIFA) 회원국 207개국, 심지어 코카콜라가 진출한 220여 개국보다 많다. 인류 역사상 가장 많은 나라와 교역하는 나라가 한국이 아닐까 싶다.

한국의 수출 상대국 톱10은 중국·미국·일본·홍콩·싱가포르·베트남·대만·인도네시아·인도·러시아이며, 그 밖에 생소한 나라에도 한국의 상품이 팔려 나간다. 수출 상대국의 다양성은 특정 국가에 위기가 닥쳐도 웬만해서는 영향을 받지 않는 충격흡수장치 역할을 해준다.

순위	수출	품목 실적(억달러)
1	석유제품	562억 달러
2	반도체	504억 달러
3	일반기계	480억 달러
4	자동차	472억 달러
5	석유화학	459억 달러
6	선박	397억 달러
7	철강	370억 달러
8	액정 디바이스	281억 달러
9	자동차 부품	246억 달러
10	무선통신기기	227억 달러
11	섬유	156억 달러
12	가전	125억 달러
13	컴퓨터	85억 달러

한국의 품목별 수출 실적(2012)

한국의 2012년 수출액 5,481억 달러의 수출품목 톱10을 보면 석유제품(562억 달러)이나 자동차(472억 달러)에서부터 액정 디바이스(281억 달러), 무선통신기기(227억 달러)에 이르기까지 안배가 잘되어 있다. 그다음 섬유(156억 달러), 가전(125억 달러), 컴퓨터(85억 달러) 순이다.(표 참조)

수출 상대국만큼이나 수출 품목의 포트폴리오도 다양하다. 외환위기가 닥쳐 환율이 급등해도 수출이 바로 늘어 경상수지 흑자가 나는 구조이기 때문에 금방 위기 탈출이 가능하다는 강점이 있다. 한국의 수출 경쟁력은 사방이 뻥 뚫린 세렝게티 대평원과 다를 바 없다. 온갖 자연 선택, 적응, 생존경쟁을 통해 진화한 것이다.

반면 폐쇄성이 몰락을 가져온다는 뜻의 신조어로 '갈라파고스 신드롬' 또는 '잘라파고스'라는 말이 있다. 잘라파고스는 'Japan(일본)'과 '갈라파고스'의 합성어다. 일본 기업들이 세계의 변화를 외면하고 기술에 대한 과도한 자신감으로 자신들만의 방식을 고집해 세계시장에서 고립돼버린 것을 가리킨다. 소니, 파나소닉 등 일본 전자업체들은 기술 면에서 최고였지만 1억3,000만 내수시장에 안주하다 몰락했다. 갈라파고스와 같은 '나 홀로 진화'는 다른 곳과 호환성을 가질 수 없다.

한때 휴대폰 시장 세계 1위였던 노키아, 스마트폰 분야의 강자였던 캐나다 블랙베리가 급속도로 추락한 것도 애플과 안드로이드 진영이 주도하는 스마트폰 경쟁을 애써 외면했기 때문이다. 아무리 우수한 기술을 가지고 있어도 호환성이 없다면 현대 경제에서는 무용지물이나 마찬가지다. 소비자들은 다른 곳에선 쓸 수 없는 제품에 지갑을 열지 않기 때문이다.

경제가 튼튼해지고 국가가 부강해지는 길은 분명하다. 밖으로 활짝 열고 적극적으로 나아갈 때 자연스레 경쟁력이 생겨 어떤 상황에서도 적응할 수 있다. 평생 진화생물학을 연구한 최재천 국립생태원장은 "섞여야 강해진다"고 지적했다. 가축인 소, 돼지나 닭, 오리가 구제역, 조류독감 같은 가축 전염병에 걸렸을 때 전부 살처분하는 것은, 개체수는 많지만 유전자가 다양하지 못한 탓이다. 외부와 섞이지 않은 채 담을 쌓고 우물 안 개구리로만 지낸다면 어떤 운명을 맞게 될지 굳이 설명할 필요도 없다. 개방형 세렝게티가 될 것인가, 폐쇄형 갈라파고스가 될 것인가.

한국 영화 스크린쿼터의 역설

스크린쿼터(한국 영화 의무 상영 일수) 축소 조치가 시행된 2006년 7월의 첫날, 영화인들이 거리로 나섰다. 유명 배우들과 시민 5,000여 명이 모인 가운데 서울 대학로와 광화문에서 스크린쿼터 원상회복 결의대회가 열린 것이다. 이에 앞서 배우들과 감독들의 1인 시위도 이어졌다.

영화인들이 대거 거리로 나선 것은 그해 1월 정부의 스크린쿼터 축소 시행(연간 146일에서 73일로 축소) 발표에 항의하기 위해서였다. "한국 영화 다 죽는다", "할리우드 영화가 판을 칠 것이다"라는 우려가 팽배했다. 실제로 멕시코는 1993년 스크린쿼터를 폐지한 뒤 한 해 100여 편에 이르던 영화 제작 편수가 10편 이하로 줄기도 했다.

그로부터 7년이 흐른 2013년, 이제 스크린쿼터를 말하는 사람은 아무도 없다. 죽기는커녕 500만 관객쯤은 예사고, 천만 관객을 끌어 모은 영화도 벌써 8편이나 된다. 한국 영화를 보는 관객 또한 연간 1억 명을 돌파했다. 2005년 85편이던 상영 작품수도 2009년 119편, 2010년 141편, 2011년 151편으로 늘어났다. 이는 한국 영화의 르네상스이자 스크린쿼터의 역설이다.

한국 영화는 어떻게 살아남았을까? 스크린쿼터 축소는 분명 위기였다. 관객의 눈높이는 할리우드 대작에 맞춰져 있었다. 하지만 영화인들은 밀려드는 외화를 보며 끊임없이 소재를 찾고, 각본을 다듬고, 연기력을 키우고, 세련된 연출과 촬영에 심혈을 기울였다. 생존을 위한 치열함과 각성을 통해 관객들이 한국 영화를 찾게 만든 것이다. 물론 멀티플렉스의 등장, 주5일제 시행도 도움이 됐고, 관객이 몰리자 기업들이 영화산업에 투자한 것도 한 요인이었다.

천명관의 소설 『나의 삼촌 브루스 리』(2012)는 과거 1960-1980년대 한국 영화계가 어떻게 연명했는지를 잘 보여준다. 영화사들은 돈을 벌 수 있는 외화 수입권을 따내기 위해 의무적으로 '방화'를 만들었다. 주로 에로, 무협, 활극 등 조악하기 그지없는 삼류 영화들이었지만 스크린쿼터 덕에 극장에 걸렸다. 스크린쿼터가 줄어들자 더 이상 삼류 영화를 받아줄 극장은 없었다. 관객이 찾을 만한 영화를 만드는 길밖에 없게 된 것이다.

한국 영화의 르네상스는 이른바 '메기론'에 비유할 만하다. 미꾸라지를 운송할 때는 수조에 포식자인 메기를 넣어둔다. 평상시에는 운송 도중 쉽게 죽는 미꾸라지가 수조 속에서 메기를 피해 다니느라 오히려 강해져서 더 오랜 시간 살아남는다는 것이다.

식물의 키는
무엇이 결정할까

경제 성장과 행복

　독일의 화학자 리비히(Justus von Liebig)는 식물의 성장 과정을 관찰하던 중 흥미로운 현상을 발견했다. 식물의 성장을 좌우하는 것은 10대 필수 영양소들의 합계가 아니라 가장 모자라는 영양소라는 사실이었다. 10대 영양소란 탄소 · 산소 · 수소 · 질소 · 인산 · 유황 · 칼륨 · 칼슘 · 마그네슘 · 철을 말한다. 이 가운데 딱 1가지만 부족해도, 다른 요소가 아무리 넘쳐도 식물이 제대로 자랄 수 없다는 것이다.

　이처럼 식물의 성장은 가장 부족한 요소에 의해 제한된다는 것을 '최소율의 법칙(law of the minimum)' 또는 발견자의 이름을 따서 '리비히의 법칙(Liebig's law)'이라고 부른다. 10가지 영양소 중 9가지가 필요한 양의 2배씩 공급된다 해도 1가지가 부족하면 그 부족한 영양소가 허용하는 만큼만 자란다는 뜻이다. 비유하자면, 물통의 한 귀퉁이가 깨진 상태라면 물을 담을 수 있는 높이는 거기까지다.

성과

손실

리비히의 법칙

식물뿐 아니라 인간을 비롯한 동물이나 플랑크톤도 마찬가지다. 사람은 건강을 유지하기 위해 탄수화물, 단백질, 지방을 각기 45:30:25의 비율로 골고루 섭취해야 한다. 영양소 결핍 또는 과다는 각종 질병이나 비만으로 이어질 수 있다. 또한 식물플랑크톤이 생존하려면 빛과 질산염, 인산염, 규산염 등 여러 종류의 환경자원이 필요하다. 이런 자원은 환경 속에서 생물이 필요로 하는 양보다 많거나 적을 수 있는데, 상대적으로 가장 적은 양의 자원이 생물의 생활에 영향을 미치게 된다는 것이다.

재미있는 것은 자연법칙인 최소율의 법칙이 인간이나 사회현상에 더 잘 들어맞는다는 사실이다. 고시에는 과락(科落)이란 것이 있다. 다른 과목의 점수가 아무리 높아도 한 과목이 60점 미만이면 탈락이다. 전원 참석해야 하는 회의라면 시작 시간이 가장 나중에 도착하는 사람에 의해 정해질 것이다. 인터넷 검색 속도는 컴퓨터의 성능, 회선 용량, 모뎀 및 검색자의 숙련도 가운데 가장 처지는 것에 의해 좌우된다. 현실의 정치판 또한 마찬가지여서, 4년마다 아무리 우수한 인재가 공급되더라도 일부 질 낮은 의원들이 국회의 수준을 드러내고 만다.

리비히 법칙은 한 나라의 경제 수준을 가늠하는 GDP와도 연관이 깊다. GDP는 한 나라에서 일정 기간 동안 최종 생산된 모든 재화와 서비스의 시장가치(시장가격)의 합계다(생산 측면). 동시에 모든 재화와 서비스의 부가가치의 합계(부가가치 측면)이고, 지출 총액(소비 측면)이기도 하다. GDP는 그 나라에서 일어난 소비(C)와 투자(I), 정부지출(G), 순수출〔수출(X)−수입(M)〕을 더한 것이다. 즉 GDP＝C＋I＋G＋(X-M)이 된다. 이 GDP가 전년보다 얼마나 늘었는지를 나타내는 것이 경제성장률이다. 따라서 경제가 성장하려면 민간 소비와 투자가 활발해지고 정부지출이 늘어나면서 무역수지도 흑자를 유지해야 한다. 이 중 하나에라도 심각한 문제가 생긴다면 GDP가 증가하기 어렵다는 점에서 경제 성장은 리비히 법칙과 닮았다.

GDP가 늘어난다는 것은 대개 그 나라 국민의 생활수준(소득)이 높아지는 것을 의미한다. 대표적인 것이 그 나라의 환경 수준이다. 소득이 일정 수준을 넘어서면 환경오염이 줄어든다는 '환경 쿠즈네츠 곡선(Environmental Kuznets Curve)'이 이를 잘 말해준다.(그래프 참조) 경제가 성장하여 부가 늘어날수록 사람들은 환경에 대한 개선을 요구하고 환경 보전과 복원을 위해 투자한다. 선진국의 강이 후진국보다 깨끗하고, 뉴욕이나 샌프란시스코의 공기가 몽골 울란바토르나 아프가니스탄 카불보다 깨끗한 것은 바로 그런 이유 때문이다. 멀리서 예를 찾을 것도 없이 서울의 공기와 중랑천의 맑아진 물을 보면 격세지감을 느끼게 된다.

그러나 소득과 국민 행복이 반드시 비례하

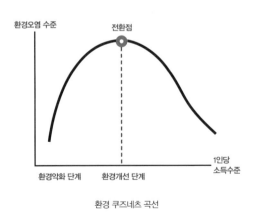

환경 쿠즈네츠 곡선

는 것은 아니다. 여러 나라를 관찰한 결과, 소득이 늘면 대체로 국민 행복도가 높아지지만 소득이 일정 수준에 도달하고 기본적 욕구가 충족되면 그 이상 소득이 증가하더라도 행복에 큰 영향을 미치지 않는 현상이 발견되었다. 미국의 경제사학자 리처드 이스털린(Richard Easterline)이 1974년에 주창한 이른바 '이스털린의 역설(Easterlin's paradox)'이다. 실제로 국가별 행복지수 조사에서 세계 1위를 했던 나라들은 바누아투, 코스타리카, 파나마, 부탄, 방글라데시 등 소득이 높지 않은 나라들이었다. 상위권에는 대개 아열대의 저개발국인 중남미와 동남아 국가들이 올라 있다. 반면 미국, 영국, 프랑스, 독일 등 선진국들은 행복지수가 낮은 편이었다. 심지어 1인당 국민소득 5만 달러인 싱가포르가 148개국 중 행복도 꼴찌를 차지했다는 갤럽의 조사도 있다. 행복은 GDP순이 아닌 셈이다.

그렇다면 소득과 행복도는 반비례하는 것일까? 소득이 높아질수록 빈부격차로 인한 상대적 박탈감이 커지고, 물질만능과 과도한 경쟁을 힘들어하는 사람들이 생겨날 것이다. 유엔개발계획(UNDP)이 조사한 한국인의 삶의 질은 세계 12위였지만, 갤럽이 설문조사를 통해 매긴 행복도 순위는 97위에 그쳤다. 실제 생활수준에 비해 국민의 주관적 행복도가 낮다는 뜻이다. 심지어 실제로 갤럽 행복도 조사에서 꼴찌(148위)였던 싱가포르는, 148개국 35만 명이 꼽은 '이민 가고 싶은 나라' 1위로 나타났다.

최근에는 이스털린의 역설이 잘못됐다는 연구도 있다. 2008년 132개국을 대상으로 지난 50년간의 자료를 분석한 결과 국가가 부유할수록 국민 역시 행복해하는 경향을 보였다. 부유한 국가일수록 의료, 교육 등 복지 인프라가 발달해 국민이 느끼는 행복감이 높아진 것이다.[17] 돈이 행복과 직결된다는 보장은 없지만 돈이 많을수록 행복도가 높아질 가능성이 큰 것은 분명해 보인다.

GDP에는 우정, 이웃 간의 정, 용기, 애국심, 시의 아름다움, 아이들의 건강 같은 것이 포함되지 않는다. 행복은 돈으로 살 수 있는 것이 아니다. 그러나 소득수준이 향상될수록 사람들은 기부를 하고, 자원봉사에 나서며, 시를 읽고, 아이들의 장래를 생각한다. 맹자가 말한 것처럼 항산(恒産, 일정한 소득)이 있어야 항심(恒心, 흔들리지 않는 굳은 마음)이 있는 것이다.

행복해지려면 어떻게 해야 할까? 쾌락이 곧 인생의 목표라고 주장한 고대 그리스 철학자 에피쿠로스는 2,500년 전 아주 명쾌한 행복 방정식을 제시했다. '행복＝성취÷욕망'이라는 것이다. 결국 행복해지려면 분자인 성취를 높이든지, 분모인 욕망을 줄여야 한다. 너무도 간단한 원리인데 그것이 쉽지 않다.

느림보 나무늘보의
역발상 생존법

블루오션 전략

포유류 중에서 가장 빠른 동물은? 최고속도가 시속 100킬로미터가 넘는다는 치타다. 하지만 치타는 우사인 볼트처럼 단거리의 명수이지, 장거리나 마라톤 선수는 아니다. 워낙 빠르기에 200-300미터가 전속력으로 달릴 수 있는 한계다. 치타에 쫓기는 어린 영양이 몇 초만 잡히지 않고 달아나면 살 수 있는 것이다.

그렇다면 네 발 가진 포유류 가운데 가장 느린 동물은? 느림보의 대명사인 거북이는 파충류이지 포유류가 아니다. 답은, 멕시코에서 아르헨티나에 이르는 열대우림에 서식하는 나무늘보다. 나무늘보는 하루 종일

나무 위에서 꼼짝도 않으며, 18시간을 잔다. 나무늘보는 영어로 'sloth'인데 이 단어는 본래 '나태', '게으름'을 뜻한다.(도판 6-6)

6-6 | 나무늘보.

나무늘보가 얼마나 느린지 비교해보자. 사람은 분당 100여 미터를 걸어가고, 우사인 볼트는 100미터를 9초대에 주파한다. 치타가 최고속도에 이르렀을 때의 속도를 계산해보면 초당 29미터에 이른다. 반면 나무늘보는 나무 위에서 시간당 900미터를 움직일 수 있다. 1분에 15미터를 가는 셈이다. 하지만 그것도 땅에서의 이동 속도와 비교하면 그나마 빠른 편이다. 땅에서의 최고속도는 고작 분당 4미터로, 1초에 7센티미터도 가지 못한다. 이쯤 되면 네 발 가진 동물 중 최고의 느림보라고 해도 과언이 아니다. 스스로의 몸을 방어할 이렇다 할 신체적 무기도 없다. 나무에 매달리기 좋게 발톱이 갈고리처럼 구부러져 있을 뿐이다. 그럼에도 나무늘보는 여전히 멸종되지 않고 살아남았다.

호주에는 아주 귀여운 얼굴을 한 유대류(有袋類, 포유류의 원시적 한 무리)

6-7 | 코알라.

동물인 코알라가 있다. 코알라(koala)는 호주 원주민의 말로 '물을 마시지 않는다'는 뜻의 '굴라(gula)'에서 비롯된 이름이다. 코알라는 식물을 통해 수분을 섭취할 뿐, 따로 물을 마시는 일이 거의 없다. 또한 주로 나무에 매달려 살고, 나무늘보보다 더 게을러서 하루 20

시간을 자며, 나머지 시간에는 끊임없이 먹는다.(도판 6-7) 먹고 자는 것 말고는 잘하는 것도 없고 자신을 방어할 무기도 없다. 그런데 코알라 역시 멸종되지 않고 잘살고 있다.

나무늘보와 코알라의 공통점은 험한 환경과 천적들의 틈바구니에서 도저히 살아남지 못할 것 같은 신체 조건을 가졌다는 점이다. 그럼에도 멸종되지 않은 비결은 무엇일까?

나무늘보는 야행성이며 나무의 잎, 새싹, 열매 등을 먹고산다. 나무늘보가 주로 먹는 나뭇잎은 영양이 별로 없고 소화도 잘 안 돼서 다른 동물들은 거들떠보지도 않는다. 나무늘보가 나무 위에서 오랫동안 잠을 자는 것도 천천히 소화시키기 위해서다. 신진대사가 느리기 때문에 몸의 에너지 소비를 최소화하기 위해 느릿느릿 움직인다. 게을러서가 아니라 그렇게 생존하게끔 진화한 것이다.

코알라도 마찬가지다. 야행성이고 나무 위에서 생활하며, 주된 먹이는 유칼리나무(유칼립투스) 잎이다. 나무늘보처럼 영양가도 별로 없는 유칼리 잎만 먹고 하루 20시간을 자는 생활이다. 유칼리 잎은 소화도 잘 안되고 독성물질을 함유하고 있어 코알라 외에는 먹는 동물이 없다. 그러니 잠을 자면서 장시간 소화시키는 식으로 적응한 것이다.

나무늘보와 코알라는 천적들과 격리된 서식환경(나무 위)에 살면서 다른 동물들과 먹이 경쟁을 벌일 필요도 없다. 그렇기에 생존할 수 있었던 것이다. 이처럼 힘없고 느린 동물도 경쟁자가 없는 환경에 적응하는 진화 전략을 통해 얼마든지 살아남을 수 있다. 경영학에도 이런 개념이 있다. 바로 '블루오션(blue ocean) 전략'이다. 해안에서 가까운 바다가 레드오션(red ocean)이라면 블루오션은 먼 대양이다. 레드오션에서는 수많은 어종이 생존의 이전투구를 벌이는 반면, 블루오션은 그럴 필요가 없다.

레드오션이 오늘날 존재하는 모든 산업을 의미하고 이미 세상에 알려진 시장이라면, 블루오션은 현존하지 않는, 아직 우리가 모르는 시장이다.[18] 느려터진 나무늘보나 코알라가 지상의 연하고 맛있는 풀을 놓고 다른 동물들과 경쟁을 벌였다면 살아남기 쉽지 않았을 것이다. 그러나 나무 위에서 맛없고 질긴 풀을 주식으로 삼았기에 다른 종들과 먹이 경쟁을 벌이지 않아도 되었다. 나무늘보와 코알라야말로 진짜 블루오션 전략의 창시자들이 아닐까 싶다.

TIP

기니피그가 세계 어디서나 번성한 비결

동물의 생존 방식 가운데 가장 효과적인 것은 아이러니컬하게도 가축이나 반려동물이 되어 인간과 가깝게 지내는 것이다. 소 · 돼지 등의 가축이 멸종될 리 없듯이, 개 · 고양이 같은 반려동물은 먹이 걱정 없이 얼마든지 살아남을 수 있다.

기니피그(guinea pig) 또한 그런 사례다. 작고 통통한 몸집에 다리는 짧고 성격은 온순해 애완용으로 안성맞춤이다. 다람쥐처럼 앞니가

6-8 | 기니피그.

자라는 설치류(齧齒類)인데 꼬리는 퇴화했고 엉덩이는 동그랗다. 페루가 원산지이며, 16세기 네덜란드 상인들에 의해 유럽에 전해졌다.(도판 6-8)

기니피그라는 이름은 16세기에는 큰돈인 1기니에 팔린 데서 유래했다는 설과, 남미의 네덜란드령 기아나(Guiana)에서 영국으로 들여왔기 때문이란 설이 있다. 서아프리카의 기니와는 무관하다. 1기니는 1파운드+1실링이다. 1실링이 20분의 1파운드이므로 1기니는 1.05파운드가 된다. 16세기 당시 1기니는 오늘날 값어치로 약 53만 원에 달하는 금액으로 상당히 비쌌다.[19] 또한 기니피그의 울음소리가 돼지 울음소리(oink)와 유사하고 몸집도 통통해 돼지(pig)로 불리게 됐다는 추측도 있다.

사실 기니피그 역시 자신을 방어할 무기를 갖고 있지도, 빠르지도 않다. 그럼에도 세계 곳곳에서 멸종 염려 없이 잘살고 있다. 우리나라에도 기니피그를 키우는 사람들이 꽤 많다. 이런 반려동물이 마치 인간의 노리개처럼, 착취당하는 것처럼 보이기도 하지만, 이는 종의 생존에는 더할 나위 없는 전략이다. 인간이 먹이를 주고 보호해주기 때문이다. 야생에서 먹이를 찾느라 헤매거나 천적의 위협에 노심초사할 필요도 없다. 반려동물의 역설이라고 해야 할까?

개미는
모두 부지런할까
파레토 법칙 vs 롱테일 법칙

『이솝우화』의 「개미와 베짱이」를 거론하지 않더라도 개미는 부지런함의 대명사다. 일개미들은 쉴 새 없이 먹이를 운반한다.(도판 6-9) 그런데 개미의 행태를 연구한 학자들에 의하면, 개미들이 바쁘기는 한데 모두가 열심히 일하는 것은 아니라고 한다. 전체 개미의 80퍼센트 정도는 빈둥거리고 20퍼센트만 일을 한다는 것이다. 20퍼센트의 주류와 80퍼센트의 들러리가 존재한다는 이야기다.

흥미로운 점은, 근면한 개미 중 20퍼센트를 따로

6-9 | 『이솝우화』의 「개미와 베짱이」 삽화(by Milo Winter).

분리했더니 이들 중 다시 80퍼센트가 게으름을 피우더라는 것이다. 거꾸로 게으른 개미 80퍼센트로 새로운 집단을 만들어도 그중 20퍼센트의 개미가 근면해져서 집단이 유지된다. 이 같은 관찰은 사회성 곤충 분야의 대표적인 학자인 일본의 하세가와 에이스케(長谷川英祐)가 쓴『일하지 않는 개미(動かないアリに意義がある)』에서 상세히 설명되어 있다. 책에 따르면 일개미의 10퍼센트는 전혀 일을 하지 않고, 70퍼센트는 좀 더 중요하고 결정적인 일을 하기 위해 휴식을 취하며 에너지를 비축한다는 것이다. 저자는 일개미의 80퍼센트 정도가 부지런하지 않다는 사실을 인간 사회의 20대80법칙에 비유했다.[20]

20대80법칙은 이탈리아의 경제학자 빌프레도 파레토(Vilfredo Pareto)의 이름을 따서 '파레토 법칙(Pareto's law)'이라 불린다. 파레토는 본래 후생과 분배에 관심이 많았고, 파레토 법칙은 소득분포의 불평등도에 대한 경제법칙이기도 하다. 그가 제시한 '파레토 효율(Pareto efficiency)' 또는 '파레토 최적(Pareto optimality)'은 후생경제학(厚生經濟學)의 중심 개념 중 하나다. 이는 교환과 자원 배분이 최적으로 이루어져서, 다른 어떤 배분 상태와 비교해도 이보다 더 효율적인 배분이 불가능한 상태를 가리킨다. 이는 즉 한 사람의 후생을 증가하려면 다른 사람의 후생을 감소시켜야 하므로 어떤 방식으로도 개선의 여지가 없는 상태를 말한다.

후생경제학
사회 전체의 경제적 후생을 대상으로 하는 경제학의 한 분야. 국민소득의 증대, 균형, 안정을 가져다줄 방법을 연구하며, 생산력 증대보다 빈부격차의 감소, 분배의 공정성을 목표로 삼는다.

흔히 인용되는 파레토 법칙은 전체 결과의 80퍼센트가 전체 원인의 20퍼센트에서 비롯된다는 법칙이다. 파레토가 이탈리아 인구의 20퍼센트가 국가 전체 부(富)의 80퍼센트를 보유하고 있음을 발견한 것을 토대로, 루마니아 출신 미국 경영컨설턴트인 조지프 주란이 일반화한 것이다. 주란은 20퍼센트의 주요 문제를 해결하면 나머지 80퍼센트는 저절로 해결된다는 '주요한 소수와 사소한 다수(the vital few and the trivial many)'라는 주장을 펼쳤다.

경영학에서는 흔히 백화점에서 상위 20퍼센트의 고객이 매출의 80퍼센트를 차지한다는 사례를 든다. 실제로 우리나라 주요 백화점들에서는 상위 1퍼센트가 매출의 20퍼센트를 차지하고, 상위 5퍼센트가 약 50퍼센트, 상위 20퍼센트는 70퍼센트대의 매출을 올린다. 또한 전화통화하는 사람 중 20퍼센트의 통화 시간이 전체 시간의 80퍼센트를 차지하고, 즐겨 입는 옷의 80퍼센트는 옷장에 걸린 옷의 20퍼센트에 불과하며, 20퍼센트의 범

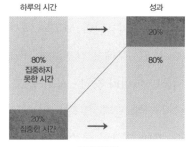

파레토 법칙

죄자가 전체 범죄의 80퍼센트를 저지르고, 성과의 80퍼센트는 근무 시간 중 집중력을 발휘한 20퍼센트의 시간에서 발생한다는 등 다양한 응용 사례도 있다.(도표 참조) 주식 분야에서도 80퍼센트의 이익 또는 80퍼센트의 손실이 20퍼센트의 종목에서 난다는 투자 격언이 있다. 결국 파레토 법칙은 파레토의 이름에 기댄 사회와 자연의 경험법칙인 셈이다.

20대80법칙은 유대인의 상술에서도 찾아볼 수 있다. 유대인들은 자연 속에서 발견한 78대22법칙을 상술에 응용한다. 78대22법칙이란, 예를 들어 정사각형 면적이 100이라면 그 안에 내접하는 원의 면적은 78이고 나머지 공간이 22가 된다. 또 공기는 질소 78퍼센트에 산소와 기타 기체가 22퍼센트의 비율로 이루어져 있다. 사람의 신체도 수분이 78퍼센트, 기타 물질이 22퍼센트다. 이 비율이 어긋나면 사람은 살기 어려울 것이다.

유대인은 이 같은 원리를 상술에 적용해 성공 확률이 78퍼센트라면 실패 확률은 22퍼센트로 보고 78퍼센트의 성공 확률에 주목한 것이다. 은행은 돈을 저축하고(빌려주고) 싶은 78퍼센트의 고객과 빌려 쓰고 싶은 22퍼센트의 고객 비율로 성립되는데, 빌려 쓰고 싶어하는 고객이 많아지면 은행은 파산한다. 또 부자는 78, 일반인은 22의 비율로 돈을 갖고 있으니 부자를 상대로 돈벌이를 하라고 가르치기도 한다.[21]

파레토 법칙은 경제·경영의 영역을 넘어 정치적 이념을 구분하는 기준으로도 이용된다. 20대80에서 20의 효율을 강조하면 '파레토 우파', 80에 대한 분배를 강조하면 '파레토 좌파'라는 식이다. 효율과 분배는 경제뿐만 아니라 정치·사회 등 모든 분야에서 영원한 숙제다.

이 점에 관해 『일하지 않는 개미』의 저자는 흥미로운 관점을 제시한다. 개미 집단의 생존에는 일하지 않는 개미도 필요하다는 주장이 그것이다. 개미 사회가 일견 비효율적으로 보이는 20대80 전략을 진화시킨 것은 알의 부화 과정과 연관이 있다. 굴속의 온도가 올라가면 일개미들은 적정온도로 내리기 위해 날갯짓을 하는데 만약 모든 일개미가 동시에 날갯짓을 하다 지쳐서 멈춰버리는 순간이 오면 알을 부화시키지 못하는 치명적인 결과를 낳는다. 이런 상황을 막기 위해 일개미의 일부는 일하지 않고 에너지를 비축한다는 것이다. 저자는 이를 인간 사회의 조직 원리에 대입해, 효율만 강조하는 과잉 근로는 개인과 조직의 수명을 단축시킨다고 보았다. 모두가 지치면 사회는 존속될 수 없기 때문에 당장은 일하지 않는 상시 동원 가능한 예비군이 필요하다는 얘기다.

파레토 법칙은 비즈니스의 황금률로 간주되어왔지만, 정보화시대를 맞아 다양한 예외도 생겨나고 있다. 들러리였던 80퍼센트의 비주류 다수가 주류인 20퍼센트보다 더 큰 가치를 만들어내는 경우가 있기 때문이다. 이런 현상을 가리켜 세계적인 IT 전문지인 『와이어드(*Wired*)』의 편집장 크리스 앤더슨은 '롱테일(long tail) 법칙'이라고 명명했다. '긴 꼬리 법칙', 또는

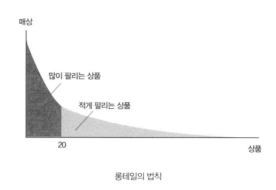

롱테일의 법칙

'역(逆)파레토 법칙'이라고도 부른다. 많이 팔리는 상품 순으로 매출 그래프를 그려보면, 적게 팔리는 상품이 마치 공룡의 긴 꼬리처럼 길게 이어진다고 해서 붙여진 용어다.(그래프 참조)

예컨대 온라인서점 아마존닷컴은 전체 수익의 절반 이상이 오프라인 서점에선 아예 비치하지도 않는 비인기 서적, 희귀본 등 이른바 '안 팔리는 책'들을 판매해서 올린 것이다. 온라인 음악 판매업체인 랩소디는 150만 곡 이상을 서비스하는 비인기곡들의 판매액이 긴 꼬리를 형성한다. 반면 최대 오프라인 소매점인 월마트에서는 판매 상위 200장의 음반이 전체 매출의 90퍼센트를 차지한다.[22]

롱테일 법칙이 나타나는 이유는 인터넷의 발달로 전시 비용이나 전시 공간의 제약이 사라지고 유통물류 비용이 저렴해지면서 소비자 선택의 폭이 대폭 확대되었기 때문이다. 이에 따라 과거에는 소비자들의 눈에 띌 기회조차 없었던 상품들이 검색을 통해 팔리면서 전체 매출에서 인기 상품을 앞지르는 현상이 종종 나타난다는 것이다. 이런 특성은 온라인을 기반으로 하는 기업들에게 새로운 비즈니스 모델을 제공한다. 인터넷이 가져다준 새로운 시장과 유통의 진화라고 할 수 있다.

앤더슨은 롱테일 문화가 더 많은 소비를 가능케 하고 다양성을 뒷받침

해 틈새 문화를 주목받게 만들고 있다고 진단했다. 20세기는 히트 상품의 시대였지만 21세기는 틈새 상품의 시대라는 것이다. 더구나 그 꼬리는 점점 길어지고 두꺼워지고 있다. 디지털시대에 벌어지고 있는 꼬리칸의 반란인 셈이다.

영화는
게임이론의 교과서

—— 한국의 마지막 키커는 홍명보였다. 4대 3으로 앞서고 있는 승부차기 상황. 홍명보가 성공하면 스페인 마지막 키커의 성공 여부에 관계없이 월드컵 참가 사상 처음으로 4강에 진출한다. 드디어 공이 홍명보의 발끝을 떠났다. 세계 최고 수문장이라는 골키퍼 카시야스가 몸을 날렸지만 공은 골망을 흔들었다. 2002년 한·일 월드컵에서 모두가 숨죽였던 스페인과의 8강전 승부차기 순간이다. 만약 카시야스가 홍명보가 공을 찬 방향으로 몸을 던졌다면 어떻게 됐을까? 막아냈을지도 모른다. 키커와 골키퍼는 서로 상대방이 어떻게 나올지를 예측하고 대응해야 한다. 아무리 잘 차도 골키퍼의 예상이 적중해서 막히면 낭패를 보지만, 대충 차더라도 골키퍼를 피하면 성공하는 것이다.

우리는 매일 승부차기와 같은 게임 속에서 살고 있다. 여기에서 게임이란 축구, 야구, 스타크래프트 등 승부를 가리는 경기 자체를 가리키는 게 아니다. 나의 선택이 상대방의 선택과 서로 영향을 주고받아 각자 얻는 이득이 달라지는 '게임 상황'을 말한다.

인류가 출현한 이래 30만 년 동안 사람들은 이 같은 게임 상황을 수없이 경험해 왔다. 욕구는 바다와 같은 인간들이 유한한 자원을 놓고 다퉈야 했기 때문에 시도 때도 없이 이기심이 충돌하는 상황이 벌어졌다. 따라서 경쟁자의 대응에 따라 내 이익이 달라지는 게임 상황에서는 선택(의사결정)에 앞서 전략적으로 사고할 필요가 있다. 게임이론(game theory)은 경쟁자의 행동을 예측하고 그 예측을 바탕으로 자신이 택할 수 있는 최선의 행동을 결정하는 전략이론이다.[1]

우리는 지금 게임 중
게임이론

    게임 상황은 일상에서 수시로 발견할 수 있다. 장난감을 사달라고 떼 쓰는 아이에게 부모는 아이의 반응을 보아가며 엄포를 놓기도 하고 달 래기도 한다. 용돈을 더 달라고 부모와 실랑이를 벌이는 중고생들, 학과 별 경쟁률에 따라 눈치작전에 골몰하는 대입 수험생들도 원하는 것을 얻어내기 위해 게임을 하는 것이다. 입사 면접장은 자신의 우수성과 성 실함을 부각하려는 지원자와, 그런 신호의 진위를 가려내려는 면접관 사이의 게임 상황이다. 이 밖에 가격 흥정, 연봉 협상, 입찰 경쟁 등의 경 우에도 나의 카드와 상대방의 카드에 따라 얻게 될 이득이 달라진다.

게임 상황에서는 간절히 이기고 싶다고 해서 이길 수 있는 게 아니다. 아무리 이기고 싶어도, 마찬가지로 악착같이 나를 이기고 싶어하는 상대방이 존재하기 때문이다.

게임이론이 태동한 것은 2차 세계대전 때였다. 전쟁에서는 승리만이 유일한 목표지만, 가장 좋은 상황은 싸우지 않고도 이기는 것이다. 이런 난제를 연구하는 과정에서 군사학과 수학을 모태로 게임이론이 생겨났다. 게임이론의 효시로는 천재 수학자 존 폰 노이만(John von Neumann)과 경제학자 오스카 모르겐슈테른(Oskar Morgenstern)이 2차 세계대전 종전 직전인 1944년에 함께 출간한 640쪽짜리 대작 『게임이론과 경제행동(Theory of Games and Economic Behavior)』을 꼽는다.

게임에는 3가지 기본 요소, 즉 경기자(player) · 전략(strategy) · 보수(payoff)가 있어야 한다. 경기자가 없으면 게임은 성립할 수 없다. 경기자는 보통 개인이지만 집단 · 기업 · 국가 · 국가연합이 될 수도 있다. 경기자는 주어진 게임 상황에서 합리적(이기적) 선택을 하는 존재여야 하며, 상대가 일부러 져주거나 손해 보는 짓을 일삼는다면 전략적 사고가 무의미해진다.

전략은 경기자가 선택할 수 있는 행동들을 말하며, 보수는 경기자들의 전략(선택) 조합에 따라 각자 얻게 되는 이득을 가리킨다. 바둑에 비유하면 경기자는 2명의 대국자, 전략은 그들이 놓는 수, 보수는 그로 인해 결정되는 승패라고 할 수 있다.

게임은 경기자 수에 따라 바둑 · 축구 · 홀짝게임처럼 경기자가 2명(2팀)인 2인 게임, 포커나 고스톱처럼 3인(또는 3팀) 이상이 참여하는 다수게임으로 나뉜다. 가장 흔한 게임의 형태는 양쪽 경기자의 이득과 손실의 합계가 0이 되는 2인 제로섬 게임(zero-sum game), 즉 2인 영합(零合)

게임이다. 경기자 한쪽의 이득이 다른 경기자의 손실로 귀착되는 구조로, 승패가 가려지는 스포츠, 두 나라 간의 전쟁, 둘이서 하는 도박 등이 여기에 해당된다. 2인 영합 게임은 폰 노이만과 모르겐슈테른이 가장 먼저 연구한 게임이론의 기본 주제이기도 하다.

제로섬 게임과 달리, 둘 다 이득을 보거나 승자의 이득이 패자의 손실보다 큰 경우를 포지티브섬 게임(positive-sum game)이라고 부른다. 국가 간 무역은 비교우위론(이 책 2장 참조)에 따라 양국 모두에 이익이 되므로 대표적인 포지티브섬 게임이다. 반대로 둘 다 손실을 입거나 패자의 손실이 승자의 이득보다 큰 경우는 네거티브섬 게임(negative-sum game)이 된다. 예컨대 사교육 경쟁의 경우 가정마다 자녀들을 위해 엄청난 돈을 쓰지만 그만큼 이득을 얻지 못하는 것과 같다. 국가 간 군비경쟁도 서로 상쇄되는 전력을 빼고 나면 마찬가지로 남는 게 별로 없다.

게임이론은 왜 OPEC(석유수출국기구)에서 원유 감산 담합이 오래가지 못하게 됐는지, 미국과 소련은 냉전시대에 엄청난 재정 부담에도 왜 군비경쟁을 멈추지 못했는지, 안보를 위한 전쟁 억지력을 확보하려면 어떤 전략을 택해야 하는지, 이동통신회사들은 막대한 비용이 드는 광고와 보조금 경쟁을 왜 멈추지 못하는지 등을 명쾌하게 설명해준다.

아울러 공유자원은 과도하게 소비된다는 공유지의 비극도 게임이론으로 설명된다. 예컨대 두 석유회사가 인접한 유전을 소유했다면 상대방보다 유공(油孔, 기름 구멍)을 더 많이 뚫는 것이 유리하다. 지하유전은 칸막이가 없이 서로 연결돼 있으므로 먼저 퍼내는 쪽이 임자가 되기 때문이다. 이때 석유회사의 이윤은 자기가 뚫은 유공 개수뿐 아니라 상대 회사의 유공 개수에 의해서도 좌우된다.[2]

게임은 본래 수학의 영역이었다. 존 폰 노이만도 원래 수학자다. 그래서 게임이론을 어렵다고 여기는 사람들이 많다. 하지만 폰 노이만의 말을 들어보면 어렵게만 생각할 일이 아니다. "만일 수학이 복잡하다고 생각된다면 당신은 아직도 인생이 얼마나 복잡한 것인지 이해 못한 것이다."[3] 그런 점에서 게임이론을 쉽게 이해할 수 있는 수단이 바로 영화다. 영화 속 주인공은 대개 문제적 개인(또는 집단)이며, 문제적 현실에서 선택의 기로에 선다. 평범한 인물이 평범한 일상을 사는 모습을 그린 영화라면 무슨 재미가 있겠는가. 게임이론의 관점에서 영화를 들여다보면 색다른 흥미를 느끼기 충분하다. 이 장에서는 영화를 통해 경제학의 최첨단 영역인 게임이론을 공부해보자.

〈다크나이트〉악당 조커의
사회적 실험
죄수의 딜레마

　고담시를 폭파하겠다는 악당 조커의 협박에, 늦은 밤 2척의 배가 강을 건넌다. 하나에는 선량한 시민들, 다른 하나에는 죄수들이 탔다. 갑자기 배가 멈추고 통신이 두절된다. 배 안에서 기폭장치가 발견되고 스피커에서는 조커의 목소리가 흘러나온다.

　"오늘 밤 여러분과 사회적 실험(social experiment)을 하겠다. 지금 기관실에 설치된 폭탄이면 배를 하늘로 날려버릴 수 있다. 누구든 배에서 내리려 하면 다 죽을 것이다. 각자 상대방 배를 폭파시킬 수 있는 기폭장치가 있다. 자정이 되면 배를 모두 폭파할 것이다. 하지만 먼저 기폭장치를 누르는 쪽은 살려주겠다. 누가 먼저 누를까? 악질 범죄자들일까, 아니면 아무 죄 없는 시민들일까? 빨리 선택해라. 아니면 상대방이 먼저 누를 테니."

두 배는 순식간에 공포의 도가니다. 시민들은 흉악한 죄수들 때문에 죽을 수 없다며 기폭장치를 빨리 누르라고 아우성이다. 급기야 투표에 들어간다. 기폭장치를 누르는 쪽에 찬성 396표, 반대 140표다. 운명의 시간은 빠르게 지나간다. 한 신사가 나서서, 군 책임자인 대위가 못하겠으면 자신이 하겠다며 기폭장치를 받아 든다.

같은 시각, 죄수들이 탄 배에서도 똑같은 소동이 벌어진다. 죄수들도 개죽음은 싫다며 호송 책임자에게 기폭장치를 누르라고 아우성이다. 책임자는 망설이고, 자정까진 5분도 채 남지 않았다. 그때 덩치 크고 험상 궂은 흑인 죄수가 다가가 기폭장치를 빼앗아 든다.(도판 7-1)

크리스토퍼 놀란 감독의 2008년작 〈다크 나이트(The Dark Knight)〉의 스릴 넘치는 한 장면이다. 놀란 감독은 배트맨 시리즈 3편을 비롯해 〈메멘토(Memento)〉(2000), 〈인셉션(Inception)〉(2010) 등의 영화를 통해 인간 본성을 탐구해왔다. 영화 〈다크 나이트〉에서 조커가 강요한 이른바 사회적 실험도 그러한 탐구의 하나라고 할 수 있다.

먼저 조커가 제안한 게임을 살펴보자. 양쪽 배에 탄 사람들이 선택할 수 있는 것은 2가지뿐이다. 기폭장치를 먼저 누르거나, 상대편의 처분에 맡기고 가만히 있거나. 먼저 누르면 살고, 누르지 않으면 죽을지 살지 알 수 없게 된다. 물론 최

7-1 : 영화 속에서 두 배에 탄 사람들은 죄수의 딜레마에 빠진다.

선의 선택은 양쪽 배 모두 누르지 않는 것이지만 상대편이 어떻게 나올지 알 길이 없다.

조커가 만들어낸 상황은 너무도 낯익다. 게임이론의 핵심인 '죄수의 딜레마' 상황이기 때문이다. 죄수의 딜레마라는 개념 자체는 역사가 오래되었지만 게임으로 모양을 갖춘 것은 1950년 미국 랜드연구소의 연구원 메릴 플러드와 멜빈 드레셔에 의해서였다. 이를 토대로 랜드연구소 고문이었던 앨버트 터커 프린스턴대 수학과 교수가 지금 우리가 알고 있는 죄수의 딜레마로 재구성한 것이다. 죄수의 딜레마는 "악의 유혹이 포상보다 크고, 포상은 징벌보다 크고, 징벌은 어리석음의 대가보다 크다"[4]는 것으로 요약된다.

죄수의 딜레마 사례를 살펴보자. 용의자 A와 B가 경찰에 체포됐다. 경찰은 이들의 혐의에 대해 징역 1년 정도의 증거만 확보했을 뿐이다. 심증은 있지만 중형을 살게 할 만한 증거는 부족하다. 자백을 받아낸다면 둘 다 징역 5년을 살게 되겠지만 만약 둘 다 부인한다면 증거 부족으로 각각 1년씩의 징역으로 끝난다. 용의자들은 막역한 친구 사이라 잡히더라도 서로 배신하지 않기로 사전에 밀약을 맺었을 수도 있다.

경찰은 두 사람을 각기 다른 취조실로 데려간다. "네가 먼저 자백하면 풀어주겠지만, 저 친구가 자백했는데도 끝까지 부인한다면 위증죄까지 더해져 징역 9년의 가중처벌을 받게 된다"고 회유한다. 용의자들은 제각기 고민(딜레마)에 빠진다. "내가 입을 다물어도 만약 저 친구가 자백하면 나만 감방에서 9년이나 썩게 되지 않는가."

결국 두 사람은 상대방이 배신(자백)할까 봐 먼저 자백하게 된다. 인간의 이기적인 선택이 오히려 더 나쁜 결과를 낳는 것이다. 용의자 A와 B의 선택과 그에 따른 결과(보수)를 표로 만들면 다음과 같다. 표는 두 사람이 가지고 있는 전략과 그들이 선택한 전략에 따른 보수로 이루어져 있는데, 이를 보수행렬(payoff matrix)이라고 한다. 앞의 숫자(형량)는 A가 얻는 보수, 뒤의 숫자는 B가 얻는 보수를 나타낸다.

구분		용의자 B	
		부인	자백
용의자 A	부인	① 1년, 1년	② 9년, 석방
	자백	③ 석방, 9년	④ 5년, 5년

죄수의 딜레마의 전형적인 보수행렬

먼저 용의자 A의 관점에서 살펴보자. B가 범행을 부인한다고 가정할 때 A 또한 부인하면 징역 1년(①)이지만, 자백하면 석방(③)되니 자백하는 게 이득이다. 또 B가 자백할 경우 A가 자백하면 징역 5년(④)이지만 부인하면 9년(②)을 감방에서 썩게 되니 역시 자백하는 게 낫다. B가 어떤 선택을 하든지 A는 자백하는 게 자신에게 유리해지는 것이다. B의 입장에서 따져봐도 A가 침묵하든 자백하든 먼저 자백하는 게 이득이 된다. 이처럼 상대방이 어떤 결정을 내리든 관계없이 자신에게 유리한 결과를 가져다주는 선택을 게임이론에서는 우월 전략(dominant strategy)이라고 부른다. 둘 다 부인한다면 합쳐서 징역 2년이 될 것이, 둘 다 자백(우월 전략을 선택)하는 바람에 총 10년의 징역을 살게 되는 것이다. 이는 한쪽만 자백한 경우(징역 9년)보다도 나쁜 결과가 된다.

죄수의 딜레마 상황은 우리 주위에서도 흔히 볼 수 있다. 대표적인 것이 통신회사들의 보조금 경쟁이다. 통신회사 입장에서 이익을 극대화하는 방법은 가입자들에게 보조금을 주지 않고 제값을 다 받는 것이다. 그러나 국내 3개 통신회사 중 한 곳이 보조금 지급을 중단하겠다고 선언했는데 다른 회사들이 계속 보조금을 지급하면 가입자를 빼앗길 것이다. 또한 3개 회사가 서로 짜고 다 같이 보조금을 주지 않기로 결정한다면 소비자에게 피해를 주는 담합으로 간주돼 처벌받게 된다. 그렇기 때문에 통신 3사는 정부로부터 거액의 과징금에 가입자 모집 중단 등의 제재를 받으면서도 보조금 경쟁을 멈추지 못하는 것이다.

죄수의 딜레마는 몇몇 기업이 지배하는 과점시장에서 기업 간 담합을 적발하는 수단으로 응용되고 있다. 공정거래위원회가 1997년 도입한 리니언시(leniency) 제도가 그것이다. 리니언시는 '관대', '관용', '자비'란 뜻으로, 서로 경쟁해야 할 기업들이 모의하여 가격을 올리는 등의 담합을 했더라도 이 사실을 맨 처음 신고한 기업에 대해서는 과징금을 면제해주는 것(최초 신고업체는 100퍼센트 면제, 두 번째 신고업체는 50퍼센트 감면)이다. 이 제도는 1978년 미국에서 처음 시행됐고, 지금은 세계 40여 개국이 채택하고 있다.

우리말로는 '자진신고자 감면제도'라고 한다. 가톨릭에서 신자들이 죄를 고백하면 사제가 신을 대신해 용서해주는 고해성사에서 아이디어를 차용한 것이다. 공정거래위원회는 리니언시 제도를 통해 해마다 수십 건의 담합을 적발해내는 성과를 거두고 있다. 하지만 문제점도 있다. 시장점유율이 월등히 높은 1위 업체가 먼저 담합 사실을 신고했을 때다. 과징금은 이익 규모에 따라 부과되므로 1위 업체의 과징금 면제 금액이 다른 업체들에 부과되는 과징금 총액보다 큰 경우가 종종 있어 논란을 빚기도 한다.

죄수의 딜레마의 원조와도 같은 것이 1960년 설립된 OPEC이다. 중동,

중남미 등 거대 산유국들의 카르텔인 OPEC이 마음만 먹으면 원유 생산량을 동시에 줄여 얼마든지 유가를 올릴 수 있지만 실상은 그렇지 못하다. OPEC은 회원국이 12개국에 이르고 이 중에는 늘 돈이 급한 나라가 있다. 그런 나라들은 감산(減産)을 약속해놓고, 가격이 오르면 몰래 원유 수출량을 늘리는 경우가 다반사다. OPEC 입장에서는 담합을 어긴 회원국을 제재할 수단이 마땅치 않다. 더구나 영국(북해유전), 멕시코(멕시코만유전) 등 비회원국들은 OPEC의 담합에 구애받지 않는다.

죄수의 딜레마 대회에서 우승하는 전략

용의자 A와 B는 죄수의 딜레마 탓에 각기 5년씩 징역을 살고 나왔다. 이들은 서로를 비난했지만 결국 다시 뭉쳐 범행을 저지르다 경찰에 잡혀온다. 미리 배신하지 말자고 약속했지만 경찰은 먼저처럼 이들을 격리한 뒤 자백하면 풀어주겠다고 회유한다. 이들은 죄수의 딜레마에 빠져 또 서로를 배신할까? 아니면 침묵을 지켜 각기 1년씩 징역에 그칠까?

이런 상황을 '반복적인 죄수의 딜레마 게임'이라고 한다. 용의자들이 두 번, 세 번, 네 번 똑같은 상황에 처한다면 계속 배신하는 게 최선일 수는 없다. 상대방도 자신을 배신해 둘 다 손해를 보게 되므로. 그렇다면 최적의 전략은 무엇일까?

이와 관련해 1960년대 정치학자 로버트 액설로드가 반복적인 죄수의 딜레마 게임에 대한 최상의 전략(컴퓨터 프로그램) 콘테스트를 벌였다. 죄수의 딜레마를 200회 반복하는 게임에, 14개 프로그램과 무작위로 전략을 선택하는 랜덤(random) 등 총 15개 프로그램이 참가해 겨뤘다. 어떤 프로그램이 우승했을까?

놀랍게도 컴퓨터 언어로 고작 4줄짜리 프로그램이 우승했다. 아나톨 래퍼포트라는 심리학자가 만든 '팃포탯(Tit for tat)'이었다. 팃포탯 전략은 다음과 같다. ① 처음에 협조로 시작한다. ② 상대가 협조하면 협조한다. ③상대가 배반하면 배반한다. ④ 이것을 반복한다. 즉 협조로 시작해서 그다음부터는 상대의 행동을 그대로 따라 하는 것이다. 팃포탯은 바로 '눈에는 눈, 이에는 이' 전략이다. 맞대응 전략, 되갚기 전략으로도 불린다. 팃포탯 전략의 승리는 고대사회의 탈리오 법칙이 효율적이었음을 말해준다. 그러나 팃포탯이 타의 추종을 불허하는 월등한 프로그램은 결코 아니었다. 액설로드의 죄수의 딜레마 게임은 총 200회 반복하는 것인데, 팃포탯은 평균 504점으로 간신히 우승했다.

팃포탯은 그 자신과 붙었을 때 가장 높은 600점을 얻었고, 12위 프로

구분		경기자 B	
		협력	배신
경기자 A	협력	3, 3	0, 5
	배신	5, 0	1, 1

그램과의 대결에선 최저인 225점에 그쳤다. 더구나 어떤 상대에게도 이기지는 못했다. 그럼에도 팃포탯이 우승한 것은, 지더라도 근소한 점수 차로 졌고 다른 경쟁자들이 상대적으로 더 약했기 때문이다. 이에 반해 마구잡이 전략인 랜덤은 평균 276점으로 15개 프로그램 중 최하위였다. 랜덤 프로그램은 그 자신과 붙었을 때 정확히 2분의 1 확률로 450점을 얻었고, 팃포탯 프로그램에는 1점 차(442대 441)로 이겼다. 하지만 다른 프로그램에는 형편없는 점수 차로 졌다.[5]

즉 팃포탯은 모든 결과를 종합했을 때는 우월한 전략이지만, 개별 게임에서는 그렇지 못했다. 단기 게임에서는 유리할 게 없지만 장기적으로 가장 덜 불리하다는 이야기다. 이에 반해 어디로 튈지 모르는 랜덤 전략은 게임 상황에서 결코 권할 게 못 된다. 상대방이 전략적 사고를 하는 한 최소의 보수밖에 얻을 수 없기 때문이다.

〈뷰티풀마인드〉의존내시가
미녀를외면한사연
내시 균형

"차들은 오른쪽 길, 사람들은 왼쪽 길/마음 놓고 길을 가자/새 나라의 새 거리……." 1962년 좌측보행 캠페인을 위해 정부가 만든 교통안전의 노래(윤석중 작사, 손대업 작곡) 가사다. 자동차는 우측통행, 사람은 좌측보행이 규칙이자 관습이었다. 그러던 것이 2010년 7월부터 사람도 자동차처럼 우측통행을 하도록 바뀌었다. 1921년 일본 총독부가 대한제국 시절 우측보행을 좌측보행으로 바꾼 이래 90년 만에 다시 우측보행으로 돌아간 것이다. 보행자와 자동차의 통행 방향을 통일하고 일제 잔재인 좌측보행을 바로잡자는 취지였다.

그로부터 3년이 지난 지금, 우측보행은 어느 정도 정착되어가고 있다. 그러나 여전히 별 생각 없이 좌측보행하는 사람들이 있어 피해 가야 할 때가 종종 생긴다. 물론 시행 초기에 곳곳에서 뒤죽박죽 뒤엉키고 부딪치고 눈흘기고 심지어 말다툼까지 벌였던 것을 생각하면 그래도 많이 나아진 편이다. 이렇듯 사회구성원 사이의 약속인 규칙과 관습은 쉽게 고치기 어렵다.

세계 각국의 자동차 통행 방향도 동일하지 않다. 한국 · 미국 · 중국 · 독일 · 프랑스 등 세계 70퍼센트 나라는 우측통행을, 영국 · 일본과 영국의 식민지였던 호주 · 인도 등 30퍼센트 나라에서는 좌측통행을 한다.

게임이론에서 우측통행과 좌측통행의 관습은 중요한 관심사 중 하나다. 이른바 주행게임이 그것이다. 만약 어느 날 정신을 차려보니 전혀 가본 적 없고 어딘지도 모르는 길 한복판에서 차를 운전하고 있다고 가정해보자. 표지판도, 중앙선도 없는 길을 달리는데 저 멀리 맞은편에서 차가 오는 모습이 보인다. 차를 좌우 어느 쪽으로 몰아야 할까?[6]

이는 전형적인 게임 상황이다. 마주 달리는 두 자동차가 각각 왼쪽과 오른쪽 또는 오른쪽과 왼쪽으로 달리면 충돌하게 된다. 무사히 지나가려면 둘 다 오른쪽이든 왼쪽이든 한 방향으로 달려야 한다. 사회구성원들이 한 방향으로만 다니기로 약속했다면 다른 표지가 없어도 충돌을 면할 수 있다. 여기에서 안전을 위한 한 방향의 통행 관습이 생겨났다. 이런 상황에서는 누구든 관습을 어기는 게 손해다.

이처럼 경기자들이 자신의 전략을 바꿀 필요가 없는 상태를 게임이론에서는 '내시 균형(Nash equilibrium)'이라고 부른다. 내시 균형은 상대방이 선택한 전략들에 대해 자신도 최선의 전략을 선택했을 때의 전략 조합이다. 내시 균형에 도달하면 다른 조건이 달라지지 않는 한 균형이 지속된다.

내시 균형은 미국 수학자 존 내시(John Nash)가 비협력 게임(경기자 간 교섭이 불가능한 게임)에서도 경기자 사이에 균형이 존재한다는 사실을 발견한 데서 비롯됐다. 서로 합의한 것이 아니어도 각자 최선의 선택을 했을 경우 굳이 전략을 바꿀 이유가 없는 상태에 도달한다는 이야기다. 그는 내시 균형으로 1994년 노벨 경제학상을 수상했다. 노벨상 수상식장에서 내시가 스웨덴 국왕과 10여 분간 나눈 대화 내용이 우측통행과 좌측통행에 관한 것이었다.

800여 명의 노벨상 수상자 가운데 영화나 스포츠 스타만큼 유명한 이는 아인슈타인과 내시 둘뿐이다. 내시가 유명해진 것은 노벨상 수상 때문이 아니라 영화 〈뷰티풀 마인드(A Beautiful Mind)〉(2001)의 실제 주인공이었기 때문이다. 천재이면서 평생 정신분열증으로 고생한 독특한 삶이 대중에게도 깊이 각인된 것이다.

영화에서 보듯이 젊은 시절 내시는 천재였다. 내시가 1948년 프린스턴 대 수학과 대학원에 진학할 때 학부 지도교수가 써준 추천서는 단 한 줄이었다. "이 남자는 천재다!"[7] 내시 균형을 발견한 것은 불과 22세 때(1950)였고, 「비협력 게임(Non-Cooperative Games)」이라는 27쪽짜리 논문으로 44년 뒤 노벨 경제학상까지 받았다. 게임이론의 시초는 존 폰 노이만과 오스카 모르겐슈테른의 『게임이론과 경제행동』이었지만, 폰 노이만은 주로 협력 게임(경기자들 사이에 구속성 있는 합의가 가능한 게임)을 연구했다. 하지만 현실 사회와 밀접한 것은 비협력 게임이었다. 그러한 맥락에서 게임이론을 본격적으로 개척한 사람은 존 내시라고 할 수 있다.

주행게임은 물론 죄수의 딜레마에서도 내시 균형이 성립한다. 단 주행게임은 내시 균형이 2개(둘 다 왼쪽 또는 둘 다 오른쪽)가 있지만 죄수의 딜레마는 하나(둘 다 배신)다. 상대방이 어떤 선택(배신, 협력)을 하든 자신에게는 배신이 유리한 전략이다. 만약 둘 다 협력했다면 형량을 최소화해 최적의 결과를 얻었겠지만 서로 배신함으로써 최적의 결과에 도달하지 못하게 되는 것이다.

내시 균형이 의미 있는 것은 애덤 스미스 이후 200년간 유지돼온 완전 경쟁시장의 균형 개념이 현실에서는 성립되지 않는다는 것을 입증했기 때문이다. 경제 주체들이 모두 이기적인 동시에 합리적이면 전체적으로 최적의 결과를 낳아야 할 텐데, 실제로는 죄수의 딜레마처럼 개인은 물론 사회적으로도 최선과는 거리가 먼 결과가 나타나는 것이다.

영화 〈뷰티풀 마인드〉에서 내시 균형을 착안하는 과정을 보여주는 장면이 흥미롭다. 내시(러셀 크로)와 친구들 넷이 바에 앉아 있는데 멋진 금발 미녀가 4명의 여자 친구와 함께 들어온다. 남녀 숫자가 5대 5인데 친구들은 오로지 미녀 1명에게만 관심이 쏠려 있다. 이때 한 친구가 외친다. "애덤 스미스가 말했지. 경쟁에서 개인의 야망은 집단의 이익에 이바지한다." 친구들 모두 고개를 끄덕인다. 이때 내시가 조용히 말한다. "애덤 스미스가 틀렸어!"(도판 7-2)

친구들이 의아해하자 내시가 설명한다. "우리가 모두 금발을 잡으려고 쟁탈전을 벌이면 아무도 그녀를 얻지 못해. 꿩 대신 닭이라고 그녀 친구들에게 다가가면 그녀들은 우리를 매몰차게 무시할 거야. 대타 기분 알잖아. 아무도 여자를 넘보지 않으면? 쟁탈전도 없고 그녀 친구들의 기분도 안 상해. 그게 다 같이 이기는 길이야. 다 함께 즐기는 길이지."

7-2 | 영화 〈뷰티풀 마인드〉에서 내시는 게임 참여자 모두가 가능한 한 최대의 이익을 얻는 균형 이론을 제시한다.

금발 미녀를 놓고 5명이 다투면 아무도 얻지 못하거나 1명만 행복해진다. 그러나 다투지 않으면 5명 모두가 행복해질 수 있다는 새로운 균형 상태를 제시한 것이다. 그런 상태라면 각자 전략을 바꿀 이유가 없다. 내시는 덧붙여 설명한다. "애덤 스미스는 최고의 이익은 개개인이 집단 안에서 자신의 이익을 위해 최선을 다하는 것이라고 했지. 그것은 불완전해. 최선의 결과는 자신의 이익은 물론 소속된 집단을 위해서도 최선을 다해야 실현되는 거야. 애덤 스미스가 틀렸어!"

내시 균형은 생산자가 소수인 과점시장에서의 균형을 설명하는 데 유용하다. 과점시장은 휴대폰, 텔레비전, 방송(지상파), 항공, 백화점, 맥주, 라면, 설탕, 밀가루 등 다양한 분야에서 찾아볼 수 있다. 과점시장의 기업들은 서로 상대방의 전략을 잘 알고 그에 대해 최선의 전략을 선택하여 내시 균형 상태에 이른다. 이때 각 과점기업들은 협조와 이기심 사이에서 갈등하게 마련이다. 과점기업들이 협력하면 독점기업과 같은 지위를 누릴 수 있지만, 각 기업의 이윤 동기(시장점유율을 높이려는 유혹) 때문에 공동이윤을 극대화하는 결과에 도달하지 못한다는 것이다. 그래서 과점시장의 생산량은 독점시장보다 많고 완전경쟁시장보다 적다. 과점 가격도 독점가격보다는 낮지만 완전경쟁시장 가격보다는 높다.[8]

물론 내시 균형에도 한계는 있다. 내시 균형에 도달하면 전략을 바꿀 필요가 없다는 점은 잘 설명해주지만, 어떻게 그런 균형에 도달하는지에 대해서는 설명하지 못한다. 또 가위바위보 같은 게임에서는 내시 균형이 존재할 수 없다. 한쪽이 특정 전략만 고수한다면(예컨대 가위만 낸다면), 그 전략을 간파한 상대방은 이득을 볼 것이다. 현실에서는 어쩌면 내시 균형을 찾을 수 없는 상황이 더 많을지도 모른다. 정작 내시 자신도 천재성과 정신분열증 사이에서 평생 삶의 균형을 찾지 못했다.

TIP

노벨상 받으려면 게임이론을 연구하라

 현대 경제학에서 가장 뜨거운 분야가 게임이론이란 사실은 1990년대 이래 노벨 경제학상 수상자들의 면면을 보면 알 수 있다. 1994년 게임이론 분야에서는 처음으로 존 내시, 존 하사니, 라인하르트 젤텐 등 게임이론의 선구자 3명에게 노벨상이 수여됐다. 게임이론이 1940년대에 처음 등장한 이래 진작부터 각광받아왔음에도 1990년대에야 첫 노벨상이 나온 것은 내시가 한 원인이었다. 그의 학문적 공로는 충분히 인정되지만, 오랫동안 정신분열증을 앓았기 때문에 노벨위원회가 수상자 선정을 망설여온 탓이다.

2000년대 들어서서는 게임이론의 독무대라고 할 정도였다. 2005년 로버트 아우만과 토머스 셸링, 2009년 최초의 여성 수상자인 엘리노어 오스트롬, 2012년 앨빈 로스와 로이드 섀플리 등 게임이론 연구자들이 줄줄이 노벨상을 수상했다. 아우만과 셸링은 게임이론을 통해 국제사회의 힘의 균형과 전쟁 억지력 등을 분석하며 갈등과 협력에 대한 이해의 폭을 넓혔다. 오스트롬은 정부 규제나 사유화가 아니더라도, 이용자들이 이해 충돌을 피하기 위한 규칙과 의사결정기법을 발달시키면 공유지의 비극을 해결할 수 있다고 주장했다. 로스와 섀플리는 협력하면 이득이 되는 안정적 배분이론과 시장설계 방식을 제시했다.

이 밖에도 게임이론을 분석 방법으로 활용해 이론을 발전시킨 수상자들도 적지 않다. 윌리엄 비크리는 정보가 불확실한 상황에서 전략적 사고가 필수인 경매이론을, 제임스 멀리스는 보험 가입 때의 모럴

해저드(도덕적 해이)를 연구해 1996년 공동 수상자가 됐다. 경매는 상대방의 전략에 따라 수시로 자신의 전략을 수정해야 하는 대표적인 게임 상황의 하나다. 2001년에는 중고차 시장에는 안 좋은 차만 나오게 된다는 레몬시장 이론으로 유명한 조지 애컬로프, 경제학에 신호라는 개념을 처음 도입한 마이클 스펜스, 정보경제학을 개척한 조지프 스티글리츠가 함께 수상했다. 이들은 시장 참가자들 간의 정보 비대칭과 상호작용에 따른 선택의 문제를 연구했다.

이쯤 되면 노벨 경제학상을 받으려면 게임이론을 연구하라는 말이 나올 법도 하다. 노벨 경제학상은 1969년 제정돼 주로 경제학의 거시 및 미시 이론에 고루 수여돼왔다. 그러나 1990년대부터는 이론 자체보다는 그 이론을 토대로 현실 문제를 어떻게 풀어가는지를 연구하는 미시경제학 분야의 학자들이 수상하고 있다. 그런 점에서 게임이론이나 정보경제학, 행동경제학 등은 노벨상 수상에 가장 근접해 있는 분야라고 볼 수 있다.

〈대부〉마피아들의
거절하지 못할 제안
신빙성 있는 위협

돈 코를레오네는 양아들 자니 폰테인을 영화에 출연시키기 위해 부하들을 동원해 영화제작자를 위협한다. 살해 위협을 가했을까? 아니다. 제작자가 잠자는 동안 그가 아끼는 말의 머리를 잘라 침대에 몰래 갖다놓은 것이다. 자다가 이상한 감촉에 깨어난 제작자는 이불을 들춰보고 혼비백산해 비명을 지른다.

너무나도 유명한 영화 〈대부(The Godfather)〉(1972) 1편의 말 머리 장면이다. 흰 시트와 흥건한 붉은 피의 대비는 관객 입장에서 결코 잊기 어려운 장면이다.(도판 7-3) 마피아를 소재로 한 영화답게 잔혹한 장면들이 많

7-3 | 영화 〈대부〉의 한 장면.

지만 이보다 더 공포감을 주는 광경은 없을 듯하다. 제작자는 죽음보다 더한 극한의 공포를 느꼈을 것이다. 원래 공포라는 것은 정작 당할 때보다 당하기 직전, 또는 곧 당할 것 같은 순간에 더 강하게 다가오게 마련이다. 상상 속에서 공포가 무한 증폭되기 때문이다.

영화 〈대부〉 시리즈는 작가 마리오 푸조(Mario Puzo)의 동명 소설을 원작으로 삼고 있다. 푸조는 『대부』, 『마지막 대부(*The Last Don*)』, 『오메르타(*Omertà*)』 등 마피아 소설 3부작을 남겼다. 특히 『대부』는 세계적으로 2,100만 부나 팔린 베스트셀러다.

영화 〈대부〉 시리즈는 비토 코를레오네(말론 브랜도)가 고향인 이탈리아 남부 시칠리아를 탈출해 미국으로 건너간 뒤 거대한 마피아 패밀리를 만들고, 아들 마이클(알 파치노)이 대를 이어 지하세계를 평정하는 과정을 그렸다. 비토는 돈 코를레오네로 불렸는데, 여기서 '돈(Don)'은 이탈리아어로 남성에 대한 경칭이지만 영화에선 마피아 두목을 가리킨다. 시칠리아 마피아들은 서로 혈연으로 뭉쳐 있고, 다시 가톨릭 세례를 통해 대부(代父)와 대자(代子)로 맺어지기에 어느 범죄 집단보다도 끈끈함을 과시했다.

이 영화에서 유명한 대사 중 하나가 "우리 아버지가 그에게 거절하지 못할 제안을 했다"는 말이다. 말로 안 되면 협박을 통해 안 될 일도 되게 만든다는 의미다. 영화제작자에게 보낸 유혈 낭자한 말 머리야말로 '거절하지 못할 제안'인 셈이다. 1920년대 미국 금주법 시대에 시카고를 주름잡은 알 카포네도 "친절한 말 한 마디에 총을 곁들이면 좀 더 많은 것을 얻어낼 수 있다"고 했다.' 카포네의 이 말은 마피아들의 전형적인 수법인 '거절하지 못할 제안'과 일맥상통한다.

경제학의 게임이론에도 마피아의 '거절하지 못할 제안'과 유사한 개념이 있다. 바로 '신빙성 있는 위협(credible threat)' 전략이다. 이는 게임 상대가 반드시 특정한 선택을 하거나 그렇게 행동하게끔 만드는 전략을 의미한다. 즉 상대가 선택할 수 있는 전략을 제한하는 것이다. 내가 반드시 그렇게 움직일 것이란 점을 상대가 인식한다면 그의 행동에는 제약이 따를 수밖에 없다.

한쪽이 양보하지 않으면 둘 다 파국(죽음)을 맞는 치킨게임(chicken game, 겁쟁이 게임)에서도 신빙성 있는 위협이 효과를 낼 수 있다. 1950년대 미국 젊은이들 사이에서 유행한 치킨게임은 영화에서 2가지 형태로 등장했다. 먼저 제임스 딘이 주연한 〈이유 없는 반항(Rebel Without A Cause)〉에서는 2대의 자동차가 낭떠러지를 향해 질주하다 먼저 멈추는 쪽이 지는 장면이 나온다.(도판 7-4) 또 〈웨스트사이드 스토리(West Side Story)〉에는 2대의 자동차가 마주 보고 달리다 먼저 핸들을 꺾는 쪽이 지는 방식의 치킨게임이 등장한다. 치킨게임에서는 겁쟁이(치킨) 소리를 듣는 치욕을 피하려다 둘 다 죽음에 이르는 일도 종종 있다.

하지만 이 경우 미리 신빙성 있는 위협을 가해 상대방의 전략 선택을 제한한다면 유리한 결과를 얻을 수 있다. 차를 출발하기 전에 자신의 두 손을 핸들에 쇠사슬로 꽁꽁 묶어 결코 피할 수 없게 된 모습을 상대방에게

7-4 | 영화 〈이유 없는 반항〉에 등장하는 치킨게임.

슬쩍 보여주는 것이다. 그 모습을 본 상대방은 고민하게 된다. "저놈은 절대 핸들을 꺾지 않을 거야. 그러면 나는 어떻게 하지?" 결국 자신의 전략은 '돌진'뿐임을 상대방에게 각인시켜 상대방에게 '회피' 외에는 다른 선택이 없게 만드는 것이다. 싸움을 할 때 웃통부터 벗어던지는 사람들이 있다. 이는 "나 이렇게 막가는 놈이야!"라고 상대방에게 심리적 위협을 가하려는 의도라고 할 수 있다.

신빙성 있는 위협은 주위에서도 흔히 발견할 수 있다. 경기도의 한 음식점은 종업원들에게 주변 식당보다 월등히 많은 임금을 준다. 단, 항상 친절해야 하며 손님에게 불친절한 모습이 적발되면 바로 해고한다는 조건이다. 맛있는 음식과 친절한 종업원들 덕분에 이 음식점은 늘 만원이다. 음식점 주인은 종업원들이 친절한지 일일이 감시할 수 없다. 그러나 음식점 곳곳을 볼 수 있는 CC-TV를 설치함으로써 종업원들이 손님들에게 친절한지 아닌지 확인할 수 있다. CC-TV가 신빙성 있는 위협으로 작용한 것이다. 장사가 잘된다면 CC-TV 설치에 든 비용(감시비용)쯤은 문제 될 것도 없다.

부모들이 떼쓰는 아이를 다룰 때도 신빙성 있는 위협 전략을 염두에 둘 필요가 있다. 떼를 쓰면 부모가 요구를 들어준다는 것을 알면 아무리 어린아이라도 떼쓰기를 무기로 쓸 줄 안다. 그러나 한 번이라도 떼를 썼는데 부모가 꿈쩍도 하지 않았다면 떼쓰기를 포기하게 될 것이다. 귀한 자식 매 한 대 더 때리고, 미운 자식 떡 하나 더 준다는 말이야말로 신빙성 있는 위협의 효과를 적절히 비유한 셈이다.

특급 명품 '에르메스'의 자해 협박 전략

일본 영화 〈전차남(電車男)〉(2006)의 주인공은 지극히 평범하면서 어수룩해 보이는 전형적인 오타쿠다. 그가 얼떨결에 전철 안에서 치한의 위협을 받던 아리따운 여성을 구해주자 여성은 고마움의 표시로 찻잔을 선물로 준다. 초고가 명품인 '에르메스(Hermes)' 찻잔이었다. 주인공은 혼자 그녀를 에르메스라고 지칭하며 급기야 짝사랑에 빠진다. 이 과정에서 PC통신을 통해 수많은 네티즌들이 그에게 연애 코치를 해주는 장면이 흥미롭다.

프랑스 명품 브랜드 에르메스는 이른바 '명품 중의 명품'으로 불린다. 에르메스가 그런 명성을 얻게 된 비결은 극소량만 생산하면서 최상의 품질을 유지하는 것이었다. 하지만 에르메스만의 독특한 가치 유지법이 큰 역할을 했다.

에르메스는 무엇보다 '재고'라는 개념을 아예 없애버렸다. 보통의 명품 브랜드들은 철 지난 재고 상품을 할인 판매하거나 아울렛에 보내 싼값에 처리한다. 그러면 에르메스는 어떻게 재고를 없앨 수 있었을까? 에르메스 한국지사에서 실제 있었던 일을 살펴보자.

2007년 5월 15일 경기도 안산시에 있는 부경산업 소각장에 개당 수백만 원짜리 핸드백, 원피스 등이 불속으로 던져졌다. 소각장에 넣기 전 금속제품은 망치로 무참히 부수고 섬유제품은 가차 없이 가위질이 가해졌다. 에르메스가 1997년 한국에 지사를 낸 이래 다섯 번째로 벌인 '재고 파괴' 행사였다. 수억 원어치 상품을 소각하는 만큼 소각 며칠 전에 관할세무

• Chapter 7 영화는 게임이론의 교과서
317

서인 강남세무서에 입회를 요청하는 공문도 보냈고, 소각 전 과정을 공인회계사 입회 아래 영상으로 담았다.[10]

재고 상품의 소각은, 아무리 안 팔려도 '에르메스 제품은 절대 세일을 하지 않는다'는 원칙을 잠재 고객들에게 강하게 각인시키는 효과가 있다. 이것이 에르메스가 의심할 여지 없는 '노 세일(no sale) 특급 명품'의 이미지를 굳히게 만든 방법이었다. 재고 소각이 고객들에게 '신빙성 있는 위협'으로 작용한 것이다.

조조는 왜 고육지계를
간파하지 못했을까
맹약의 문제

『삼국지(三國志)』의 백미는 단연 적벽대전(赤壁大戰)이다. 위(魏)나라 조조의 백만 대군이 장강에 도열해 있는데 이에 맞선 오(吳)나라 병사는 고작 5만이다. 오나라 총사령관 주유는 싸움에서 이기기 위해 조조로 하여금 거짓 정보를 믿게 할 방법을 고민한다. 그때 노장수 황개가 그 역할을 자청하고 나선다.

황개와 미리 말을 맞춘 주유는 전체 막료를 불러 모은 뒤 석 달치 군량을 즉시 확보하라 지시한다. 이에 황개가 항명하자 주유가 격노해 볼기의 살점이 터지도록 곤장 100대를 때린다. 이른바 고육지계(苦肉之計)다.

고육지계
적을 속이기 위해 자신의 몸을 상해가면서까지 꾸미는 계책.

이때 조조의 첩자로 오나라에 거짓 투항했던 채중·채화 형제는 황개가 오나라를 배반할 것으로 확신하고 조조에게 그렇게 보고한다. 조조는 황개의 거짓 항복을 믿고 그를 진지로 받아들인다. 그때 마침내 동남풍이 불자 오와 촉(蜀)의 연합군이 공격에 나선다. 그때 조조 진영에 있던 황개가 조조의 선단에 불붙은 배를 돌진시킨다. 이미 지략가 방통의 계략(연환계)으로 배들이 사슬로 연결된 조조의 선단은 한꺼번에 무너지고 적벽대전은 오·촉 연합군의 승리로 끝난다.

7-5 | 영화 〈적벽대전〉의 한 장면.

중국 영화 〈적벽대전(赤壁: Red Cliff)〉(2008)은 오우삼 감독이 나관중의 『삼국지연의(三國志演義)』를 각색한 작품이다.(도판 7-5) 스펙터클한 전쟁 장면에다, 양조위(주유 역), 금성무(제갈량 역) 등 중화권 톱스타들이 대거 출연해 인기를 모았다. 영화에서는 정작 황개의 고육지계나 방통의 연환계를 직접 보여주지 않지만, 이런 전략이 빠졌다면 적벽대전은 그냥 무수한 전투 중의 하나였을 것이다. 고육지계를 통해 게임이론의 새로운 개념을 알아보자.

조조는 의심이 많기로 유명한 인물이다. 황개가 충성스런 장수임을 알기에 그의 항복을 의심하는 게 당연하다. 황개가 아무런 사전조치 없이 투항했다면 조조는 믿지 않았을지도 모른다. 조조는 이미 채중·채화 형제를 거짓 투항시켜 오나라의 정보를 수집하고 있었다. 따라서 조조로 하여금 황개가 정말로 투항했다고 믿게 만들려면 특단의 조치를 취하는 수밖에 없었다. 그것은 황개가 초주검이 되도록 곤장을 맞는 것이다. 늙고 충성스런 장수가 사령관에게 항명했다가 목숨을 잃을 뻔했다는 사실이 전해지고 나서야 조조는 황개를 믿게 된 것이다.

앞서 살펴본 신빙성 있는 위협을 통해 실제로 상대방을 원하는 방향으로 움직이게 하려면 더 확실한 무언가가 필요하다. 하지만 죄수의 딜레마에서 보듯이 게임 당사자들은 상대방에게 신빙성 있는 위협(또는 약속)을 할 수 없기 때문에 최적의 결과에 도달하지 못한다. 게임이론에서는 이를 '맹약(盟約)의 문제(commitment problem)'라고 부른다.[11]

이 경우 맹약의 문제를 해결할 방법, 즉 '맹약 수단(commitment device)'이 필요하다. 맹약 수단은 신빙성 있는 위협이나 약속이 상대방에게 확실히 인식되게 하는 말이나 행동을 가리킨다. 늙은 장수 황개는 피가 터지고 살이 너덜거리도록 곤장을 맞음으로써 조조에게 신빙성 있는 약속(투항한다는 사실)을 믿게 만들었다.

전쟁사에 종종 등장하는 배수진(물을 등지고 전투에 임하는 전략)도 마찬가지다. 배수진은 아군은 물론 적에게도 더 이상 물러설 곳이 없음을 공공연히 알리는 것이다. 신빙성 있는 위협이 될 만하다. 하지만 배수진은 지형상 불리한 조건을 감수해야 하므로 그만큼 실패 가능성도 높다. 임진왜란 때 신립(申砬) 장군이 전략적으로 유리한 문경새재를 포기하고 배수진을 쳤다가 패배한 사례도 있다.

따라서 그냥 배수진을 치기보다는 이를 더욱 강력한 심리적 무기로 만들 추가적인 조치가 필요하다. 즉 죽음을 각오하고 싸우는 것 외에 다른 대안이 전혀 없음을 보여주는 맹약 수단이 있어야 신빙성 있는 위협이 더욱 효과를 발휘할 수 있다. 대표적인 사례가 1066년 영국을 정복한 노르망디 공 윌리엄과, 1519년 불과 600명의 병사로 50만 인구의 아즈텍 제국을 무너뜨린 스페인의 코르테스다. 윌리엄과 코르테스가 보여준 맹약 수단은 타고 온 배를 불사르는 것이었다. 이제 병사들에게는 전투에서 결사적으로 싸워 이기는 것 외에는 돌아갈 아무런 대안이 없다. 물러설 곳이 전혀 없는 군대와 지킬 것과 피할 것이 많은 군대가 맞붙었을 때 승패는 불 보듯 뻔할 것이다.

중국 고사성어 '파부침주(破釜沈舟)'도 대표적인 맹약의 수단이다. 파부침주란 밥 지을 가마솥을 깨뜨리고 타고 돌아갈 배를 가라앉힌다는 뜻이다. 진(秦)나라를 치기 위해 군사를 일으킨 항우가 강을 건너자마자 타고 온 배를 가라앉히고 솥을 깨뜨린 데서 유래했다. 살아 돌아가려면 싸워 이기는 수밖에 없는 상황을 만든 것이다.

게임이론에서 맹약의 문제는 대개 자신의 이익과 일치하지 않는 방식으로 행동하는 것을 약속함으로써 더 유리한 선택이 이루어지게 한다. 1982년 전전자교환기를 개발할 당시의 일화는 맹약 수단의 사례로 꼽을 만하다. 한국전자통신연구소(ETRI) 소장과 연구원들은 '신명을 바쳐 개발에 최선을 다하되 실패하면 어떤 처벌도 받겠다'는 내용의 각서를 피로 써서 정부에 보냈다고 한다. 30여 년 전 당시로선 엄청난 돈인 240억 원의 개발비를 받기 위해 정부에 믿음을 심어줄 필요가 있었던 것이다.

레스토랑 주인도 대개 맹약의 문제에 직면해 있다고 할 수 있다. 레스토랑 주인은 손님이 즐겁게 식사하고 다음에 다시 찾도록 웨이터가 좋은 서비스를 제공하기를 희망한다. 이를 위해 웨이터에게 별도의 돈을 지불할 용의도 있다. 웨이터도 추가로 돈을 받을 수 있다면 좋은 서비스를 제공할 용의가 있다. 하지만 주인은 돈을 지불하더라도 웨이터가 항상 좋은 서비스를 제공하는지 감시할 수가 없다. 이를 해결할 방법을 찾지 못하면 레스토랑 주인은 별도의 돈을 지불하기를 꺼리게 되고, 웨이터도 좋은 서비스를 제공하지 않아 모두 손해를 보게 된다. 모두에게 좋은 결과는 웨이터 스스로가 좋은 서비스를 제공하도록 맹약 수단을 찾는 것이다. 이 때문에 레스토랑 주인들은 손님들이 식사 후 팁을 남기도록 유도한다. 손님들은 웨이터의 서비스 품질을 늘 감독할 수 있는 위치에 있기 때문이다. 손님은 미래에도 좋은 서비스를 기대해 팁을 남기고, 웨이터는 서비스의 질에 따라 팁이 달라지기에 좋은 서비스를 제공할 강력한 유인을 갖게 된다.[12]

우리나라는 팁 문화가 활성화돼 있지 않지만 미국 레스토랑의 웨이터는 봉급이 거의 없는 경우가 많다. 대신 음식값의 15퍼센트가량을 팁으로 받는다. 하지만 팁과 같은 맹약 수단이 늘 효과적으로 작동하는 것은 아니다. 예를 들어 다시 들를 가능성이 희박한 다른 도시의 레스토랑에 갔다면 집 근처 레스토랑보다 후한 팁을 낼 가능성이 별로 없을 것이다. 따라서 단골손님과 다시 올 가능성이 별로 없는 뜨내기손님에 대한 접대가 달라지게 마련이다. 고속도로 휴게소 식당도 마찬가지다. 따라서 이런 경우 종업원의 서비스가 필요 없는 카페테리아 형태가 보통이다.

마피아들에게는 그들만의 맹약의 수단이 있다. 오메르타(omertà)라고 부르는 침묵의 계율이다. 마피아 조직원이 되려면 무슨 일이 있어도 조직의 비밀을 지키고 경찰에 협조하지 않는다는 침묵의 계율을 맹세해야 한다. 이를 어기는 것은 곧 죽음을 뜻한다. 죄수의 딜레마와 같은 상황이 수시로 벌어지는 범죄 조직의 세계에서 오메르타가 없다면 배신이 난무할 것이다. 마리오 푸조의 『오메르타』는 침묵을 명예로 여기는 시칠리아의 계율을 소재로 삼은 소설이다. 마피아의 본거지인 시칠리아에는 "듣지도 보지도 않고 조용히 있는 자만이 100년을 편안하게 살 수 있다"는 속담도 있다.

워너브라더스의 1999년작 〈애널라이즈 디스(Analyze This)〉의 촬영 과정에서 벌어진 일이다. 주인공인 갱 두목(로버트 드니로)과 그의 정신과 주치의(빌리 크리스털)는 둘 다 가수 토니 베넷의 광팬으로 등장한다. 영화 시나리오에는 베넷이 노래를 부르는 장면도 들어 있다. 드니로는 영화 제작에 들어간 1997년 말 한 파티에서 이미 일흔이 다 된 베넷을 만나 영화 출연을 요청했다고 한다. 하지만 베넷은 그 후 1년간 아무 연락을 받지 못했다. 워너브라더스 측은 나중에야 베넷과 접촉해 노래 부르는 장면을 찍는 조건으로 1만5,000달러를 제시했다. 이 과정에서 워너브라더스는 치명적인 실수를 저질렀다. 영화 촬영이 거의 끝났음을 베넷 측에 알린 것이다. 이제 칼자루는 워너브라더스가 아닌 베넷이 쥐게 되었다. 결국 워너브라더스는 베넷이 등장하는 짧은 장면을 찍는 대가로 20만 달러를 지불해야 했다.[13] 워너브라더스는 섭외 담당자의 게으름과 협상에 대한 무지 탓에 1만 5,000달러의 13배를 지출하게 된 것이다. 섭외 담당자가 똑똑했다면 촬영에 앞서 미리 베넷과 계약하거나, 그가 아니더라도 다른 가수로 대본을 바꿀 수 있음을 베넷에게 넌지시 내비쳤어야 했다. 그랬다면 베넷이 비싼 돈을 요구하기 어렵고, 설사 요구했더라도 대본을 수정하면 그만이었다. 하지만 베넷이 촬영이 다 끝났다는 사실을 알게 된 상태에서 출연을 거부하면 영화를 완전히 새로 찍어야 한다. 그럴 경우 베넷에게 20만 달러를 주는 것보다 몇 배의 돈이 더 들 것이다. 결국 워너브라더스는 장기의 외통수와 같은 상황을 자초한 셈이다.

날마다밤새는
〈하버드대학의공부벌레들〉
위치적 군비경쟁

　1970년대 초 미국 북부 시골 미네소타 주에서 대학을 졸업하고 하버드 법학전문대학원(로스쿨)에 들어간 하트는 첫 시간부터 킹스필드 교수의 집요한 질문 세례를 받고 이른바 '멘붕'에 빠진다. 질문이 꼬리를 무는 그 유명한 소크라테스 강의법에 좀체 정신을 차릴 수 없었기 때문이다. 하지만 하트는 그런 킹스필드 교수를 두려워하면서도 존경하게 되고, 수업 준비를 위해 스터디 그룹을 만들어 판례들을 공부한다. 하트는 킹스필드 수업에서 두각을 나타내고 미지의 여인 수잔과 사랑에 빠진다. 그러나 수잔이 킹스필드 교수의 딸이란 사실을 뒤늦게 알게 되면서

7-6 | 영화 〈하버드 대학의 공부벌레들〉의 한 장면.

갈등한다. 힘겨운 법학 공부와 사랑을 병행할 수 있을지 고민하고 좌절하지만 끊임없는 노력 끝에 킹스필드의 인정을 받고 사랑도 이룬다.

제임스 브리지스 감독의 1973년작 〈하버드 대학의 공부벌레들(The Paper Chase)〉의 줄거리다. 원제인 'The Paper Chase'는 우리말로 직역하면 '학위 쟁취하기'가 된다.(도판 7-6)

저승사자와도 같은 킹스필드 교수는 집요하고 까다로운 질문으로 학생들을 골탕 먹이는 것으로 악명 높다. 한번은 한 남학생이 답을 못해 쩔쩔 매자 10센트짜리 동전을 주며 큰 소리로 말한다. "가서 자네 어머니에게 전화하게. 자네는 절대 변호사가 못 될 거라고." 창피당한 학생은 강의실 150명 학생들 사이를 걸어 나가며 외친다. "킹스필드, 이 개자식아!" 그러자 킹스필드 교수가 말한다. "자네가 처음으로 말 같은 말을 했군. 다시 와서 앉게. 내가 너무 속단했는지도 모르겠군."

영화 속 배경이 미국 최고 명문이라는 하버드 로스쿨인 만큼 수재들의 공부 방식이 흥미를 끈다. 누구나 수재라고 자부했지만 하버드라는 울타리 안에서 그들은 항상 낙제를 걱정하는 신세다. 심지어 자살을 기도하는 학생도 있고, 못 견뎌 그만두는 자퇴생도 수두룩하다. 카리스마 그자체인 킹스필드 교수의 강의 시간에 망신당하지 않기 위해 밤낮 죽기 살기로 공부한다.

하지만 모든 학생이 밤샘 공부를 하면 어떻게 될까? 석차를 올리기가 여간 어렵지 않을 것이다. 내 석차가 한 계단 올라가려면 누군가는 나보다 뒤로 처져야 할 테니까. 석차가 떨어진 경쟁자는 더 분발해 만회하려

할 테니 이전보다 더 열심히 하지 않고서는 석차를 유지하기가 쉽지 않다. 결국 학생들의 공부 시간은 경쟁적으로 늘어나고, 하버드 대학 공부벌레들처럼 매일 밤샘을 해야 하는 상황이 생기는 것이다.

이처럼 한쪽의 순위가 올라가면 다른 쪽의 순위가 내려가는 형태의 경쟁을 경제학에서는 '위치적 군비경쟁(positional arms race)'이라고 부른다. 적대국보다 우세한 전력을 갖기 위해 끊임없이 군비를 늘리는 국가 간 군비경쟁에 비유한 개념이다. 실제로 1980년대 두 강대국 미국과 소련은 핵무기, 우주 개발 등에서 무한 경쟁을 벌였다. 그러나 이런 군비경쟁은 서로의 노력이 상쇄되어 효과는 미미하게 마련이다. 만약에 미국이 군비로 100억 달러를 쓰고 소련이 90억 달러를 썼다면 미국은 소련보다 더 쓴 10억 달러만큼만 전력 보강 효과가 있는 반면, 소련은 90억 달러를 쓰고도 (미국의 전력을 넘지 못했기 때문에) 결과적으로는 달라지는 게 없다. 군비경쟁 끝에 두 나라 모두 재정이 심각하게 악화됐다. 미국은 재정적자가 눈덩이처럼 불어났고, 경제력에서 뒤진 소련은 아예 체제가 붕괴되어 소비에트연방이 해체되는 사태를 맞았다.

위치적 군비경쟁의 사례로는 상대평가로 매기는 성적, 각종 스포츠의 세계 랭킹 등을 꼽을 수 있다. 스포츠 중에서도 육상·수영처럼 기록으로 순위가 매겨지는 경기가 아니라, 골프·테니스처럼 상대 전적으로 순위가 정해지는 경우가 여기에 해당된다. 좋게 보면 경쟁과 효율의 극대화이고, 나쁘게 보면 너의 불행이 나의 행복이 되는 상황이다.

이런 군비경쟁은 쉽게 과열되어 끝없는 소모전으로 치닫기 쉽다. 그런 경우 금전, 자원, 인력 동원 능력이 우세한 쪽이 절대적으로 유리해서 공정한 경쟁이 되기 어렵다. 따라서 시험이나 스포츠에서는 소모적 경쟁을 제한하는 장치를 두어 참가자들이 동일선상에서 출발할 수 있도록

한다. 군비경쟁이 과열돼 견딜 수 없는 지경으로 치달으면 당사국 간에 '군비축소(군축)협약'을 맺게 되는 것과 같다. 전략무기감축협정, 핵확산방지조약 같은 것들이 대표적인 군축협약이다.

스포츠에서도 군비경쟁이 심한 만큼 군축협약도 광범위하게 적용되고 있다. 프로골프선수가 대회에 나갈 때 골프채를 14개까지만 허용하는 것이나, 포뮬러1(F1) 자동차 경주대회에서 참가하는 머신(납작한 초고속 경주용 차)의 엔진 용량을 2.4리터 이하로 제한하고 자연공기 흡입방식, 엔진의 분당 회전수 1,800rpm 이내를 지켜야 하는 규정이 그러하다. 이런 규제가 없다면 골프채를 40-50개쯤 가져가거나, 속도를 높이기 위해 머신의 엔진을 얼마든지 개조할 수도 있어 참가자의 기량보다는 장비 싸움이 될 것이다.

프로야구에서 한 팀 엔트리에 드는 선수를 25명 이내로 묶는 것도 마찬가지다. 경기가 재미있으려면 각 팀의 전력 차가 크지 않아야 한다. 엔트리 제한이 없다면 돈 많은 구단은 투수만 20-30명쯤 확보해 경기에 나설 테니 결과는 너무 빤할 것이다. 출발선이 같지 않은 경쟁은 공평하지 않거니와 관중의 흥미를 끌기도 어렵다.

입시 과열을 완화하기 위한 장치로서의 군축협약도 있다. 대입 논술시험에서 "2,000자 이내로 답하시오"와 같은 글자수 제한이 대표적이다. 답안의 글자수에 제한이 없다면 수험생들은 시간이 허락하는 한 답안을 늘려 쓸 것이다. 기업이 신입사원을 채용할 때 자기소개서에 분량 제한을 두는 것도 마찬가지 이유다. 수능시험 문제를 교과서, EBS와 연계해서 출제하는 것에도 과도한 사교육 등 소모적인 군비경쟁을 줄이기 위한 의도가 담겨 있다.

시장에서 경제 주체 간의 경쟁은 경제적·사회적 효율을 극대화하는 수단임에 틀림없다. 독점기업이나 공기업 한두 곳뿐인 분야가 민간 기업끼리의 경쟁이 활발한 분야보다 효율적일 수는 없다. 하지만 경쟁 양상이 위치적 군비경쟁인 경우에는 개인의 노력이 오히려 전체의 이익을 해칠 수도 있다. 이런 사회적 소모전을 예방하기 위해 군축협약 성격의 사회적 규범이나 법적 규제가 생겨나는 것이다. 이는 경쟁 제한이 아닌 공정 경쟁을 위한 장치로 볼 수 있다. 물론 하버드 대학 공부벌레들은 웬만해서는 군축협약에 동의하지 않을 테니, 오늘도 긴 밤을 하얗게 새우고 있을 것이다.

범생이와 금발이 놀림받는 이유

미국 학생들의 속어로 '너드(nerd)'라는 말이 있다. 우리말로는 '볼품 없는 모범생', '컴퓨터만 아는 괴짜'쯤 된다. 공부(특히 수학·과학)는 잘 하지만 도수 높은 안경을 쓰고, 체격은 볼품없으며, 운동도 못하고, 사회성도 모자라고, 무엇보다 남자라면 여학생에게 인기가 없는 스타일이다. 비슷한 말로 'geek(괴짜)', 'dork(얼간이)'가 있고, 일본의 '오타쿠'와도 통한다. 빌 게이츠나 아인슈타인 같은 천재들도 학창 시절에는 너드로 불렸을 것이다.

금발의 여성을 가리키는 블론드(blonde)는 아름다움의 상징이지만, 동시에 머리가 텅 빈 여성을 뜻하기도 한다. 1950년대 마릴린 먼로의 등장으로 남성들의 금발 선호가 두드러지면서 '금발은 예쁘지만 멍청하다'는 통념도 널리 확산됐다. 미국에서 블론드에 관한 유머는 우리나라의 참새 시리즈만큼이나 다양하다. 예컨대 "왜 블론드는 911(한국의 119와 동일)을 누르지 못할까?" "전화 다이얼의 11번을 못찾아서" 같은 식이다.

범생이와 금발을 놀림감으로 만드는 문화에서도 위치적 군비경쟁의 일면을 발견할 수 있다. 학생들에게는 공부가 본업이지만 수학·과학은 누구에게나 어렵다. 여성들도 더 예뻐 보이고 싶지만 누구나 쉽게 예뻐지는 것은 아니다. 그런데 너드와 블론드는 그런 경쟁에서 탁월한 존재들이다. 수학·과학이 어려운 대다수 학생과 금발이 아닌 여성들에게 너드와 블론드는 달갑지 않은 존재일 것이다. 따라서 이른바 범생이와 금발을 놀림감으로 만들어 만족감을 얻으려는 분위기가 형성된다. 피곤한 위치적 군비경쟁을 피하고 싶은 대중의 암묵적인 군축협약인 셈이다.

할리우드는 이런 통념을 토대로 한 코미디 영화들로 짭짤한 재미를 보기도 했다. 1984년작 〈너드의 복수(Revenge of the Nerds)〉는 어느 대학 두 범생이의 기발한 활약상(?)을 그렸다. 그들은 엄청난 덩치의 미식축구 선수들에게 늘 괄시받는 대상이었지만, 비상한 두뇌로 그들을 골탕 먹이고 미녀 치어리더를 차지한다. 리즈 위더스푼이 주연한 2001년작 〈금발이 너무해(Legally Blonde)〉는 남자친구가 미래지향적 여성이 좋다며 자신을 차버린 데 격분한 금발 주인공이 악착같이 공부해서 하버드 대학에 간다는 블론드의 분투기다. 싸움에선 상대가 안 되는 너드, 공부를 못할 것 같은 금발머리가 보여준 반전이었기에 흥미를 유발했다.

1990년대 〈원초적 본능〉으로 세계적인 섹시스타가 된 샤론 스톤은 원초적 금발이지만 아이큐 148에 독서광으로도 유명하다. 그는 자신이 늘 섹시 아이콘으로만 부각되는 데에 이렇게 불만을 토로한 적이 있다. "내 영혼은 블론드가 아닙니다."

프라다를 입으면
악마가 될까

신호와 선별

2006년 영화 〈악마는 프라다를 입는다(The Devil Wears Prada)〉는 그야 말로 명품의 향연이다. 세계 최고 패션 잡지 『런웨이』의 카리스마 넘치는 편집장 미란다(메릴 스트립)는 온갖 모피와 발렌티노의 블랙드레스로 범접하기 어려운 기품을 보여준다. 명문대 출신이지만 패션과는 거리가 먼 기자 지망생에서 얼떨결에 미란다의 비서가 된 앤디(앤 해서웨이)의 깜짝 놀랄 만한 스타일 변신도 흥밋거리다. 앤디가 맨해튼 번화가에서 스타벅스 커피와 쇼핑백 여러 개를 들고 하이힐을 신은 채 바삐 뛰는 모습은 일의 고단함을 보여주는 장면이지만, 일부 여성들에게는 이마저도 경탄과 동경의 대상이 될 것이다.

영화 내내 프라다, 샤넬, 디오르, 펜디, 도나카란, 캘빈 클라인 등 유명 브랜드는 물론 오스카 드 라 렌타, 빌 블라스 등 생소한 브랜드까지 수시로 등장한다. 특히 명품 구두 지미추는 영화의 상징처럼 자주 등장한다. 영화 속에서 선배는 앤디에게 "지미추를 신는 순간 너는 이미 악마에게 영혼을 판 거야"라고 조언 겸 경고를 하기도 한다.

요즘에는 여성뿐 아니라 남성들 중에도 한껏 멋을 부리는 명품족이 적지 않다. 신사복, 캐주얼, 구두는 물론 명품 시계도 불티나게 팔린다. 외모를 가꾸는 데 투자를 아끼지 않는 40-50대 중년 남성들까지 이 대열에 들어설 정도다. 오죽하면 가격이 수천만 원에서 수억 원에 이르는 명품 시계를 '손목 위의 자동차'라고 부를 정도다.

사람들은 왜 명품에 빠져들까? 이에 관해 널리 알려진 설명이, 경제학자 소스타인 베블런 (Thorstein Veblen)이 『유한계급론(*The Theory of the Leisure Class*)』에서 제시한 '과시적 소비'다. 이는 쉽게 말해, 부티 나고 남보다 우월해 보이려는 행위라 할 수 있다. 어느 계층이든 감당할 수준을 넘어, 필요 이상으로 과도한 소비를 한다는

> **『유한계급론』**
> 자본주의 사회의 유한계급을 신랄하게 비평한 사회경제학 비평서. 1899년 미국에서 출판되었다. 이 책에서 저자는 유한계급의 과시적 소비와 여가는 스스로의 경제적 약탈 능력을 드러내어 다수의 대중을 능가하려는 수단에 불과하다고 주장했다.

것이다. 특히 생산노동에 관심이 없고 재산에 기대 비생산적 소비생활을 하는 유한계급은 대량생산이 아닌 수공업으로 한정된 재료를 이용해 만든 희소성 있는 재화를 선호한다는 것이 베블런의 관찰이다.

프랑스 철학자 장 보드리야르(Jean Baudrillard)의 '기호소비론'도 널리 회자되고 있다. 보드리야르는 20세기를 소비가 미덕인 소비사회로 규정하고, 상품의 기능보다는 그것을 통해 얻을 수 있는 권위와 위세, 즉 기호

를 소비하는 것이라고 주장했다. 브랜드 선호가 바로 기호 선호와 통한다.

그러나 명품을 옹호하는 사람들은 비싸기는 해도 품질과 디자인이 뛰어나고 오래 쓸 수 있어 무조건 과시적 소비로 폄하하는 것은 편견이라고 반박한다. 싼 게 비지떡이고, 적어도 5년 이상 쓸 물건이면 비싼 것을 사라는 말처럼 명품 구매가 오히려 합리적 소비라는 주장도 편다. 수많은 대중이 선망하고 신뢰하는 브랜드라면 그 자체가 품질의 보증수표라는 것이다. 물론 일리 있는 말이지만, 이른바 '짝퉁'이 성행하는 세태를 보면 지나친 명품 선호에 대한 자기합리화라는 비판도 나온다.

명품 선호는 베블런 식의 과시적 소비만으로는 설명할 수 없는 다양한 경제적·사회적·심리적 함의를 갖는다. 경제학에서는 명품 소비를 일종의 '신호 보내기(signaling, 드러내기)' 사례로 본다. 신호 보내기란 정보를 가진 쪽이 상대에게 자신의 정보를 신빙성 있게 전달하기 위해 취하는 행동을 가리킨다. 즉 '남들과 다르다'는 나만의 정보는 상대방이 잘 알지 못한다. 영화 〈타짜〉에서 정마담(김혜수)이 외친 "나 이대 나온 여자야"가 바로 그런 사례다. 이럴 때 적극적으로 나를 알리는 모든 행위가 바로 신호 보내기다.

신호를 보내는 이유는 나와 상대 사이에 정보 비대칭이 존재하기 때문이다. 정보의 차이는 사람들의 선택과 거래 방식에 영향을 미친다. 정보 비대칭 현상은 워낙 광범위하게 존재하기에 현대 경제학에서 연구가 가장 활발한 분야 중 하나다.

그런 관점에서 명품 구매는 소유자가 고가 상품을 살 만한 경제력이 있고, 개성을 표현할 줄 아는 안목을 지녔음을 드러내는 신호다. 신호 보내기의 대표적인 영역이 바로 짝짓기다. 서로를 모르는 상태에서 선택해야 하므로 상대방에게 자신을 알리는 신호가 절대적으로 필요하다.

양쪽 모두 자신의 매력과 아름다움을 적극적으로 드러내기 위해 다이어트, 노출 패션에다 하이힐 또는 킬힐을 신거나 식스팩 복근을 만들고 심지어 성형수술도 마다하지 않는다. 여성이 44사이즈를 고집하고, 근육질 남성이 쫄티를 즐겨 입는 것도 신호 보내기의 전형이다. 자신이 몸 관리에 철저하다는 유력한 증거가 되기 때문이다.

신호 보내기는 동물들도 다를 바 없다. 공작새의 화려한 깃털, 사자의 풍성한 갈기, 사슴의 커다란 뿔 등이 모두 수컷이 암컷에게 보내는 신호가 된다. 깃털이 화려한 공작일수록 위험 상황이 닥쳤을 때 더 피하기 어려울 것이다. 수사자의 커다란 갈기는 보기에는 멋져도 아프리카의 뜨거운 날씨에 패딩점퍼를 입은 것처럼 체온을 높이는 요인이다. 사슴의 뿔은 수컷들끼리의 다툼에서 유리하지만 도망칠 때는 되레 핸디캡이 된다. 하지만 갈기가 풍성한 사자와 큰 뿔 사슴이 더 많은 암컷을 차지하고, 더 많은 유전자를 후대에 남길 수 있기에 진화에서 우월한 위치에 선다.

다윈은 그 이유를 성에 관한 한 암컷에게 선택권이 있는 '암컷 선택(female choice)' 때문이라고 보았다. 장시간 뱃속에서 새끼를 길러야 하는 암컷은 생식과 양육에 엄청난 투자를 해야 하기에 신중한 반면 수컷은 그렇지 않기 때문이다.[14] 그런 점에서 신호 보내기가 효과적이려면 비용이 든다. 신호에 아무런 비용이 들지 않는다면 너도나도 자신을 드러내려 할 것이다. 이럴 경우 아무런 변별력을 가질 수 없으므로 신호로서의 효과도 없다. 효과가 높은 신호일수록 비싸게 마련이다. 비용이 많이 든다는 이야기다.

진화심리학에서는 남성이 여성에게 구혼할 때 주로 다이아몬드 같은 고가의 선물을 주는 것도 자신의 자원을 적극 투입할 의사가 있다는 신호 보내기로 본다. 이때, 호사스럽지만 본질가치가 결여된(비싸지만 쓸모

없는) 물건일수록 구혼 과정의 진행을 촉진한다는 것이다.[15] 아울러 보석, 명품, 고급 승용차, 드넓은 저택, 비행기 일등석 등을 구입하는 것은 그 자체의 효용도 있겠지만, 자신의 부와 능력을 타인에게 과시할 수 있는 수단이 된다.

정보를 가진 쪽이 신호를 보내는 데 주력한다면, 정보를 갖지 못한 쪽에서는 상대의 정보를 알아내려고 애쓸 것이다. 이것을 신호 보내기에 대응하는 '선별하기(screening, 골라내기)'라고 부른다. 명품은 신호 보내기 수단이지만, 구매할 때는 진품인지 가짜인지를 가려내야 하는 선별의 대상이다. 따라서 명품 회사들도 모방이 쉽지 않은 로고, 장식, 재질, 디자인 등을 제품에 반영한다. 쉽게 말해 신호 보내기는 "나 잘났다!"이고, 선별하기는 "뭐가 잘났는데?" 또는 "진짜 잘났나 보자"로 생각하면 크게 다르지 않다.

신호와 선별이 작동하는 영역은 수없이 많다. 당장 기업의 브랜드 광고나 특정 지역의 식당들이 내건 원조 간판부터가 그렇다. 더 자극적인 광고나 너도나도 원조라는 간판을 내거는 것은 신호 보내기의 대표적 사례다. 하지만 넘치는 신호 속에서 옥석을 가려내는 선별은 쉽지 않다.

취업 시장은 어쩌면 정보 비대칭이 가장 심한 영역인지도 모른다. 수많은 입사지원자 가운데 누가 성실하고 일을 잘하는지는, 뽑아서 일을 시켜보기 전에는 알 길이 없다. 반면 지원자는 자신이 생산성이 높고 성실하다는 점을 최대한 알리려 한다. 따라서 명문대 졸업, 우수한 성적, 석·박사 학위, 외국 유학·연수, 토익·토플 성적 등 이른바 스펙을 내세운다. 입사지원자들의 자기소개서를 보면 자신의 본래 모습이 아니라 누구나 그래야 할 것 같은 '워너비(wanna-be)'를 묘사하는 게 보통이다. 그러나 누구나 이런 신호를 보낸다면 효과를 기대할 수 없다.

최근 취업 시장에서의 차별을 철폐하기 위해 입사지원서에서 스펙을 빼라는 요구가 거세다. 물론 차별은 사라져야 하며, 실제로 채용에서 차별하지 않는 기업이 차별하는 기업보다 장기적으로 높은 성과를 올린다는 사실도 입증되었다. 하지만 회사 입장에서는 지원자들의 무엇을 보고 채용할지 고민이 아닐 수 없다. 일을 시켜보는 게 가장 좋지만 현실적으로 가능한 방법이 아니다. 스펙의 영향을 최소화할 해법은 무엇일까?

　역설적으로 해고 절차를 완화하는 것도 한 방법이 될 수 있다. 물론 기업이 그것을 악용할 가능성을 철저히 차단한다는 전제가 있어야겠지만, 불성실하거나 스펙만 화려하고 능력은 없는 직원을 해고할 수 있다면 굳이 기업이 스펙에 얽매일 이유가 없다. 높은 스펙이 성실성과 생산성을 담보하는 보증수표도 아니다. 기업은 일을 시켜보고 평가하므로 선별하는 부담을 덜고, 지원자는 일을 통해 자신의 성실성과 생산성을 입증할 유인을 갖게 된다.

TIP

레몬시장과 역(逆)선택

중고차 시장에 나와 있는 자동차의 품질은 도무지 종잡을 수가 없다. 그 차가 비 피해로 물에 잠겼었는지, 어떤 사고 경력을 갖고 있는지, 눈에 잘 안 띄는 흠집 등에 대해 알지 못하기에 부르는 대로 돈을 주고 사야 하는데 뭔가 찜찜하다. 하지만 차 주인은 자신이 팔려는 차에 대해 완벽한 정보를 갖고 있다. 따라서 구매자는 무조건 의심하고 깎으려 들고, 그럴 경우 차를 팔려는 사람은 품질이 양호한 중고차도 제값을 받기 어려워진다. 결국 시장에는 형편없는 고물차만 싼값에 거래되는 시장 실패가 일어나게 된다.

이처럼 정보가 부족한 구매자가 불리한 선택을 하는 상황을 '역선택 (adverse selection)'이라고 한다. 경제학자 조지 애컬로프는 이른바 레몬시장 이론을 통해 중고차 시장의 정보 비대칭과 역선택을 설명했다. 여기서 레몬이란 불량품, 즉 형편없는 중고차를 가리킨다. 우리식으로 하면 '빛 좋은 개살구'인 셈으로, 그 반대인 우량품은 '복숭아 (peach)'라고 부른다.

하지만 중고차 시장에서는 그런대로 자동차가 활발하게 거래된다. 판매자나 중개회사가 정보 비대칭에 따른 역선택을 예방하는 수단을 강구하기 때문이다. 예컨대 일정 기간 내 하자가 생길 경우 무상수리나 환불·교환을 해주는 품질보증이 대표적이다. 또 공신력 있는 평가기관의 공증을 받는 경우도 있다. 이럴 경우 가격은 다소 높게 책정되지만 구매자도 신뢰하기가 쉽다.

보험도 마찬가지다. 자동차보험의 경우 사고나 법규 위반 경력은 기록에 남지만 운전 습관은 본인만 알고 보험회사는 알 길이 없다. 생명보험 또한 보험 가입자는 자신이 어디가 아픈지 잘 알지만 보험회사는 가입자의 건강 정보나 생활습관을 모두 파악하기 어렵다. 따라서 보험 시장에도 중고차 시장처럼 레몬만 가득할 위험이 있다.

이런 문제를 해소하기 위해 자동차보험의 경우 책임보험 가입이 의무화돼 있다. 사고 발생 시 인적·물적 피해가 엄청나기 때문에 정부가 법규로 가입을 강제하는 것이다. 또 보험회사는 객관적인 통계를 근거로 가격(보험료)을 차등화하는, '통계에 의한 차별'을 한다. 예를 들어 20대 남성의 사고율은 여성이나 30대 이상보다 월등히 높다. 이를 근거로 26세 미만 운전자에게는 보험료를 비싸게 받거나 26세 이상 한정특약, 부부한정 특약 등의 허들(장애물)을 둔다. 생명보험 역시 가입 계약 이전에 정밀 건강검진을 받게 하거나 가입 후 2년 내 암에 걸릴 경우 보험회사의 보험료 지급 의무가 면책되는 등의 안전장치를 둔다. 거래가 활발한 시장에서도 보이지 않는 손이 제대로 작동하지 못하는 경우가 가끔 있다.

〈라이언 킹〉의 티몬은
얌체가아니다

이기심과 이타심

디즈니 애니메이션 〈라이언 킹(The Lion King)〉(1994)에는 우스꽝스런 조역 품바와 티몬이 등장한다. 수시로 '하쿠나 마타타!'(스와힐리어로 '걱정하지 마. 다 잘될 거야'라는 의미)를 외치는 유쾌한 캐릭터들이다.(도판 7-7) 품바는 덩치 큰 멧돼지인 것을 단박에 알 수 있는데 꾀 많은 얌체 티몬은 조금 생소하다. 티몬은 바로 남아프리카 사막지대에 서식하는 미어캣이다.

미어캣은 키가 25-35센티미터 정도 되는 몽구스과(科) 동물이다. 생김새는 고양이나 너구리와 비슷하며, 땅속에 굴을 파고 10-40마리씩 군집생활을 한다. 영화 속 티몬과 달리, 실제 미어캣은 무리 속에서 각자 돌아가며 고개를 쳐들고 주위를 두리번거리면서 망을 보는 듯한 독특한 행동을 한다. 마치 보초를 서는 것 같아 '사막의 파수꾼'이란 별명도 갖고 있다.(도판 7-8)

7-7 | 애니메이션 〈라이언 킹〉의 품바와 티몬.

미어캣 무리의 보초 서기는 나이 든 수컷이 가장 오랜 시간을 맡는다. 그다음이 나이 든 암컷, 우두머리, 젊은 암·수의 순이며, 어린 새끼들은 보초를 서지 않는다. 미어캣은 시력이 좋아 하늘 높이 떠 있는 독수리를 발견하고 날카로운 경고음을 낸다. 이에 맞춰 무리들은 재빨리 굴속으로 몸을 피한다. 그런데 경고음을 낸 미어캣은 망을 보는 동안 먹이를 찾을 수도 없고, 경고음 탓에 천적에게 쉽게 노출되어 표적이 될 수 있다. 미어캣은 왜 스스로를 노출시키며 위험을 자초할까?

7-8 | 티몬의 모델이 된 사막의 파수꾼 미어캣.

중남미 코스타리카에는 낮에는 동굴이나 고목에 매달려 있다가 밤이 되면 몰려 나가 소, 말 등 큰 동물의 피를 빨아먹고 사는 흡혈박쥐가 있다. 영문명은 '뱀파이어 박쥐(vampire bat)'다. 흡혈박쥐는 신진대사가 워낙 활발해 사흘만 피를 못 먹어도 죽는다. 하지만 마땅한 대상을 찾지 못하거나, 찾았다 해도 들켜서 피를 빨지 못하는 경우가 있어 배를 자주 곯는 불안정한 생활을 한다. 노련한 박쥐는 열흘에 하루 꼴로 이런 불행을 겪지만, 어리고 미숙한 박쥐는 더 자주 굶게 된다. 그러다 보니 흡혈박쥐는 희한한 습성을 갖게 됐다. 하루 필요량 이상의 피를 빨아먹고 다른 박쥐에게 잉여분을 게워주는 것이다. 흡혈박쥐들은 거꾸로 매달린 채 피를 게워 주고받는다.[16]

동물이 생존하려면 무엇보다 이기적이어야 한다. 악착같이 먹이를 찾고, 무리 중에서 조금이라도 더 먹고, 싸움에서 이기려 한다. 자신의 유전자를 후대에 남기기 위해서다. 새 둥지 속의 새끼들이나 어미에게 달라붙어 젖을 빠는 새끼 돼지들을 보면 실감이 날 것이다. 그런데 보초를 서는 미어캣은 왜 위험을 무릅쓰고, 흡혈박쥐는 새끼도 아닌 다른 박쥐에게 왜 자신이 먹은 것을 나누어줄까? 마치 사람이 타인을 위해 몸을 던지고 기꺼이 헌혈하는 것과 흡사한 행동이기에 더욱 놀랍다.

하지만 흡혈박쥐의 처지에서 보면 서로 여분의 피를 나눠 먹는 것이 그렇지 않은 경우보다 분명 이익이다. 피를 구하지 못했을 때를 대비한 일종의 보험인 것이다. 물론 피를 얻기만 하고 주지 않는 개체가 가장 큰 이익을 보는 무임승차의 문제도 분명 잠복해 있다. 그럼에도 박쥐들은 피를 나눠 먹는다.

이는 100여 마리씩 무리를 지어 사는 흡혈박쥐의 습성과 연관이 있다. 박쥐는 수명이 8년 정도로 비교적 길기 때문에 특정 상대와 여러 차례 먹이를 주고받을 기회가 있다. 즉 반복적으로 게임(피를 주고받는 행위)을 할 수 있다는 뜻이다. 여분의 피를 준 박쥐는 그 상대에게서 보답을 받고, 피를 주지 않은 박쥐는 다음에 피를 얻지 못한다. 박쥐들은 서로 털을 손질해줄 때 피를 저장하고 있는 위(胃) 부위에 특별히 주의를 기울인다. 포식으로 불룩해진 배를 다른 박쥐들에게 들키지 않는 것은 어려운

일이기에 속임수를 쓰는 박쥐는 쉽게 적발된다.[17]

미어캣과 흡혈박쥐의 이타적 행동은 진화생물학자나 게임이론을 연구하는 학자들에게 비상한 관심을 끌었다. 이들뿐 아니라 아프리카의 임팔라 영양은 서로의 목을 긁어주고, 침팬지들은 서로의 털을 골라준다. 특히 민물고기인 거피와 큰가시고기는 정찰대를 파견하기도 한다. 무리 지어 이동하다가 앞에 큰 물체가 나타나면 멈추고 몇 마리를 정찰대로 보내 그 물체가 포식자인지 단순히 바위인지를 알아보는 것이다. 정찰대가 무사히 돌아오면 계속 이동하고 그렇지 않으면 이동 경로를 바꾼다. 정찰대로 가는 물고기들은 목숨을 건 이타적 행동을 하는 것이다.[18]

오직 생존만이 목적인 동물들(심지어 물고기들) 사이에서도 인간 사회와 유사한 이타적 협조 행동을 쉽게 찾아볼 수 있다. 이는 하나같이 개체의 생존에는 불리하지만 집단에는 이득이 된다. 이타적인 개체가 많은 집단일수록 번성할 수 있기 때문이다.

진화생물학자들은 동물들의 이타적 협조 행동의 이유를 먼저 혈연선택 가설로 설명한다. 쉽게 말해 피는 물보다 진하기 때문에 서로 돕는다는 것이다. 하지만 이타적 행동이 반드시 혈연 간에만 일어나는 것은 아니다. 혈연선택 가설로는 혈연관계가 아닌 흡혈박쥐끼리 피를 나누는 행동을 설명하지 못한다. 두 번째 가설은 반복–호혜성 가설이다. 이는 앞에서 살펴본 '눈에는 눈, 이에는 이'나 '팃포탯(맞대응) 전략'과 같다. 도움을 주는 상대는 과거에 도움받았던 상대인 경우가 많다는 것이다. 미어캣이 교대로 보초를 서듯이, 거피나 큰가시고기 무리의 정찰대 임무도 이동 속도 조절을 통해 교대로 이루어진다.

인간 사회에서도 비슷한 현상이 관찰된다. 인류학자들의 통계에 따르면 수렵채집 생활을 하는 현존 부족들 가운데 가장 뛰어난 사냥꾼이라는 탄자니아 헷자 부족의 전사들조차 사냥 성공률이 3퍼센트에 불과하다. 혼자 독립적으로 산다면 100일 중 97일은 빈손으로 돌아와야 한다는 이야기다. 하지만 서로의 성과에 의존하는 식량 공유(food sharing)가 이루어지면 굶을 확률을 대폭 줄일 수 있다. 예컨대 사냥 성공률 50퍼센트인 두 사람이 사냥할 경우 굶을 확률은 25퍼센트(4일 중 하루: 둘 다 성공 25퍼센트, 한 명만 성공 50퍼센트, 둘 다 실패 25퍼센트)로 줄어든다. 셋이 함께 사냥하면 셋 모두가 실패할 확률은 12.5퍼센트(9일 중에 하루)로 훨씬 낮아진다. 불확실한 상황에서 여럿이 함께 대처한다면 문제가 발생할 확률이 그만큼 줄어드는 것이다. 이는 위험을 다수에게 분산하는 보험의 기본 원리이기도 하다.[19]

오랜 수렵채집 생활을 하면서 인류는 홀로 먹거리를 찾아다니는 것보다 서로 협력하는 식량 공유가 생존과 적응에 훨씬 유리하다는 사실을 체득했다. 식량 공유는 냉장고가 없던 원시시대에 사냥에 성공해 남은 고기를 동료의 위장에 저장해두었다가 나중에 사냥에 실패했을 때 꺼내 먹는 것이라는 비유도 있다. 식량 공유와 같은 이타적 협조 행위가 개체의 이기적 생존에 더 유리하다는 인식이 유전자에 뿌리 깊게 각인된 것이다.

그리고 이것이 진화생물학과 게임이론에서 말하는 '호혜성 이타주의(reciprocal altruism)'다. 지금 당장은 아니더라도 미래의 언젠가 보답을 기대하며 남에게 도움을 주는 것이다. 이기적인 인간들이 모여 사는 사회에서 이타적인 협조 행위가 가능한 이유다.

호혜성 이타주의가 유지되려면 배신자에 대한 처벌과 응징이 필요하다. 보초 서기를 거부하는 미어캣, 피를 나누지 않는 흡혈박쥐, 정찰병으로 나서지 않고 숨기만 하는 거피를 가려내는 것처럼, 인간 사회에서도 도움을 받기만 하려는 사람을 걸러내는 장치가 필요하다. 그것은 바로 '눈에는 눈, 이에는 이'라는 팃포탯 전략, 즉 맞대응 전략이다.

이기적인 개체는 무임승차의 유혹을 느끼고, 한 번 정도는 상대방을 속일 수 있을 것이다. 하지만 다음에는 누구의 도움도 받지 못한다. 사기 꾼임이 들통 난 뒤에는 누구도 그와 협조하려 하지 않을 것이기 때문이 다. 예를 들어 정육점에서 한우라고 산 소고기가 알고 보니 값싼 수입 고 기였다면 어떻게 할까? 본인이 그 정육점에 가지 않는 것은 물론 주위 사람들에게도 소문을 내 응징할 것이다. 아무리 실질적으로 이득 보는 것이 없고 비용이 들더라도 보복한다. 이것이 경제학에서 말하는, 시장 이 형성된 근본 원리이기도 하다.

전통 경제학에서는 100퍼센트 합리적이고 이기적인 '경제적 인간'을 상정해놓고 이론을 전개해왔다. 하지만 그런 인간형은 존재하지 않는 다. 행동경제학에서 발견한 무수한 인지적 편향이나, 진화생물학과 게 임이론에서 말하는 이타심을 설명하지도 못한다. 진화생물학에서는 경 제적 인간 대신 '호혜적 인간(homo reciprocans)'을 제안한다. 스스로 이타 적 행동을 하고, 상대방이 사회의 규범이나 규칙을 어기면 자신이 손해 를 입더라도 응징하려는 성향을 가진 사람들이다.[20]

호혜적 인간이 많은 사회일수록 안정적이고 번창하는 것은 두말할 필 요도 없다. 사회구성원들이 무임승차를 감시하고 억제한다. 당장의 보상 이 없어도 이타적으로 행동하고 그렇지 않은 사람을 응징하는 암묵적인 규범은 정의의 문제와도 연결 지어 생각할 수 있다. 이는 오늘날 경제학 의 게임이론과 심리학·인류학·생물학·신경과학 등이 서로의 영역을 넘나드는 학문의 통섭을 통해 비로소 깨닫게 된 인류 진화의 진실이다.

기원전 3세기 중국의 애덤 스미스

가마 만드는 사람은 사람들이 부귀해지기를 바라고 관 짜는 사람은 사람들이 요절해 죽기를 바란다. 가마 만드는 사람이 어질고, 관 짜는 사람이 잔혹해서가 아니다. 사람이 부귀해지지 않으면 가마가 팔리지 않고, 죽지 않으면 관이 안 팔린다. 정말 사람을 미워해서가 아니라 사람이 죽는 데서 이득을 볼 수 있다."

— 『한비자(韓非子)』, '비내(備內)'편.[21]

애덤 스미스가 『국부론』(1776)을 출간한 것보다 2,000년 앞서 인간의 이기적 본성을 꿰뚫어본 중국의 사상가가 있다. 전국시대 말기 법가(法家)의 대표적인 사상가 한비(韓非)다. 그는 진(秦)나라가 통일할 때까지 전쟁이 끊이지 않던 전국시대 일곱 나라 중 하나인 한(韓)나라 출신이다.

한비는 인간의 호리지성(好利之性, 이기심)을 간파하고, 유가(儒家)의 성선설에 기초한 이상주의와 덕치가 인간 본성과는 맞지 않는다고 보았다. 그렇다고 한비가 인간의 애정이나 의리 자체를 경솔하게 부정한 것은 아니다. 현실적으로 사랑보다는 힘(권력)의 논리가, 다시 말해 의(義)보다는 이(利)가 앞선다고 생각한 것이다.[22] 인간의 한계를 인식한 현실주의적 접근이 아닐 수 없다. 따라서 법에 따른 군주의 빈틈없는 권력체계와, 가벼운 죄도 무겁게 벌하는 강력한 통치만이 나라의 안정을 꾀할 수 있다고 주장했다.

수레 만드는 사람과 관 짜는 사람에 대한 한비의 생각은 애덤 스미스가 "우리가 식사를 할 수 있는 것은 푸줏간, 술집, 빵집 주인의 이타심 덕택이 아니라, 그들의 이기심 때문이다"라고 갈파한 것과 너무도 닮았다. 기원전 3세기 중국의 애덤 스미스라 할 만하다.

물론 한비는 경제학의 아버지가 되진 못했다. 인간의 본성은 이기적이고 한계를 지녔음을 꿰뚫었지만, 거기까지였다. 개개인의 이기심이 모였을 때 어떻게 교환과 분업을 통해 이타적 결과를 낳고 나아가 시장을 형성했는지를 간파하지 못했기 때문이다. 그의 사상은 군주 1인을 위한 통치술에 국한되었다. 시시각각 나라의 존망이 위태로웠던 시대를 살았던 한비의 어쩔 수 없는 한계라 할 수 있다.

그럼에도 오늘날 『한비자』가 새롭게 조명을 받는 이유는 그 사상이 근대적 법치, 거대 조직의 경영 관리와 맥이 닿아 있기 때문이다. 지난 2,000여 년 동안 인간 사회가 복잡다단해지고 구성원끼리의 이해 충돌이 잦아지면서, 도덕적인 호소만으로는 문제를 풀 수 없게 되었다. 결국 보편적인 법치 외에는 달리 해법이 없다는 결론에 이른 것이다. 한비는 시대를 너무 앞서 간 것이다.

주석

Chapter 1
세상을 움직이는 10가지 경제원리

1 | 그레고리 맨큐, 김경환 · 김종석 옮김,『맨큐의 경제학』, 교보문고, 2006, pp.5-18.

2 | 전용덕,「코끼리를 보호하는 진짜 방법은?」, 자유기업원, 2012년 1월 4일 경제교육 사례.

3 | 프리드리히 하이에크, 신중섭 옮김,『치명적 자만』, 자유기업원, 2005, p.75.

4 | 제임스 가와트니 외, 우진하 옮김,『똑똑한 경제학』, 한국경제신문사, 2013, p.57.

5 | 존 맥밀런, 이진수 옮김,『시장의 탄생』, 민음사, 2007, pp.34-35.

6 | 위의 책, p.271.

Chapter 2
경제의 밑바탕에 신화가 있다

1 | 요시다 야츠히코, 김수진 옮김,『우리가 알아야 할 세계신화 101』, 이손, 2002, pp.22-25.

2 | 매트 리들리, 조현욱 옮김,『이성적 낙관주의자』, 김영사, 2010, p.96.

3 | 위의 책, pp.146-147.

4 | 위의 책, pp.140-141.

5 | 박신영,『백마 탄 왕자들은 왜 그렇게 떠돌아다닐까』, 페이퍼로드, 2013, pp.311-312.

6 | 이하 신화 관련 내용은, 토머스 불핀치, 오영숙 옮김,『그리스 로마 신화』, 일송북, 2009.; 이윤기,『그리스 로마 신화』1~5, 웅진지식하우스, 2004 참조.

7 | 토드 부크홀츠, 이승환 옮김,『죽은 경제학자의 살아있는 아이디어』, 김영사, 1994, pp.102-103.

8 | 위의 책, pp.106-107.

9 | 위의 책, p.108.

10 | 위의 책, p.362, p.369.

11 | 「경기판단 어떻게 하나」, 『한국경제신문』, 2009년 3월 21일자.

12 | 김용덕, 『반복되는 금융위기—두 개의 위기, 하나의 교훈』, 삼성경제연구소, 2010, p.5.

13 | 마이클 우드, 최애리 옮김, 『신화 추적자』, 웅진지식하우스, 2009. p.134.

14 | 존 L. 캐스티, 이현주 옮김, 『대중의 직관』, 반비, 2012, p.20.

15 | 위의 책, p.97.

16 | 플라톤, 이환 편역, 『국가론』, 돋을새김, 2006, pp.61-62.

17 | 에드워드 챈슬러, 강남규 옮김, 『금융투기의 역사』, 국일증권경제연구소, 2005, pp.25-29.

18 | 위의 책, pp.41-48.

19 | 위의 책, p.40.

20 | 마빈 해리스, 박종열 옮김, 『문화의 수수께끼』, 한길사, 2000, p.13.

21 | 위의 책, pp.48-51.

22 | 정한진, 『왜 그 음식은 먹지 않을까』, 살림, 2008, p.19.

23 | 위의 책, p.25.

Chapter 3

역사를 모르고 경제를 논하지 마라

1 | 『함무라비 법전』 282조 전문을 볼수 있는 사이트. http://historia.tistory.com/627.

2 | 주경철, 『히스토리아』, 산처럼, 2012, p.318.

3 | 위의 책, p.318.

4 | 김홍식, 『세상의 모든 지식』, 서해문집, 2007, p.597.

5 | 복거일, 『역사를 이끈 위대한 지혜들』, 문학과지성사, 2003, p.41.

6 | 벤 버냉키 · 로버트 프랭크, 곽노선 · 왕규호 옮김, 『버냉키 · 프랭크 경제학』, 맥그로힐코리아, 2006, p.630.

7 | 프랜시스 후쿠야마, 구승회 옮김, 『트러스트』, 한국경제신문사, 1996, p.124.

8 | 김동욱, 『독사(讀史)』, 글항아리, 2010, p.16.

9 | 복거일, 앞의 책, p.43.

10 | 주경철, 『테이레시아스의 역사』, 산처럼, 2002, p.76.

11 | 신시아 브라운, 이근영 옮김, 『빅 히스토리』, 웅진지식하우스, 2013, p.290.

12 │ 유라시아 대륙 유목민의 역사와 문화를 종합한 김종래, 『유목민 이야기』(자우출판, 2002)의 부제가 '바람에 새겨진 역사'이다.

13 │ 위의 책, p.291, p.297.

14 │ 「역사 속 행군속도」, 『한경닷컴』, 2012년 3월 19일.

15 │ 김종래, 『유목민 이야기』, 자우출판사, 2002, pp.324-327.

16 │ 브라운, 앞의 책, p.302.

17 │ 김종래, 앞의 책, p.325.

18 │ 브라운, 앞의 책, p.300.

19 │ 김홍식, 『세상의 모든 지식』, 서해문집, 2011, pp.628-629.

20 │ 박신영, 『백마 탄 왕자들은 왜 그렇게 떠돌아 다닐까』, 페이퍼로드, 2013, p.37.

21 │ 그레고리 맨큐, 김경환·김종석 옮김, 『맨큐의 경제학』, 교보문고, 2005, pp.463-464.

22 │ 토드 부크홀츠, 이승환 옮김, 『죽은 경제학자의 살아있는 아이디어』, 김영사, 1994, p.97.

23 │ 위의 책. pp.88-90.

24 │ 「버스안내양 미싱공도 한땐 취업 로망」, 『한국경제신문』, 2009년 12월 28일자.

25 │ 문점식, 『역사 속 세금이야기』, 세경사, 2007, pp.363-368.

26 │ 주경철, 『히스토리아』, pp.45-47.

27 │ 문점식, 앞의 책, pp.307-318.

28 │ 위의 책, pp.244-249.

29 │ 위의 책, pp.251-253.

30 │ 위의 책. p.262.

31 │ 시오노 나나미, 김석희 옮김, 『로마인 이야기』 8, 한길사, 2002, p.301.

32 │ 곽태원·현진권, 『조세론 제2판』, 법문사, 2007, pp.141-144.

33 │ 「오늘 속으로―라부아지에」, 『한국일보』, 2003년 8월 26일.

34 │ 마이클 우드·피터 퍼타도, 박누리·김희진 옮김, 『죽기 전에 꼭 알아야 할 세계역사 1001Days』, 마로니에북스, 2009. p.676.

35 │ 이원복, 『먼나라 이웃나라 3―도이칠란트 편』, 고려원미디어, 1997, pp.64-65.

36 │ 버냉키·프랭크, 앞의 책. p.598.

37 │ 밀턴 프리드먼, 김병주 옮김, 『돈의 이야기』, 고려원, 1992, p.254.

38 | 유재수,『세계를 뒤흔든 경제 대통령들』, 삼성경제연구소, 2013, pp.243-248.

39 |「주경철의 히스토리아 198—네덜란드병」,『조선일보』, 2013년 1월 16일자.

40 | 김병권 외,『베네수엘라, 혁명의 역사를 다시 쓰다』, 시대의창, 2007, p.301.

41 | 뤽 폴리에, 안수연 옮김,『나우루공화국의 비극』, 에코리브르, 2010, pp146-148.

42 | 줄리언 사이먼, 조영일 옮김,『근본자원 2』하, 자유기업원, 2001, p.483.

43 | 조영일,「환경론자들은 미신에서 깨어나라」, 자유기업원(『신동아』, 2002년 12월호).

44 | 매트 리들리, 조현욱 옮김,『이성적 낙관주의자』, 김영사, 2010, p.450.

45 | 사이먼, 앞의 책. pp.496-500.

46 |「일본병의 교훈」,『디지털타임스』, 2003년 1월 24일.

47 | 박제가, 박정주 옮김,『북학의』, 서해문집, 2003, p.122.

48 | 위의 책, p.76.

49 | 위의 책, pp.67-68.

50 |「강대임 한국표준과학연구원장의 '암행어사론'」,『동아일보』, 2013년 7월 5일.

51 | 현대원·김광재,『디지털 미디어 혁명과 표준전쟁』, 디지털미디어리서치, 2007, p.16.

52 | 위의 책, pp.39-46.

Chapter 4

소설에서 경제의 보물찾기

1 | 마크 트웨인, 지혜연 옮김,『톰 소여의 모험』, 시공주니어, 2004, pp.33-34.

2 | 벤 버냉키·로버트 프랭크, 곽노선·왕규호 옮김,『버냉키·프랭크 경제학』, 맥그로힐코리아, 2006, p.4.

3 | 롤프 도벨리, 두행숙 옮김,『스마트한 생각들』, 걷는나무, 2012, p.34.

4 | 정갑영,『열보다 더 큰 아홉』, 영진미디어, 2005, p.17.

5 | 그레고리 맨큐, 김경환·김종석 옮김,『맨큐의 경제학』, 교보문고, 2005, p.7-8.

6 | 조항범,『그런, 우리 말은 없다』, 태학사, 2005, p.20.

7 | 김동인,『김동인 단편선—감자』, 문학과지성사, 2001, p.297.

8 | 매트 리들리, 신좌섭 옮김,『이타적 유전자』, 사이언스북스, 2005, p.320.

9 | 최정규,『이타적 인간의 출현』, 뿌리와이파리, 2005, p.43.

10 | 리들리, 앞의 책, p.327.

11 | 위의 책, p.323.

12 | 위의 책, p.324.

13 | 이구한,『이야기 미국사』, 청아출판사, 2001, p.371.

14 | 김홍식,『세상의 모든 지식』, 서해문집, 2007, p.31.

15 | 이구한, 앞의 책, p.372.

16 | 김홍식, 앞의 책, p.33. 루즈벨트가 금주법을 폐지했지만 미국 남부의 몇몇 주에서는 금
주법이 그대로 유지됐다. 미국 전역에서 금주법이 철폐된 때는 1966년이었다.

17 |「금주령 이후 주독 사망 6배」,『동아일보』, 1926년 7월 27일.

18 |「책갈피 속의 오늘―1920년 美금주법 시행」,『동아일보』, 2009년 1월 17일.

19 | F. 스콧 피츠제럴드, 김석희 옮김,『위대한 개츠비』, 2013, 열림원, p.142.

20 | 이정학,『주류학개론』, 기문사, 2012, p.177.

21 | 톰 헤이스, 이진원 옮김,『판데노믹스』, 21세기북스, 2009, p.19.

22 | 예브게니 자마찐, 석영중 옮김,『우리들』, 열린책들, 2005.

23 | 올더스 헉슬리, 이덕형 옮김,『멋진 신세계』, 문예출판사, 1998.

24 | 조지 오웰, 정회성 옮김,『1984』, 민음사, 2003.

25 | 프리드리히 하이에크, 신중섭 옮김,『치명적 자만』, 자유기업원, 2004.

26 |「돈 풀면 가난 해결?…인플레이션을 몰랐던 살라스의 착각」,『한국경제신문』, 2013년 7
월 6일.

Chapter 5
사회과학과 만난 경제

1 | 크리스토퍼 시, 양성희 옮김,『이코노믹 액션』, 북돋움, 2008, p.220.

2 | 위의 책, pp.220-221.

3 | 아쿠타가와 류노스케, 김영식 옮김,「덤불 속」,『라쇼몽』, 문예출판사, 2008.

4 | 최인철,『프레임』, 21세기북스, 2007, p.10.

5 | 대니얼 카너먼, 이진원 옮김,『생각에 관한 생각』, 김영사, 2012, pp.447-448.

6 | 위의 책, p.61.

7 | 위의 책, p.180.

8 | 벤 버냉키 · 로버트 프랭크, 곽노선 · 왕규호 옮김,『경제학 3판』, 맥그로힐코리아, 2006,

p.9.

9 | 오형규,『오락가락 선택은 어려워』, 자음과모음, 2013, pp.115-117.

10 | 「로또 명당도 규제하겠다는 정부」,『한국경제신문』, 2013년 9월 5일.

11 | 울리히 렌츠, 박승재 옮김,『아름다움의 과학』, 프로네시스, 2008, p.223. 이 책의 부제는 '미인불패, 새로운 권력의 발견'이다.

12 | 그레고리 맨큐, 김경환 · 김종석 옮김,『맨큐의 경제학』, 교보문고, p.475.

13 | 캐서린 하킴, 이현주 옮김,『매력자본』, 민음사, 2013, p.27.

14 | 위의 책, p.167.

15 | 위의 책, p.271.

16 | 위의 책, p.47.

17 | 「20세기 여성해방 1등공신은 세탁기」,『세계일보』, 2009년 3월 10일.

18 | 매트 리들리, 조현욱 옮김,『이성적 낙관주의자』, 김영사, 2010, p.385.

19 | 통계청 국가통계포털, '한국 사회통계'.

20 | 「인류 역사상 최고의 발명품은 무엇이냐」,『동아일보』, 1999년 2월 5일.

21 | 「북한 희토류 매장량 알고보니 세계 2위」,『시사인』, 2012년 11월 26일.

22 | 대런 애쓰모글루 · 제임스 A. 로빈슨, 최완규 옮김,『국가는 왜 실패하는가』, 시공사, 2012, pp.114-115.

23 | 위의 책, pp.117-127.

24 | 맨큐, 앞의 책. pp.243-245.

Chapter 6
과학에서 캐내는 경제의 금맥

1 | 클로드 프레데릭 바스티아, 김정호 옮김,『법』, 자유기업센터, 1997, p.19.

2 | 위의 책, p.21.

3 | 위의 책, p.10.

4 | 장하준, 김희정 · 안세민 옮김,『그들이 말하지 않는 23가지』, 부키, 2010, pp.48-51.

5 | 송원근 · 강성원,『장하준이 말하지 않은 23가지』, 북오션, 2011, pp.48-51.

6 | 리처드 도킨스,『이기적 유전자』, 을유문화사, 2010, p.17.

7 | 김명호,『중국인 이야기』1, 2012, 한길사, pp.15-19.

8 | 최재천, 『인간과 동물』, 궁리, 2007, p.72.

9 | 매트 리들리, 김윤택 옮김, 『붉은 여왕』, 김영사, 2010, p.58.

10 | 위의 책, p.67.

11 | 「입맛 까다로워진 바퀴벌레들」, 『경향신문』, 2013년 8월 4일.

12 | 로버트 프랭크, 안진환 옮김, 『이코노믹 씽킹』, 웅진지식하우스, 2007.

13 | 최재천, 『다윈 지능』, 사이언스북스, 2012, pp.83-84.

14 | 홍준의 외, 『살아 있는 과학 교과서』 2, 휴머니스트, 2011, p.100.

15 | 재레드 다이아몬드, 김진준 옮김, 『총, 균, 쇠』, 문학사상사, 2006, p.237.

16 | 신시아 브라운, 이근영 옮김, 『빅 히스토리』, 웅진지식하우스, 2013, pp.337-338.

17 | 「이스털린의 역설은 틀렸다」, 『한국경제신문』, 2008년 4월 6일.

18 | 김위찬 · 르네 마보안, 강혜구 옮김, 『블루오션 전략』, 교보문고, 2005, p.5.

19 | 영국의 옛 화폐 단위인 1기니는 1.05파운드, 또는 21실링이다. 각국 통화의 실질가치
를 계산해주는 사이트인 'Measuring Worth'(www.measurinworth.com)에 따르면
1550년 1파운드는 2010년의 물가로 환산할 때 299.4파운드의 가치가 있었다. 460년
전 기니피그 한 마리가 1기니에 팔렸다면 현재 환율로 53만 원에 달하니 한 마리 가격으
론 상당히 비쌌다고 볼 수 있다. 참고로 1905년 제1회 호주오픈 테니스 대회의 우승 상
금이 10기니였다(대한테니스협회 홈페이지). 10기니는 10.5파운드이므로 지금 환율로
고작 2만 원이 채 안 되지만 현재 대회의 우승 상금은 27억 원에 달해 메이저 테니스 대
회 중 최고라고 한다. 하지만 이는 지난 100여 년간 인플레이션과 화폐가치 변화를 무시
한 오류다. 1970년 5,700원이던 쌀 한 가마의 값어치를 지금 돈 5,700원과 같다고 여기
는 것이나 다를 바 없다.

20 | 「일개미의 80%가 게으름을 피우는 이유」, 『시사저널』, 2011년 12월 14일.

21 | 정성호, 『유대인』, 살림지식총서 39, 살림출판사, 2003.

22 | 크리스 앤더슨, 이노무브그룹 옮김, 『롱테일 경제학』, 랜덤하우스코리아, 2006, p.60.

Chapter 7

영화는 게임이론의 교과서

1 | 토머스 셸링, 이경남 · 남영숙 옮김, 『갈등의 전략』, 한국경제신문사, 2013, p.28.

2 | 그레고리 맨큐, 김경환 · 김종석 옮김, 『맨큐의 경제학』, 교보문고, 2005, p.410.

3 │ 야자와사이언스연구소, 신은주 옮김, 『세상을 바꾼 경제학』, 김영사, 2013, p.131.

4 │ 매트 리들리, 신좌섭 옮김, 『이타적 유전자』, 사이언스북스, 2005, p.83.

5 │ 아이자와 아키라, 김지룡 옮김, 『승부에 강해지는 게임의 법칙』, 이다미디어, 2003, pp.115-120.

6 │ 최정규, 『이타적 인간의 출현』, 뿌리와이파리, 2005, p.297.

7 │ 야자와사이언스연구소, 앞의 책, p.123.

8 │ 맨큐, 앞의 책, pp.398-399.

9 │ V, 원재길 옮김, 『마피아 경영학』, 황금가지, 1996, p.15.

10 │ 「700만원 핸드백을 불태운다고?」, 『한국경제신문』, 2007년 5월 31일.

11 │ 벤 버냉키 · 로버트 프랭크, 곽노선 · 왕규호 옮김, 『버냉키 · 프랭크 경제학』, 맥그로힐 코리아, 2006, p.361.

12 │ 위의 책, pp.361-362.

13 │ 위의 책, pp.343-344.

14 │ 최재천, 『인간과 동물』, 궁리, 2007, p.272.

15 │ 앨런 S. 밀러 · 가나자와 사토시, 박완신 옮김, 『진화심리학』, 웅진지식하우스, 2011, p.143.

16 │ 리들리, 앞의 책, p.93; 최재천, 앞의 책, pp.358-359.

17 │ 리들리, 위의 책, pp.93-94.

18 │ 최정규, 앞의 책, pp.62-64.

19 │ 위의 책, pp.94-95.

20 │ 위의 책, p.127.

21 │ 한비, 이운구 옮김, 『한비자』 1, 한길사, 2012, p.248.

22 │ 위의 책, p.25.

융합과 통섭의 지식 콘서트 01

경제학, 인문의 경계를 넘나들다

초판 1쇄 발행 | 2013년 12월 30일
초판 7쇄 발행 | 2022년 9월 1일

지은이 | 오형규
펴낸이 | 홍정완
펴낸곳 | 한국문학사

편집 | 이은영
영업 | 조명구 신우섭
관리 | 황아롱
디자인 | 석운디자인

04151 서울시 마포구 독막로 281(염리동) 마포한국빌딩 별관 3층

전화 706-8541~3(편집부), 706-8545(영업부) 팩스 706-8544
이메일 hkmh73@hanmail.net
블로그 http://post.naver.com/hkmh1973
출판등록 1979년 8월 3일 제300-1979-24호

ISBN 978-89-87527-34-5 03320